हिन्दी साहित्य

परम्परा और प्रयोग

हिन्दी साहित्य

परम्परा और प्रयोग

अरुण कुमार

वाणी प्रकाशन

वाणी प्रकाशन

4695, 21-ए, दरियागंज, नयी दिल्ली 110 002

फ़ोन : +911123273167 फ़ैक्स : +911123275710

शाखाएँ

अशोक राजपथ, पटना 800 004, बिहार

कॉफ़ी हाउस कैम्पस, महात्मा गांधी मार्ग, इलाहाबाद 211 001, उत्तर प्रदेश

महात्मा गांधी अन्तरराष्ट्रीय हिन्दी विश्वविद्यालय, वर्धा 442 001, महाराष्ट्र

सुल्तानिया रोड, मोतिया पार्क, भोपाल 462 001, मध्य प्रदेश

www.vaniprakashan.in

marketing@vaniprakashan.in

sales@vaniprakashan.in

HINDI SAHITYA : PARAMPARA AUR PRAYOG
by Arun Kumar

ISBN : 978-93-88684-01-9
Criticism

प्रथम संस्करण 2019

मूल्य : ₹ 450

सिटी प्रेस, दिल्ली-110 095 में मुद्रित

वाणी प्रकाशन का लोगो मक़बूल फ़िदा हुसेन की कूची से

कुछ-कुछ

अरुण माहेश्वरी का दबाव और कथाकार शंकर (परिकथा) के टीपूस का नतीजा सामने है आपके विचारार्थ। लिखना सामाजिक बेचैनी है। इसलिए वह सामाजिक दायित्व है जो विचारधारा से विहीन नहीं होता। जैसे, दायित्व-निर्वाह जोखिम भरा है वैसे ही लिखना भी। सरकार के खाते में भी लिखने वालों की फ़ौज बहाल होती है। वह लिखने को कारोबार समझती है। वहाँ भाषा असल में 'चाँदी चमका, सोना उतरा' का मिज़ाज लिए होती है। हम आपको समझें आप मुझे, बाकी ज़रूरत नहीं है शब्दों की परम्परा को जानने की। इतिहास से मुक्ति का यह नया सिलसिला हमारे दुःख को बढ़ा देता है। ज़रूरत है अपनी विरासत को खँगालने की। नामवर से सहमति-असहमति अपनी जगह। किसी आलोचक की कोशिश ही सही इस कारण भी उसका सहयात्री तो बनना ही चाहिए ताकि यह भान हो सके कि क्या हासिल किया, क्या छूट गया? विरासत में गये और फिर कहीं ऐसा तो नहीं कि 'दरिया में फना भी हुए' और सन्तोष मिल गया, 'दर्द का हद से गुजरना है दवा हो जाना।' किसी विचारक की कृतियों से गुजरना उसकी दिनचर्या का सहयोगी होना भी हो सकता है और सारथी होना भी। कृतियों के भीतर छुपी रचना प्रक्रिया की पहचान हर पीढ़ी करती है। क्या हासिल हुआ और क्या नहीं, आखिर इसका पता कैसे चलेगा? और सच कहा जाये तो इसके बहाने एक समय का इतिहास सामने आता है। कोई कह सकता है कि नामवर के बहाने उनके विशिष्ट समय के इतिहास को जानना ही पड़ेगा। भले इतिहास व्यक्ति-विशेष का नहीं होता। परन्तु हर समय का कोई नायक ज़रूर होता है जो इतिहास लिखता नहीं, रचता है। इस रचाव के बीज और उसके अंकुरण के तौर-तरीके को समझना ज़रूरी है। कोशिश हमारी यही रही है।

किसी भी समाज की विरासत सीधी रेखा तो है नहीं कि एक लकीर खींच देने मात्र से हर मुश्किल आसान हो जाये। अध्यात्मवादियों ने सब कुछ सरल कर दिया है। दुनिया की धक्का-मुक्की में पिसते रहें, अध्यात्म उसका फल निकाल ही देगा। आश्चर्य लेकिन यह सत्य है कि इसका असर भाषाओं के विकास को समझने में भी

दिखा। एक क्लासिक भाषा से समस्त भाषाओं की उत्पत्ति खोज ली गयी। अब झगड़ा भले किसी एक को देव भाषा मानने को लेकर हो। भाषा और साहित्य की दुनिया में अध्यात्म का असर ये हुआ कि हमने मान लिया कि दुनिया की तमाम भाषाएँ हिब्रू से आयीं, देव भाषा संस्कृत से आयी और फिर 19वीं शती के भाषाविदों के बीच भाषा की उत्पत्ति का दैविक सिद्धान्त पिछले दरवाज़े से ताक-झाँक करने लगा। शब्दों की तुलना इसका एक आधार बना। कविता के इलाके में पहले से एक समझ थी कि श्रम तो अपनी जगह है लेकिन प्रतिभा सरस्वती की देन है। हिन्दी समाज में इस मिथ को तोड़ने वाले नामवर पहले भाषाविद् थे। उनकी किताब **हिन्दी के विकास में अपभ्रंश का योग** 1953 में आयी। उनके पहले के अपभ्रंश के विद्वान अपभ्रंश का स्वतन्त्र अस्तित्व मानने से कतराते थे। आश्चर्य यह भी कि किशोरीदास वाजपेयी अपनी दोनों किताबों (राष्ट्रभाषा का प्रथम व्याकरण और हिन्दी शब्दानुशासन) में हिन्दी प्रदेश की बोलियों से हिन्दी के विकास की यात्रा तय करते हैं, लेकिन वहाँ भी उनका जोर अपभ्रंश पर कम है। यह केवल प्रयोगधर्मिता की बात नहीं है। कुछ नया कहने के लिए कह दिया जाये।

नये आग्रह की छवि साहित्य के दूसरे रूपों में भी मिलेगी। हाँ, एक दौर में उस समय के कई लेखक इसे 'नामवरी आग्रह' या 'कम्युनिस्ट नामवर' की बात भी कहते थे। कहीं उस आग्रह में दम था। कहानी की समीक्षा में गम्भीर पहल नामवर से हुई। उनके बाद ही कहानी के अन्य आलोचक आये, देवीशंकर अवस्थी, सुरेन्द्र चौधरी आदि। छायावाद की उपलब्धि न अध्यात्मवाद थी और न रहस्यवाद जैसी मध्ययुगीन रहस्य भावना जो मीराँ के विद्रोह को स्त्रियोचित जामा पहना देती है, उसी प्रकार छायावाद के भीतर का अध्यात्म महादेवी के साथ न्याय नहीं कर पाता है। महादेवी की कविताओं में इस अध्यात्म और उस समय के चले विवाद की झलक नहीं मिलती है। गद्य में भी यह झलक सीधे नहीं मिलती। दूसरे गलियारे से आती हैं, जहाँ वे पुरुषोचित संस्कार पर हमला करती हैं। लेखन की उनकी इस रणनीति में स्त्रियोचित संस्कार और अध्यात्म की अनिवार्यता पर निशाना साधने का कौशल महसूस होता है। हमारी परम्परा में यह विश्वास है कि स्त्री है तो आध्यात्मिक होगी ही। मानो अध्यात्म में उसका विश्वास रखना एक अनचाही सौगात हो। महादेवी का गद्य द्वितीय विश्व युद्ध के समय का है। उसी दशक में अंग्रेज़ी आलोचना में इलियट और आगे एफ.आर. लीविस का उदय हुआ। उनके जरिए आत्माभिव्यक्ति पर इतना जोरदार हमला हुआ कि एक बार ऐसा लगा कि पूरा रोमांटिक आन्दोलन निरर्थक हो चला है। अपने यहाँ या दुनिया के किसी भी देश का रोमांटिक आन्दोलन अभिव्यक्ति की सामन्ती जकड़न पर पहला हमला है। इस दृष्टि के आलोक में भारतीय समाज में छायावाद के उदय को समझने के लिए नामवर के तर्कों से गुजरना ही होगा। जो छायावाद के विकास को इस रूप में नहीं देखते हैं, वे स्त्रियों की स्वतन्त्रता को

भी हाशिए पर रखते हैं। उसी दौर में इलियट और लीविस का यह असर हुआ कि नयी कविता के भीतर छायावाद से इतर एक नयी परम्परा बनाने की जद्दोज़हद शुरू हुई। इस पूरे अभियान को समझने के लिए 'कविता के नये प्रतिमान' के पन्नों से गुजरना होगा।

एक आलोचक का व्यक्तित्व साहित्य की किसी एक विधा की नाप-तौल से नहीं बनता है। कहानी का आलोचक, कविता का आलोचक ऐसे खानों या वर्गीकरण से आलोचना कुछेक बनावटी सीमाओं में साँस लेने लगती है। साहित्य के रूपों का विभाजन कहीं संवेदना से जुड़ा होता है। एक ही समय के एक रचनाकार की संवेदना अनेक रूपों में विस्तार लेती है। उसके अपने अन्तर्विरोध भी हैं। महादेवी का रचनाकार मन कविता की अपेक्षा गद्य में अधिक खुला है। नलिनविलोचन शर्मा कविता में प्रयोगवाद के करीब थे और उनकी कहानियाँ प्रगतिवादी धारा की महत्त्वपूर्ण कड़ी हैं। ऐसा क्यों होता है? इसकी व्याख्या होनी चाहिए। नामवर जी का आलोचना-विवेक कहानी, कविता और पत्रकारिता के इलाके में रचना और रचनाकार के आन्तरिक सम्बन्ध और समय-विशेष को केन्द्र में रखकर परिपक्व हुआ है। कोई रचना कैसे आयी, किस परिस्थिति में आयी, इसका विश्लेषण होना चाहिए। पचास के दशक में एक चर्चा यह थी कि रचना प्रक्रिया पर चर्चा हो नहीं सकती है। नामवर इस बन्द दरवाज़े को खोलते हैं।

साठ के दशक में ग़ैर कांग्रेसवाद और विचार-मुक्ति पर जोर था। ग़ैर-कांग्रेसवाद सत्ता-विरोध के कारण भी लोकप्रिय हुआ और विचार-मुक्ति वाम और सोवियत विरोधी स्वरूप लिए मध्य वर्ग के बीच आयी थी। इस दशक की पत्रकारिता आक्रामक तो थी, उसकी वैचारिक धार सतही थी। आक्रामकता में लोहिया की छवि थी और सतहीपन में पुराने जनसंघियों की। आक्रामकता के हथियार प्रगतिशील दिखते थे, वेश-भूषा, हाव-भाव और यदा-कदा रहन-सहन में भी। व्यावसायिक घरानों की पत्रकारिता को बुद्धिवर्द्धक मिल गया था। इसलिए साठ के मध्य विकसित देशों की रणनीति भी बदली। जनता का समानार्थी 'जन' बना और 'प्रगतिवाद' का समानार्थी 'जनवाद'। अलग-अलग दरबे बने। सतहीपन ज़्यादा रुचने लगा। ज़ाहिर है, नियत केवल हमला करने की थी। इस तात्कालिक बोध के इर्द-गिर्द कुछ नये शब्द भी आये, अति वाम, संशोधनवाद इत्यादि। उसी दशक में नामवर साप्ताहिक **जनयुग** (1965/न.दि.) के सम्पादक बने। जनयुग वैचारिक प्रतिबद्धता और भारतीय उपमहाद्वीप में समसामयिक इतिहास की दिशा तय करने वाला पत्र था। कांग्रेस-विरोध के साथ दक्षिणपन्थ विरोधी मंच बनाने की ज़रूरत उसी दौर में महसूस हुई जब नामवर साप्ताहिक **जनयुग** के सम्पादक बने। इस मोर्चे की ज़रूरत भारतीय उपमहाद्वीप में अमेरिका के बढ़ते हस्तक्षेप के कारण भी महसूस की जा रही थी। **जनयुग** के अंक (4 जुलाई, 1965) के सम्पादकीय में नामवर ने लिखा, **लेकिन अमेरिका की इस साहित्यिक घटना पर न**

कलम उठी, न आवाज़ और भौंह या पलक। सन्दर्भ अमेरिका के राष्ट्रपति जॉन्सन के निवास पर सांस्कृतिक समारोह का था। पुलिट्ज़र पुरस्कार प्राप्त रॉबर्ट लावेस पहले ही राष्ट्रपति का निमन्त्रण ठुकरा चुके थे। आलोचक व्हाइट मैकडोनल्ड घूम-घूम कर अमेरिका के विरोध में तैयार पर्चे पर हस्ताक्षर ले रहे थे। इस सांस्कृतिक समारोह में कवि जॉन हेरेस ने हिरोशिमा शीर्षक से कविता पढ़ी। इस मौके पर राष्ट्रपति जॉन्सन ने कहा—आपकी कला राजनीतिक अस्त्र नहीं है लेकिन आप जो करते हैं, उसका बहुत कुछ गम्भीर रूप में राजनीतिक है। **जनयुग** अमेरिकी राष्ट्रपति की हरकत को खुले तौर पर उजागर करने वाला उस दौर के कुछेक साप्ताहिकों में एक था। शक्तिशाली अमेरिका के लेखकों में वियतनाम की जनता के प्रति गहरी सहानुभूति थी। राष्ट्रपति भवन में लेखकों ने अपना विरोध जताया। उस दौर में अपने देश का लेखक बड़े देशों के प्रभुत्व के विरुद्ध अलग-थलग था। हिन्दी के किसी अखबार के लिए लेखकों की एकजुटता का कोई महत्त्व नहीं था।

छठे दशक की हिन्दी पत्रकारिता में ज्याँ पाल सार्त्र और अल्बेयर कामू छाये हुए थे। उनके साहित्य को लेकर कॉफी हाउसों में बैठकबाजी फैशन हो चला था। कुछ लोग उनके नामों से गौरवान्वित होते थे। कुछ सीधे-सीधे उसे ख़ारिज करते थे। दोनों अतिवादों को दरकिनार करते हुए सम्पादक नामवर अपने साप्ताहिक (जनयुग/25 जुलाई, 1965) में सार्त्र के मित्र क्लाद फा से बातचीत का ब्यौरा छापते हैं। उसी पत्र के अगले अंक में सार्त्र द्वारा नोबेल पुरस्कार ठुकराये जाने का विवरण छपा है। उसी अंक में अमेरिकी दर्शनशास्त्र विभाग के अध्यक्ष जे. ग्लेने का लेख छपा है जिसमें सार्त्र की लोकप्रियता की चर्चा है। ये शब्द सार्त्र के हैं, **एक तरफ साहित्य या विचार और दूसरी ओर राजनीति नहीं होते हैं और न हो सकते हैं।** सार्त्र पर केन्द्रित एक लेख में नामवर जी ने लिखा कि पहले की अपेक्षा नयी पीढ़ी अधिक क्षेत्रीय हुई है। उन्हीं दिनों, कहें उसी वर्ष 1965 में नामवर जी की किताब **कविता के नये प्रतिमान** आयी। मुक्तिबोध की कविता **अँधेरे में** कविता के विश्लेषण-क्रम में **परम्परा से अग्रगामी बुद्धिजीवी के** अपने-अपने दायरे में केन्द्रित हो जाने को लेकर गहरी चिन्ता प्रकट हुई है। एक प्रश्न है कि ग़ैर-कांग्रेसवाद की लहर में वाम क्यों पराजित हुआ और दक्षिणपन्थ कैसे जीत गया? साठ के दशक में ही वाम का विभाजन हुआ और आगे फिर कई टुकड़े हुए। क्यों ऐसा हुआ और किन हथियारों से हुआ? कहीं ऐसा तो नहीं कि औज़ार वाम के रहे और जीत दक्षिण की हो गयी। समाजवादी डॉ. राममनोहर लोहिया **जन** पत्रिका निकालते थे। उसके फरवरी, 1970 के किसी अंक में नामवर जी ने कहा, "दरअसल लोहिया की सही आलोचना स्वयं संसोपा (संयुक्त सोशलिस्ट पार्टी) है—उसकी वर्तमान स्थिति और कार्य विधि।" सत्तर के बाद 'कविता के नये प्रतिमान' का दूसरा संस्करण छपा। चर्चा उन्हीं साधनों की

हुई जिनके कारण वामपंथियों की पराजय हुई। किसी विचारक के लिए यह चिन्ता बिल्कुल जायज़ है। फिर ऐसी स्थिति में और भी जब वाम की शब्दावली, उसकी शैली, उसके रहने के तौर-तरीके से कुछ और रंग झर रहे हों। कहना ये कि ब्रिटिश राज की अपेक्षा साठ के दशक में साम्राज्यवाद ज़्यादा चतुर-चालाक हो चुका था। वह जनवाद की शब्दावली में अपनी बात कह रहा था।

पश्चिम में रोमांटिक कविता का विरोध क्यों हुआ? क्यों एफ.आर. लीविस और टी.एस. इलियट रोमांटिकता के विरोध में खड़े हुए, वह भी द्वितीय विश्व युद्ध के दौर में? आधुनिक हिन्दी कविता के छायावादोत्तर काल में नयी कविता के प्रतिनिधि कवि **जगदीश गुप्त** को 'समाजोन्मुखी' पर एतराज़ हुआ और निपट और निजी अनुभव के रूपान्तरण को विशिष्ट अभिव्यक्ति मानने का आग्रह हुआ। त्रिलोचन शास्त्री नामवर की कविताओं पर लिखते हैं कि "प्रकृति उनकी कविताओं में आलम्बन और उद्दीपन दोनों रूपों में आयी है।" प्रकृति का यही स्वतन्त्र अस्तित्व छायावादियों में खुलकर आया है। यह दरअसल स्वतन्त्र चेतना की पुकार थी। आज़ादी के कुछ साल पहले और बाद के त्रिलोचन इसका महत्त्व समझ रहे थे। समकालीन कविता में भी वह असर कुछ छुपे-कुछ खुले रूप में आया है। आधुनिक कविता की इस लम्बी परम्परा का अभिप्राय स्थूल और सूक्ष्म से जितना नहीं था, उससे ज़्यादा और उसके बिल्कुल उलट मनुष्य की अभिव्यक्ति के बरसों-बरस तक जकड़े रहने के अचानक खुल जाने से था। इस जकड़न के ढीले पड़ जाने के पश्चात कविता में जितने प्रयोग हुए, उसके नायक के बतौर निराला का महत्त्व था। उसके सहनायकों के रूप में प्रसाद, महादेवी, पन्त का महत्त्व था। यह प्रयोग शब्दावली में भी देखा जा सकता है 'अर्थागमोपाय' (निराला), 'टी वी टी टुट टुट' (पन्त) इत्यादि।

साठ के दशक में ही अज्ञेय की कविताओं का संकलन **आँगन के पार द्वार** आया। उन्हीं के इलाके से शोर मचा (लक्ष्मीकांत वर्मा/माध्यम) कि वे रहस्यवादी कब से हो गये। कोई कह सकता है कि मध्य काल से लेकर आधुनिक काल तक कविता में रहस्यवाद किसी-न-किसी रूप में रहा है। नयी कविता के प्रेमियों को **असाध्य वीणा** (अज्ञेय) से क्षोभ हुआ होगा और जिन्हें आज की कविता प्रिय लगती होगी, उन्हें कविता के जरिए कुछ भी बदलाव न होने और कविता के निरन्तर घट रहे आस्वादकों से निराशा होगी। रहस्यवाद के समर्पण की अवस्था में आने पर 'क्यों' की जिज्ञासा समाप्त हो जाती है। इस अर्थ में छायावाद में आया रहस्यवाद भिन्न ज़रूर था। पन्त की **मौन निमन्त्रण** कविता 1923 की है जो उनके संकलन **पल्लव** में संकलित है। उस समय तक छायावाद उत्कर्ष पर था। और प्रसाद को छोड़ किसी अन्य कवि ने रहस्यवाद पर नहीं लिखा था। पन्त की प्रकृतिपरक कविताओं में प्रकृति की दिनचर्या को लेकर जिज्ञासा का भाव है। उस दौर की रहस्य-भावना में आत्म प्रसार के साथ-साथ विराट प्रकृति से संवाद करने की जिज्ञासा थी। जिज्ञासा

का यह भाव प्रिय न लगे, तो क्या कहा जायेगा इसे? **न जाने नक्षत्रों से कौन/ निमन्त्रण देता मुझको मौन** (पन्त) **न जाने** की टेक हर चार पंक्तियों के बाद आयी है। 'न जाने के बाद' 'मुझे' 'मेरे' और 'तुम' जैसे सर्वनाम आये हैं। बार-बार कवि खुद को प्रकृति की व्यापकता में रखने को आतुर है। केवल रखने की बात नहीं, कण-कण से संवाद करने की इच्छा है। इस कविता के अन्त में आया **सहचर** शब्द बहुत कुछ कह जाता है **अहे सुख-दुःख के सहचर मौन/नहीं कह सकती** तुम **हो कौन**। साथ-साथ चलते रहना है, छोटे और बड़े का सवाल नहीं। छायावाद के दौर की रहस्य-भावना मध्य काल से भिन्न रही है। खुद को जकड़नों से मुक्त करने की कामना है यहाँ। साठ के दशक की **असाध्य वीणा** के केशकम्बली (महात्मा बुद्ध के समकालीन छः दार्शनिकों में एक जो भौतिकवादी माने जाते थे) भाववादी हैं। एक वीणा है जो असाध्य है। अचानक साठ के दशक में यह भाववाद क्यों प्रबल होने लगा? एक तरफ आक्रामकता दूसरी तरफ मध्यकालीन रहस्य भावना की ओर झुकाव।

कुछ न हो रहा है, समकालीन कविता का एक दर्द यह भी है। नये कवि **शैलेय** के किसी संकलन में **आँख** शीर्षक से एक कविता संकलित है, **नींद में गहरे धँसे इस काँटे को/आखिर/किन आँखों से निकाला जा सकता है।** आँखें भी थक गयी हैं। अवसादपूर्ण स्थिति है। भले शैलेय आगे कहें कि एक दिन स्थिति बदलेगी, उसे लेकर अतिरिक्त उत्साह भी आ जाये, यह अलग बात है और कविता में यह सोच चिप्पी है। ऐसा तो अति वामपन्थी ही सोचते हैं। बिल्कुल कुछ न हो पाने की स्थिति में रहस्य भावना आ जाये तो क्या आश्चर्य? अज्ञात शक्ति के प्रति समर्पित हो जायें, तो क्या अस्वाभाविक है इसमें! यह कोई न समझे कि आज का कवि रहस्य-भावना से दूर नहीं है। परन्तु उनके सामने छायावाद के दौर की कविताएँ भी हैं जो रहस्यवादी भी समझी गयीं और समाज के बदलाव में दख़ल देने वाली भी। कवि **बलभद्र** (कब कहा) का अनुभव है **इन चिड़ियों का उड़ना जितना दिखता, नहीं दिखता/उससे कहीं ज़्यादा सुनाई पड़ता/धरती से लगी उड़ान का/फुर्रदार संगीत एक अल्प प्राण/हमने तो कभी नहीं कहा/ओ फुदुकजान!/ओ कोमलपरान!** धरती से उड़ान भर रही आवाज़ में चिड़िया कहीं गुम हो गयी, अब स्मृति-शेष है उसकी आवाज़। बलभद्र के यहाँ खुद को बचाने का भाव भी है लेकिन उसके भीतर दोष-भाव दिखता है। फिर आज की पीढ़ी कैसे कुबूल करेगी इसे? लोक संस्पर्श है इस कविता में। अन्त तक आते-आते कविता मल्टीनेशनल घास-अमेरिकी खर-पतवार, अतिरिक्त उत्साह लिए कुछ पल के लिए विचलित कर देती है और बलभद्र की यह कविता एक उत्तेजक स्थिति में विराम लेती है। यह कोई सनातन स्थिति नहीं है और न कोई सनातन प्रवृत्ति। श्रीप्रकाश शुक्ल ग्रामीण संस्पर्श के सधे कवि हैं, नयी सदी के प्रमुख हस्ताक्षर हैं। उनके यहाँ अलग धार है, स्वतः बहने वाली धार। आज संवादहीनता की स्थिति ज़रूर आयी

है। मेरे एक मित्र मोबाइल-संवाद में बोले कि छोटे-बड़े अधिकांश शहरों में कविता पर संवाद करने वाले कम ही हैं या यों समझें नहीं के बराबर। आपका फोन आने पर कुछ आभास मिल जाता है। लोग इतने सहमे ज़रूर हैं और अपनी पहचान की तलाश में हैं कि कई बार उन्हें अपने खुद के विचार के निर्यात हो जाने का खतरा अनावश्यक रूप में महसूस होने लगता है। सूचनाओं के इस युग में विचार के अन्त होने की साजिश मौजूद है। फिर हमारे और आपके विचार कहाँ? आलोचना की मौलिकता नये-पुराने में कुछ प्रासंगिक खोज लेने की ज़रूर है। अपने विवेक से विश्लेषण जनता तक पहुँचने के मक़सद से किया जाना चाहिए। इस संवादहीनता के दौर में भी डॉ. मृदुला (पत्नी) अंग्रेज़ी के दो विद्वानों **प्रो. रामकीर्ति शुक्ल** (वाराणसी) और **प्रो. दिग्विजय कुमार सहाय** (राँची) मेरे लिए आशा और विश्वास के दीप बने रहे हैं। आलोचक और 'अक्सर' (जयपुर) के सम्पादक **प्रो. हेतु भारद्वाज** की बेबाकी बहुत काम आयी। विशेषतः मीराँ के साहित्य को समझने में जहाँ कहीं भी कठिनाई आयी, भारद्वाज उसे हल करने के लिए मोबाइल पर हमेशा मौजूद रहे। सहमति-असहमति अपनी जगह। सहयोग की यह 'लौ' बुझने न पाये।

अनुक्रम

देश भाषा की परम्परा

अपभ्रंश से हिन्दी का विकास माना जाये या वैदिक संस्कृत से? यह प्रश्न केवल भाषा का नहीं है। यह हमारी सामाजिक व्यवस्था और उससे उपजी सोच का है। इन दोनों में से किसी को न माना जाये, तो इसमें हर्ज क्या है? कौन-सा नफा-नुकसान होने जा रहा है? हम चाहें 'आई इज' लिखें या 'आई एम', समझ में जो आ जाये, वही भाषा है। उसके रूप-स्वरूप और उन्नति-अवनति से क्या लेना? हम खुद को इतिहास में ही खोजें, सम्भव है यह काम विद्या-व्यसनी का हो, विद्या-अनुरागी का न हो।

नामवर जी का प्रश्न है, **गावी, गोणी** आदि अपभ्रंश शब्द किस लोक भाषा के थे? इसमें यह निहित है कि अगर ये अपने समय के किसी छोटे जनपद के सबसे छोटे खित्ते से ही आये हों, या न आये हों, तो इसके मानने और न मानने से सामाजिक सम्बन्धों पर क्या असर पड़ जाता है? भाषा अगर क्षणिक संचार-माध्यम है, तब हिन्दी के विकास में अपभ्रंश का योग जैसी किताब क्यों? मैं ऐसा इसलिए कह रहा हूँ कि पिछले बीस-पच्चीस वर्षों में भाषायी सोच हमें पीछे की ओर जाने को मजबूर कर रहा है। वर्तमान का तकाज़ा है कि भाषा केवल और केवल सम्प्रेषण की मशीन है। आप मुझे समझ रहे हैं और मैं आपको, इतने भर से भाषा का काम सम्पन्न हो जाता है। इसलिए छोटे-बड़े शहरों में 'इंग्लिश स्पोकन इंस्टीट्यूट' खुलने लगे हैं। उनकी समझ से 'सीता रोटी खाती है' या 'खाता है', महत्त्व रोटी के उत्पादन का है, चाहे आकारान्त से रोटी पैदा हो या ईकारान्त से। फिर भी, **गावी, गोणी** शब्दों के स्रोत तक जाने की चिन्ता है। इस कारण भी नामवर महत्त्वपूर्ण ही नहीं, एक अनिवार्यता बन जाते हैं पुरानी राजस्थानी या अपभ्रंश के बहाने। उनकी दूसरी चिन्ता है, खुद उन्हीं के शब्दों में, **भरत मुनि का अपभ्रंश शब्द का प्रयोग न किया जाना कुछ तो अर्थ रखता है**। भरत मुनि तीसरी शताब्दी के थे। उस समय तक अपभ्रंश को विशेष भाषा का दर्जा नहीं मिला था। आभार मानना चाहिए अलंकारवादियों का कि उन्होंने अपभ्रंश का महत्त्व समझा। भामह और दण्डी (काव्यादर्श और काव्यालंकार) ने पहले-पहल अपभ्रंश का उल्लेख किया। अलंकारवादियों में एक नाम रुद्रट (काव्यालंकार) का है जो अपभ्रंश को देशज मानते थे। ये सभी 600 ई. और उसके बाद के हैं। रामचन्द्र

शुक्ल (हिन्दी साहित्य का इतिहास) सरहपा के जिन पदों को (म.म. हर प्रसाद शास्त्री/बौद्ध गान ओ दोहा) उद्धृत करते हैं, उसे वे अपभ्रंश मिश्रित देश भाषा या काव्य भाषा कहते हैं। उनके इतिहास में देशभाषा का उल्लेख हुआ है, गोरखपन्थी साहित्य के सन्दर्भ में। नामवर शुक्ल जी की परम्परा के पहले हस्ताक्षर हैं जो अपभ्रंश को प्राकृत से अलग और स्वतन्त्र भाषा मानने का निवेदन करते हैं। **हिन्दी के विकास में अपभ्रंश का योग** लघु शोध प्रबन्ध किताब की शक्ल में 1952 में आया था। उसके पहले अधिकांश विद्वान प्राकृत के बाद की कड़ी के रूप में अपभ्रंश को स्वीकार करते रहे हैं। हीरा लाल जैन ने प्राकृत पर पूरी किताब (1945 ई.) लिखी और वहाँ भी अपभ्रंश को दूसरा ही दर्जा मिला। वर्षों की अकथ साधना के बाद **आर. पिशल** की किताब का हिन्दी अनुवाद (प्राकृत भाषाओं का व्याकरण) आया। वहाँ भी प्राकृत के एक भेद के रूप में अपभ्रंश को महत्त्व मिला। यह सिलसिला आगे भी चलता रहा। अपभ्रंश की स्वतन्त्र पहचान के हिमायती आचार्य हजारी प्रसाद द्विवेदी के आशीर्वचन और परामर्श के बाद भाषाविद् **प्रो. वीरेन्द्र श्रीवास्तव** की किताब (अपभ्रंश भाषा का अध्ययन) 1965 ई. में छपी जिसमें एक उप शीर्षक है **अपभ्रंश की प्रकृति** और इतिहासकार **आर.सी. मजुमदार** (दी क्लासिकल एज) के जरिए इसकी सिफ़ारिश हुई है कि प्राकृत की प्रकृति संस्कृत ही है। इसलिए सीधा गणित बिठा, अपभ्रंश मूलतः संस्कृत है और प्राकृत का एक भेद। ऐसा न शुक्ल जी ने कहा और न द्विवेदी जी ने। दोनों में एक कॉमन था, अपभ्रंश को देशभाषा मानने का आग्रह। और शुक्ल जी का आत्मविश्वास थोड़ा मज़बूत हुआ तो उन्होंने देशभाषा के साथ मिश्रित अपभ्रंश और इसे ही पुरानी हिन्दी मानने का आग्रह किया। नामवर जी की किताब के पहले अध्याय में एक सूचना आयी है कि जर्मन विद्वान **हर्मन याकोबी** ('भविसयत्तकहा' की भूमिका/1918) चार हज़ार देशी शब्दों की जाँच-पड़ताल करने के बाद इस निष्कर्ष पर आये कि इनमें केवल पाँच प्रतिशत देशी भाषा के शब्द हैं। फिर निष्कर्ष दिया कि अपभ्रंश में देशी शब्दों की संख्या बहुत कम है। **आर. पिशल** प्राकृत के बहुत बड़े विद्वान थे। उनकी दस वर्षों की कठिन तपस्या का फल था प्राकृत भाषाओं का व्याकरण। पिशल का मानना था कि प्राकृत की अपेक्षा अपभ्रंश में देशी शब्दों की संख्या अधिक है। पिशल का व्याकरण (अंग्रेज़ी में) चालीस के दशक में आया था। बाद में हेमचन्द्र जोशी जी ने इसका अनुवाद किया (1957)। 1951 ई. में नामवर इस किताब के जरिए एक अलग रोशनी दे रहे थे। विदेशी विद्वानों में भी अपभ्रंश को देशी भाषा मानने-न-मानने को लेकर गहरा मतभेद था। नामवर जी किताब में भाषाविद् हर्मन याकोबी का दृष्टान्त भाषा-चिन्तन के एक पक्ष को भी रेखांकित करता है। दरअसल लौकिक भाषाओं के क्लासिक भाषाओं में तब्दील हो जाने के बाद क्लासिकी विद्वान केवल किताबों में कैद हो चुकी भाषाओं को ज़िन्दा करने में लगे रहते हैं। संस्कृत, लैटिन, पुरानी फ़ारसी अब लोक-सम्पर्क

की भाषाएँ नहीं रह गयी थीं। इन्हें सनातन और प्रासंगिक रखने के लिए तुलनात्मक भाषा विज्ञान आया और फिर यह बताया गया कि भक्षयति से **भक्खई, कथ-कह** और अब हिन्दी में **कहना**। **हेमचन्द्र** के शब्दानुशासन में ऐसे शब्दों की सूची बहुत बड़ी है। हेमचन्द्र 11वीं सदी (1088 ई) के थे और उस समय तक प्राकृत को संस्कृत के चश्मे से देखने का आग्रह कोई चौंकाने वाला नहीं था। हेमचन्द्र के एक सूत्र (अनु. नेमिचन्द्र शास्त्री/1963) में कहा गया है कि **स्था** के स्थान पर **खा** और **स्त** के स्थान पर भी **ख** का विधान है। **अक्षि** (संस्कृत)–**अच्छु** (प्राकृत); **इक्षु-इच्छु** और **द्य, टग** और **र्या** के स्थान पर **ज** का प्रयोग होता है, **मर्यादा-मज्जाया**। हेमचन्द्र अपने शब्दानुशासन में अपभ्रंश का उल्लेख (सूत्र 329-448) करते हैं और उसकी प्रकृति बताते हैं। परन्तु हेमचन्द्र को आधार मानने पर एक शंका होने लगती है कि **अक्षि** आँख में कैसे बदल गया? चाहे इलाका मागधी का हो या पश्चिमी हिन्दी का, एक बड़े इलाके में अनुनासिकता का जोर रहा। क्यों रहा? आगे के विद्वानों को इसकी खोज करनी चाहिए थी। पंजाब के इलाके में अनुनासिकता इतनी बढ़ी कि एक नासिक्य ध्वनि को हटाकर दूसरा ले आया गया।

मैंने जब नामवर जी से पूछा कि अलंकारवादी अपभ्रंश का उल्लेख क्यों करते हैं? उनका उत्तर था कि 600 ई. और उसके बाद लोक साहित्य का माधुर्य अलंकारवादियों को लुभा रहा था। हेमचन्द्र के व्याकरण में घोषीकरण (वोकलाइजेशन) और महाप्राणीकरण (एस्पिरेशन) के उदाहरण आये हैं, **एकः-एग्गो; एकादश-इगारह; पुष्पं-पुष्फं; पुष्करिणी-पो भ्खरिणी**। **इगारह** किसी तूफान के कारण नहीं आया। लोक में जो रूप स्थिर हुआ, उसे किताबी संस्कृत में खोज लेना लोक की सत्ता को नकारना है। नामवर भरत मुनि पर शंका करते हैं। कहीं वे भी लोक सत्ता से विमुख होने लगे हों। नामवर जी की किताब में अलंकारवादियों की विशेष चर्चा अनिवार्यता भी रही होगी। अब अपभ्रंश पर चर्चा हो और दण्डी-भामह न आयें, यह कैसे हो सकता है? यह चर्चा तो अपभ्रंश पर लिखी अधिकांश किताबों में मिलती है। **हिन्दी के विकास में अपभ्रंश का योग** में इस चर्चा का खास वैशिष्ट्य है। जो बात उन्होंने लोक साहित्य के माधुर्य के सिलसिले में कही थी, उसका सम्बन्ध अलंकारवादियों से है। इसलिए भामह (काव्यालंकार) अपभ्रंश की गणना तीन भाषाओं में करते हैं, संस्कृत, प्राकृत और अपभ्रंश। दण्डी (काव्यादर्श) चार भाषाओं में करते हैं, संस्कृत, प्राकृत, अपभ्रंश और मिश्र। भरत मुनि के नाट्यशास्त्र में अपभ्रंश को विशेष भाषा का दर्जा नहीं मिला। उनके लगभग तीन सौ वर्षों बाद भामह और दण्डी और फिर बाद में राजशेखर (काव्यमीमांसा/900 ई.) अपभ्रंश को विशेष महत्त्व देते हैं। भामह का प्रसिद्ध श्लोक है प्राकृतसंस्कृतमागधपिशाचभाषाश्च शूरसेनी च। और राजशेखर की काव्यमीमांसा में एक शब्द-चित्र आया है, मुख संस्कृत, बाहु प्राकृत, जघन अपभ्रंश, पाद पैशाच।

क्लासिक भाषाओं से आधुनिक भाषाओं के विकास की धारणा कोई नयी नहीं है। यूरोप हो या एशिया, सभी जगह क्लासिक भाषाएँ सामन्ती व्यवस्था को मज़बूत करने की ढाल रही हैं। बाइबिल की मूल भाषा हिब्रू थी। उस समय वह लोक भाषा थी। आगे चलकर लैटिन को पवित्र भाषा का दर्जा मिला। रोम के जिस छोटे इलाके में इसे मान्यता मिली, कायदे से वहाँ इतालवी को मान्यता मिलनी चाहिए थी। 1800 ई. के बाद यह माना जाने लगा कि लैटिन से अंग्रेज़ी भाषा आयी है। असर एशिया पर भी हुआ और यहाँ भी संस्कृत से हिन्दी के विकास की सरणी में अपभ्रंश को मान्यता नहीं मिली। भाषावैज्ञानिक **मैक्समूलर** जर्मन भाषी थे। 1861 और 1863 ई. में लंदन के रॉयल इंस्टीट्‌युट में भाषा विज्ञान पर इनके कई भाषण हुए। पूरा भाषण पुस्तकाकार रूप में **साइंस ऑफ लैंग्वेज** (1890 ई.) नाम से छपा। इस किताब के एक अध्याय (भाषा का विकास) में यह चर्चा आयी है कि अंग्रेज़ी भाषा में अधिकांश शब्द सैक्सन और नार्मन बोलियों से हैं। बाइबिल के अड़तीस हज़ार शब्दों में पन्द्रह हज़ार शब्द लैटिन और ग्रीक के हैं शेष सैक्सन बोली के। यह चर्चा इस कारण आयी कि मैक्समूलर शब्दों के आधार पर भाषाओं के विकास के अध्ययन में विश्वास नहीं रखते थे। वे अध्ययन का आधार व्याकरण को मानते थे। इस पर बहस हो सकती है। फिलहाल कहना ये है कि मैक्समूलर क्लासिक भाषा की जगह बोलियों को महत्त्व दे रहे थे। इसी अध्याय में मैक्समूलर ने यह भी कहा है कि प्राचीन और अविकसित भाषाओं का व्याकरण अंग्रेज़ी की अपेक्षा अधिक विकसित और पूर्ण है। इसलिए किसी परिवार के यत्र-तत्र जो भाषाएँ फैली हुई हैं, उनमें समानता को खोज कर पाना अधिक सरल है। नामवर जी (हिन्दी के विकास अपभ्रंश का योग) परवर्ती अपभ्रंश में हिन्दी के फूट रहे अंकुर को देख रहे थे। प्राकृतों के संयुक्त व्यंजनों में सरलता लाने के लिए क्षतिपूरक दीर्घीकरण व्यापक स्तर पर हुए, **ऊसास-उस्सास** (उच्छवास)। उन्हीं का मानना है कि मध्यग **क, ग, च, ज, त, द, य, व** व्यंजनों के लुप्त होने से एक या एक से अधिक स्वर साथ-साथ सुरक्षित रखकर जहाँ विवृत्ति या विच्छेद उत्पन्न कर देते थे, वहाँ सन्धि समीकरण प्रक्रिया का प्रयोग हुआ है, **सुन्नार-सुण्णआर** (स्वर्णकार)। जो उदाहरण नामवर दे रहे हैं, वह कोई नया नहीं है। अपभ्रंश पर पूर्व में जितनी किताबें आयी हैं, उनमें ये शब्द मिलेंगे ही। परन्तु नामवर जी के समय और उनके पहले कई भाषाविदों का अनुमान रहा, संस्कृत से अपभ्रंश की यात्रा; **स्वर्णकार** से **सुण्णआर**। प्रश्न रुझान का भी है, **सुनार** शब्द आज भी मागधी और अर्द्ध मागधी परिवार की बोलियों में चलते हैं। कोई आश्चर्य नहीं कि अपभ्रंश के उदयकाल में भी यह शब्द रहा हो। नामवर जी ने नेपथ्य से अपभ्रंश और उस समय की बोलियों के सम्बन्ध को समझा है, जिसकी सहज यात्रा का दूसरा पड़ाव डॉ. रामविलास शर्मा की किताब **भाषा और समाज** (1961 ई.) का प्राकृत-अपभ्रंश वाला लेख है।

रामविलास जी के लेख का शीर्षक है **संस्कृत-परिवार और प्राकृत-अपभ्रंश** जो उनकी किताब **भाषा और समाज** में संकलित है। बहुत सही लिखा है उन्होंने कि व्यवहार में भाषाशास्त्री एक आदि भारतीय आर्य भाषा की बात करते हैं। जिस देव वाणी संस्कृत को संस्कृत के विद्वान मैक्समूलर आदि लोक भाषा के रूप में नहीं देखते हैं, भारतीय भाषा वैज्ञानिक सिद्धान्त में बोलियों के प्राथमिक प्रभाव को मानने के बावजूद उसके विश्लेषण में संस्कृत को ही आधार मान लेते हैं। नामवर जी परवर्ती अपभ्रंश के उदाहरण में भाषावैज्ञानिक **अगरचन्द नाहटा** के **नागरी प्रचारिणी पत्रिका** में छपे लेख (वीरगाथा काल का जैन साहित्य) का हवाला देते हैं। नाहटा जी के लेख में (नामवर जी के अनुसार) पूर्वी प्रदेश की बोली का पुराना रूप आया है। उस समय के गद्य में सर्वनामों और क्रियाओं की एक शृंखला मिलती है **बोल्या, जानासि, मोर देस, तुम्हाँ, कइसु,** व्यवहार में गद्य के ऐसे नमूने मिलते हैं जिनका वर्णन **हिन्दी के विकास में अपभ्रंश का योग** में हुआ है। पचास के दशक में किशोरीदास वाजपेयी (हिन्दी शब्दानुशासन) अपवाद थे जो बोलियों में प्रयुक्त संज्ञा, क्रिया और विशेषण के उदाहरण देकर बोलियों से हिन्दी के विकास की चर्चा करते हैं। रामविलास जी की किताब (भाषा और समाज) साठ के दशक में आयी। **संस्कृत-परिवार और प्राकृत-अपभ्रंश** के लेख में कुल मिलाकर वही विस्तार है जिसके अनेक उदाहरण पहले नामवर जी और उनके कुछ समय पहले किशोरीदास वाजपेयी दे चुके हैं। पंजाबी का उदाहरण देकर रामविलास जी ने बिल्कुल ठीक लिखा है कि ठेठ देहाती बोलियों में युग्म-व्यंजन वाले शब्द हैं या नहीं? उदाहरण अनेक हैं, **निकम्मा, सच्चाई, रत्ती, सत्तर, बहत्तर, लम्बी, दच्छिना, बच्चा।** ये चर्चा रही है और रामविलास जी इसका ज़िक्र करते हैं, कि पंजाबी में अब भी मध्य भारतीय आर्य भाषा के युग्म व्यंजन सुरक्षित हैं। नामवर जी ने लिखा है कि अपभ्रंशकाल में पंजाब से लेकर राजस्थान और महाराष्ट्र तक की भाषा के मौलिक व्याकरण में भेद नहीं था। उच्चारणगत ध्वनिपरक भेद थे लेकिन व्याकरणिक ढाँचे में बड़ा अन्तर नहीं था। आठवीं से तेरहवीं सदी तक जो भाषा साहित्य की भाषा रही; उसमें पश्चिमी और पूर्वी का भेद कर बोलियों के लिए एक स्वतन्त्र अस्मिता की खोज करना कुल मिलाकर भाषा का एक साम्राज्यवादी दृष्टिकोण है। पूँजी के विस्तार और निवेश के साथ-साथ विभेदीकरण की ज़रूरत पड़ती है। छोटे-छोटे कबीलों में बोली जाने वाली बोलियों के उच्चारणगत भेद को दर्शाने की कारीगरी के पीछे रहस्य यही है। इसलिए नये-नये अपभ्रंशों को भी सामने रखा गया। डॉ. सुनीति कुमार चाटुर्ज्या (राजस्थानी भाषा) शौरसेनी अपभ्रंश से अलग एक नये अपभ्रंश सौराष्ट्र अपभ्रंश को अस्तित्व में लाते हैं। दरअसल ये मामला उच्चारणगत भेद को रेखांकित करने का है। इससे भाषिक अराजकता को बढ़ावा मिलता है और यह साम्राज्य विस्तार की पहली ज़रूरत है। व्यावहारिक विश्लेषण के जरिए इसका खुला विरोध पहले नामवर जी करते हैं और आगे डॉ. रामविलास शर्मा।

फिर मैक्समूलर 19वीं सदी के पहले भाषा वैज्ञानिक थे लैटिन के ख़िलाफ़ बोलने वालों में। उनके बाद **ज्युल ब्लॉख** (ल आँदो एरियाँ/भारतीय आर्य भाषा) की फ्रेंच भाषा में लिखी किताब आयी। आज़ादी के एक दशक बाद (1961) **लक्ष्मी सागर वार्ष्णेय** जी ने इसका अनुवाद किया था। पुस्तकाकार रूप में ब्लॉख की किताब 1962 में छपी। उस किताब की भूमिका में ब्लॉख प्राकृत और अपभ्रंश में कोई भेद नहीं देखते हैं। परन्तु अपभ्रंश का महत्त्व भी रेखांकित करते हैं। ब्लॉख की पूरी किताब का आधार संस्कृत की वर्णमाला और उसकी ध्वनियों का विश्लेषण है। ब्लॉख मैक्समूलर के बाद के भाषाविद् थे। फ्रेंच में उनके कई लेख छपे थे। अशोक के समय की मागधी पर उनका लेख 1932 ई. में छपा था और वह बहुत चर्चित हुआ। भूमिका में ब्लॉख ने लिखा है कि पूर्ववर्ती साहित्यिक भाषाओं की भाँति, अपभ्रंश का प्रसार उन प्रदेशों में सरलता से हुआ जहाँ भाषाएँ अपने मौलिक रूप से अलग नहीं हुई थीं। इसका एक मतलब तो यह है कि आदि भाषा के गुणों से युक्त एक दूसरी भाषा का विकास अपभ्रंश के रूप में हुआ। इसलिए उनका निष्कर्ष है कि अपभ्रंश-प्राकृत अनिश्चित, कभी-कभी बहुत अधिक परिमाण में मिश्रित हैं। एक और निष्कर्ष आया कि अपभ्रंश के आने से भाषा सम्बन्धी एक स्थिति का पता चलता है, न कि एक भाषा का। ब्लॉख को अपभ्रंश को एक स्वतन्त्र भाषा के मानने में कठिनाई महसूस हो रही थी। उनके अनुसार (भूमिका) शब्दों के उद्‌गम को संस्कृत और उसके बाहर भी खोजने होंगे। उनका अनुमान है कि छठी शताब्दी में अपभ्रंश गुजरात में जिस स्थिति में था, वहीं से आधुनिक भाषाओं का जन्म हुआ होगा। वे गुजरात को अपभ्रंश का उद्‌गम-स्थल मानते हैं। भारतीय भाषाओं की विविधता और अविच्छिन्नता ब्लॉख को आकर्षित करती थी। एक तरफ इस्लाम से आयी भाषा है तो दूसरी तरफ ईरान और मंगोल के छोटे भाषा-समूह भी हैं। कश्मीर से गिलगिट तक बोलियों की एक शृंखला चलती है, शिना, चित्राली, कलश, काफिर, पशई इत्यादि। ब्लॉख ने यह भी लिखा है कि ये आधुनिक भाषाएँ प्राचीन भाषाओं पर निर्भर थीं। विविधता और अविच्छिन्नता इस हद तक कि भाषावैज्ञानिक के लिए उसका सीमा-निर्धारण करना कठिन है। ब्लॉख के अनुसार, एक ऐसे देश में जहाँ, अनिश्चित और अपरिवर्तनशील, राजनैतिक सीमाएँ जातियों के अनुरूप कभी नहीं रही, वास्तविक भाषा-सम्बन्धी सीमाएँ ज्ञात करने की आशा नहीं की जा सकती; जबकि प्रधान समुदाय निश्चित हैं तो वास्तविकता की अपेक्षा अधिक निश्चित और अधिक अविच्छिन्न भाषा-क्षेत्रों को नहीं, उन ऐसी अनेक परिस्थितियों पर विचार करना आवश्यक है, जिसमें एक ही क्षेत्र में और एक ही बोली में कई भाषाओं का सह-अस्तित्व मिलता है, किन्तु प्रादेशिक सीमाओं का परस्पर अतिक्रमण करने वाली भाषा-रेखाओं को दिखाने वाले स्थान नक्शे पर निस्सन्देह होना चाहिए। विविधता और अन्तःसम्बन्ध को मानने के बावजूद ब्लॉख प्राचीन भाषाओं पर आधुनिक भाषाओं

की निर्भरता जैसी धारणा से मुक्त नहीं हो पाते हैं। भारत-ईरानी भाषा परिवार को महत्त्व देने वाले ब्लॉख शुरुआत अवेस्ता से करते हैं। वहाँ लैटिन भी शामिल है। संस्कृत का **अजति** अवेस्ता में **अजैति** और लैटिन में **एजिट** है, **गुरु** (संस्कृत), **गोउर** (अवेस्ता) और **बरुस** (ग्रीक)। दरअसल ब्लॉख को लैटिन का महत्त्व बताना था। इसके लिए अवेस्ता को लेना ज़रूरी था और फिर अन्त में क्लासिक भाषाओं से आधुनिक भाषाओं का सम्बन्ध बताना। नामवर पहले से चले आ रहे इस अन्तर्विरोध को दूर करते हैं। अन्तर्विरोध बोलियों और भाषाओं की विविधता के बावजूद क्लासिक भाषाओं के प्रभाव को दूर तक खींचने के कारण था। अपभ्रंशवाली किताब के उपसंहार में उन्होंने लिखा है कि अपभ्रंश में कृदन्तज क्रियाएँ प्रचलित थीं और क्रिया के कृदन्त रूप का जोर शुरू से नहीं रहा है। जायसी और तुलसी की भाषा में कृदन्त रूप नहीं मिलते हैं लेकिन प्रेमचन्द और प्रसाद की भाषा में मिलते है। नामवर जी के अनुसार क्रिया-रूपों की यह अवस्था विकास-क्रम का परिणाम है। यह धारणा थी कि हिन्दी की अधिकांश क्रियाएँ कृदन्त रही हैं, तिङन्त नहीं। कृदन्त क्रियाएँ संस्कृत व्याकरण के मेल में हैं, बल्कि कहा जाये घुल-मिल गयी हैं।

किया का संस्कृत रूप है कृतम; रामेण कृतम (राम ने किया); ताभ्यांकृतम (उन दोनों ने किया); तैः कृतम (उन्होंने किया)। कृतम में कोई परिवर्तन नहीं हुआ। कर्म के आने पर सहायक क्रिया बदलती नहीं है। हिन्दी में भी **उसने किया; मोहन ने किया; किया** क्रिया न संज्ञा में बदलती है और न सर्वनाम के आने पर। हिन्दी भाषा की संरचना पर संस्कृत का यह प्रभाव कभी भुलाया नहीं जा सकता है। हिन्दी भाषा में संस्कृत का कृदन्त रूप बिना किसी लाग-लपेट के आया है। व्याकरणिक दृष्टि से हिन्दी भाषा में आयी यह सरलता सर्वत्र स्वीकार्य हो गयी। संस्कृत में विभक्तियाँ संज्ञा के साथ लगती हैं **बालकेन पठितः** (बालक ने पढ़ा); **उसने पढ़ा; मैं ने पढ़ा**। हिन्दी भाषा में यह सरलता क्लासिक भाषा से ही आयी है। दूसरी सरलता कर्म कारक को लेकर आयी है। कई जगहों पर उसकी अनिवार्यता बिल्कुल नहीं है। अधिकांश जीवित संज्ञा या सर्वनाम में कर्म कारक की **को** विभक्ति लगती है। वहाँ उसके बिना काम चलने वाला नहीं है, **मोहन ने श्याम को देखा**; **मैं तुमको देख लूँगा**। परन्तु यही स्थिति निर्जीव के साथ नहीं रहती है। अगर ऐसा है भी तो वहाँ अर्थ बदल जाता है, **मैं घर देखता हूँ**, यहाँ को विभक्ति कर्म में ही निहित है। दूसरा वाक्य है, **मैं घर को देखता हूँ, यहाँ को** विभक्ति का प्रयोग वाचक के 'टोन' पर निर्भर करता है। जैसे, किसी को जाना हो और जाने के बाद घर असुरक्षित रह सकता है, ऐसे में स्थिति में कर्म कारक की **को** विभक्ति निश्चयता का बोध कराती है। कुछ जगहों पर **को** विभक्ति का प्रयोग अतिरिक्त लगता है और इसलिए वह सही नहीं है। कुछेक स्थलों पर **को** विभक्ति का प्रयोग उचित है **मैं पुस्तक को पढ़ा हूँ**, यहाँ निश्चयता का बोध हो रहा है। यहाँ बात सरलता की है। किसी भाषा का व्याकरण उसके लिखे जाने के पूर्व

मौजूद रहा है। सम्भव है कि लिखित अवस्था के पहले उस भाषा में एकरूपता न आयी हो। यह बिल्कुल दूसरी बात है। भाषा की सरलता इस पर निर्भर करती है कि उसने प्राचीन भाषाओं से क्या लिया है और क्या छोड़ा है। कई बार तो भाषा का लचीलापन दुविधा में डाल देता है। तुम **ने** लड़का **देखा** है-तुम **ने लड़का को देखा है**; अब इन दो वाक्यों के सन्दर्भ अलग-अलग हैं। लड़की की शादी के लिए लड़का देखने के सन्दर्भ में कर्म कारक की **को** विभक्ति का लगना ज़रूरी नहीं है। लड़के के गुम हो जाने की स्थिति में कर्म कारक की **को** विभक्ति का आना उचित है।

हिन्दी भाषा की व्याकरणिक विविधता केवल क्लासिक भाषा के कारण नहीं आयी है। **पच्छिताई** (पश्चात्ताप), **पइट्ठि** (पैठना), **चडाहुँ** (चढ़ना), **हुहरु त्ति** (डूब जाना), **विगुत्ताई** (तंग आ जाना), **लग्गइ** (लगना), **वलन्ति** (जलना), **लउ न लहंति** (लौ नहीं लगाते), ये अपभ्रंश के क्रियापद हैं। संस्कृत में इनके स्रोत सीधे और सहजता से उपलब्ध नहीं हैं। ज्युल ब्लॉख और दूसरे भाषावैज्ञानिक शब्दों के तुलनात्मक अध्ययन के क्रम में संज्ञा और विशेषण शब्दों को लेते हैं। क्रियापदों को नहीं लेते है। **अस् से होना** क्रिया के सम्बन्ध को बताने के लिए **होना** क्रिया पर स्वतन्त्र रूप से विचार हुआ है, **अस** (संस्कृत), **आसति (पालि)**। ब्लॉख के अनुसार संस्कृत के समय कई ऐसी क्रियाएँ चलती थीं, जिनकी सतत स्थिति का बोध होता है। वैदिक संस्कृत में **इ** और **या** मिलते हैं जिनका कृदन्तों के साथ प्रयोग होता है, **विद्यते, वर्तते**। ब्लॉख यह भी कहते हैं कि **अच्छ, रह** जैसी क्रियाओं की व्युत्पत्ति बताना कठिन है। सच कहा जाये तो अपभ्रंश के अस्तित्व के कारण आम जन तक पहुँच पाना सुगम हुआ है। ब्लॉख आम जन की बोलियों के महत्त्व को स्वीकारने के बावजूद लैटिन, अवेस्ता, संस्कृत जैसी क्लासिक भाषाओं का महत्त्व प्रतिपादित करते हैं। नामवर जी अपभ्रंश की पूरी परम्परा को सामने रखकर भारतीय भाषाओं के विकास का नया अध्याय खोलते हैं। कठिनाई वही थी या कहा जाये मोह या आसक्ति आदि या क्लासिक भाषा के प्रति इतना अनुराग का, वह दूसरी भाषाओं के अस्तित्व को स्वीकार ही न करे। मैक्समूलर 1880-90 ई. में लिख रहे थे। ज्युल ब्लॉख उनके बाद आये। मैक्समूलर जर्मन भाषी थे और ब्लॉख फ्रेंच भाषी। कायदे से ब्लॉख को नार्मन बोली का कृतज्ञ होना चाहिए, क्योंकि इस बोली का क्षेत्र नार्मन्डी फ्रांस की सीमा के बिल्कुल करीब था बल्कि एक ज़माने में फ्रांस का उपनिवेश भी था। आगे के दशकों में स्वर और व्यंजन के ध्वनिगत विश्लेषण के जरिए भाषाओं से ज़्यादा बोलियों की अस्मिता बताने का काम ज़्यादा हुआ। उनका यह उद्देश्य इस रूप में आया कि भारतीय भाषा परिवार को ध्यान में तो रखा ही जाये साथ ही भारत-यूरोपीय भाषा परिवार का महत्त्व दर्शाया जाये। दरअसल मकसद दूसरा था। जैसे, ब्लॉख ने संस्कृत संज्ञाओं के विश्लेषण वाले अध्याय में लिखा कि वैदिक संस्कृत जिन संज्ञाओं से सुसज्जित है, वह भारतीय ईरानी हैं। उनकी रचना उन्हीं सिद्धान्तों और अधिकांश में उन्हीं अंशों

से हुई है जिनसे ईरानी और भारोपीय संज्ञाओं की रचना हुई है। ब्लॉख के अनुसार आगे जिन बोलियों का विकास हुआ, उनका विश्लेषण संस्कृत के संज्ञा, सर्वनाम, क्रिया और विशेषणों के आधार पर ही होना चाहिए। भारत के भाषावैज्ञानिक भी इसका अनुसरण करते रहे, चाहे वे उदय नारायण तिवारी हों, सुनीति कुमार चाटुर्ज्या हों या अन्य। भारत में काम कर रहे भाषाविद् जर्मन भाषावैज्ञानिक मैक्समूलर को नहीं मानते थे। यह बात ग्रियर्सन (जॉर्ज अब्राहम ग्रियर्सन) में भी मिलेगी जबकि उनका विश्लेषण-विवेक अधिक उदार और वैज्ञानिक था। ब्लॉख अवेस्ता, पुरानी फ़ारसी और संस्कृत की पारस्परिकता दर्शाते हैं, **अहम्** (सं), **अज़म** (अवेस्ता)-**अदम्** (पुरानी फ़ारसी)। इसका मक़सद संसार की क्लासिक भाषाओं को एक समझते हुए आदिभाषा की कल्पना को सुदृढ़ करना था।

नामवर जी ने लिखा है कि थोड़े-से ध्वनिगत भेदों या ध्वनि-विकारों की विशेषताएँ बतलाकर शौरसेनी, मागधी, पैशाची आदि भाषाओं को प्राकृतवत बताया गया। एक मिश्रित भाषा के रूप में अपभ्रंश भाषा जिसने अपने शब्दकोश के निर्माण में साहित्यिक प्राकृतों से बहुत कुछ ग्रहण किया लेकिन उसका व्याकरणिक ढाँचा देश-भाषाओं से निर्मित हुआ। हेमचन्द्र के शब्दानुशासन में पैशाची की एक खासियत का उल्लेख हुआ है, **ण** के स्थान पर **ञ्ञा** का प्रयोग; अभिमन्यु-अभिम **ञ्ञ** (पैशाची) कहीं **ण** के स्थान पर **न** का भी प्रयोग होता है; **तरुणी-तलुनी**; पैशाची, जिसे अपभ्रंश के समय या उसके बाद भी बहुत महत्त्व नहीं मिला था, उसमें हो रहा ध्वनि-परिवर्तन एक परम्परा को दर्शा रहा था। हेमचन्द्र ने लिखा है कि प्राकृत भाषाओं में महाप्राणीकरण बढ़ा है **एकः-एग्गो-इगारह**। पैशाची में महाप्राणीकरण भी है। डॉ. भोलानाथ तिवारी (भाषा विज्ञान कोश) ने लिखा है कि कभी इनके बोलने वाले भारत के अन्य भागों में भी अवश्य थे, क्योंकि मराठी, सिन्धी, पंजाबी इन सब पर पैशाची परिवार की भाषा (दरद) का प्रभाव रहा है। भोलानाथ तिवारी जी के कोश (1964 ई) के पूर्व नामवर की मिश्रित भाषा के रूप में अपभ्रंश को देख रहे थे। आगे उन्होंने लिखा है कि हिन्दी की बोलियों के उदय काल में संस्कृत और फ़ारसी तत्सम शब्दों के आगमन के बावजूद तद्भव शब्दों का जोर है, वह तेरहवीं सदी के सांस्कृतिक पुनर्जागरण की लोकोन्मुखी प्रकृति का प्रभाव है, और उसमें जो संस्कृत और फ़ारसी के तत्सम शब्दों का आगमन है, वह हिन्दुत्व और इस्लाम के शास्त्रीय संस्कारों के पुनरुत्थान का परिणाम है (पृ.158)। हेमचन्द्र की **देशीनाममाला** में ऐसे शब्दों की अच्छी संख्या है जिसकी संक्षिप्त सूची **हिन्दी के विकास में अपभ्रंश का योग** पुस्तक में भी आयी है।

अपभ्रंश के प्रारम्भिक समय में तत्सम शब्दों का प्रायः बहिष्कार मिलता है। तत्सम शब्दों में स्वर-भक्ति का परिचय देकर अपभ्रंश के कवियों ने तत्सम से किनारा किया। **प्रविष्टि** के बदले **पविट्ठ** (पैठ), **दुज्जन (दुर्जन)**, **विसिट्ठइ** (विशिष्ट)

ऐसे अनेक शब्द सोमप्रभ की रचना **कुमारपाल प्रतिबोध** में आये हैं। सोमप्रभ की रचना संस्कृत-प्राकृत मिश्रित काव्य है। शुक्ल जी (रामचन्द्र शुक्ल) इसे प्राकृत ही मानते हैं। नामवर जी इसे 'अपभ्रंश दोहा-संग्रह' में रखते हैं। इस रचना में अपभ्रंश के भी दोहे हैं और शुक्ल जी के अनुसार कुछ दोहे तो प्राचीन हैं, शुक्ल जी द्वारा उल्लिखित सोमप्रभ के दोहे में कुछ तत्सम शब्दों का विकृत रूप इस प्रकार हैं **विरहग्गि**, **करंत**, **बिसिट्टठइ** इत्यादि। आधुनिक हिन्दी भाषा में इनमें से कोई शब्द नहीं चले बल्कि इनका मूल रूप ही प्रचलित रहा। भले भाषावैज्ञानिक आग के पहले अग्गि का उल्लेख करें। हिन्दी में **अग्नि** शब्द भी चला और आग भी। अग्गि शब्द नहीं चला। कोई यह भी कह सकता है कि मूल तत्सम शब्द को थोड़ा बिगाड़ कर प्राकृत बनाया जा सकता है, फिर अपभ्रंश कहाँ? ज़ाहिर है, शुक्ल जी अपभ्रंश की अपेक्षा प्राकृत को महत्त्व दे रहे थे। आखिर संस्कृत, प्राकृत और हिन्दी के बीच यह अपभ्रंश कहाँ से आ गया?

यह विदित है कि **हिन्दी के विकास में अपभ्रंश का योग** मुख्यतः एम.ए. के लिए निबन्ध का पत्र था। उन दिनों (1951 ई.) और आज भी एम.ए. के पाठ्यक्रम में 'हिन्दी भाषा का विकास' एक स्वतन्त्र पत्र होता है। आम तौर पर हिन्दी के विकास की कहानी भरत मुनि के नाट्य शास्त्र से शुरू होकर शुक्ल जी के इतिहास में आकर सिमट जाती है। उसी में संस्कृत, प्राकृत, अपभ्रंश के शब्दों का विकास सिमट जाता है। किसी खास समय में तत्सम शब्दों की बहुलता क्यों आयी, तद्भव से परहेज क्यों हुआ, भाषा के विकास और व्याकरण के ये प्रश्न अनुत्तरित रह जाते हैं। ऐतिहासिक भाषा विज्ञान के विद्वानों ने तत्सम और तद्भव शब्दों का परिवर्तित रूप ज़रूर दिखाया है। यूरोप के भाषावैज्ञानिकों ने यह काम किया है। किसी शब्द के आने का एक इतिहास होता है। कई इतिहासकारों ने शब्दों के विकास को अपने इतिहास का आधार बनाया है। वासुदेवशरण अग्रवाल (पाणिनिकालीन भारत वर्ष) ऐसे ही इतिहासकारों में थे। नामवर तत्सम और तद्भव रूपों को सामाजिक विकास से जोड़ते हैं। उनका मानना है कि 19वीं शताब्दी के सांस्कृतिक पुनरुत्थान से तद्भव शब्दों का प्रयोग कम हुआ है। खड़ी बोली के प्रारम्भिक दौर में तद्भव शब्दों की बहुलता थी। इसका कारण, नामवर जी के अनुसार अपभ्रंश के कारण नयी परिस्थितियों का आना था। उदाहरणस्वरूप विद्यापति की **कीर्तिलता, वर्ण-रत्नाकर**, तुलसीदास के **रामचरितमानस** में संस्कृत शब्दों के साथ अरबी-फ़ारसी शब्दों का भी अच्छा अनुपात मिलता है। दूसरी ओर दक्खिनी हिन्दी में अरबी-फ़ारसी के साथ संस्कृत शब्दों की भी सुरक्षा हुई है। इसलिए नामवर जी का निष्कर्ष है कि 13वीं सदी के पुनर्जागरण के बाद संस्कृत और फ़ारसी शब्दों का आना हिन्दुत्व और इस्लाम के शास्त्रीय संस्कारों के पुनरुत्थान का परिणाम है।

हम कह सकते हैं कि अपभ्रंश भाषा के आने से एक नया वातावरण बना था। अपभ्रंश के प्रारम्भिक दौर में ब्राह्मणवाद पर सीधा हमला हो रहा था। 12वीं सदी के बाद भाषा में व्यंजन को स्वर में बदलने की प्रवृत्ति कम हुई थी। तुलसीदास में फ़ारसी शब्दों को अपनी प्यारी अवधी के अनुरूप गढ़ लेने की अद्भुत क्षमता थी। कई विद्वान फ़ारसी को लोक-सम्पर्क की भाषा नहीं मानते हैं, विदेशी भाषा के रूप में देखते हैं। परन्तु 1100-1600 ई. की अवधि में फ़ारसी शब्दों का जिस रूप में विलय हुआ है और आगे जिस तरह खड़ी बोली का विकास हुआ, यह लम्बी यात्रा स्वतन्त्र विचार का विषय है।

बोलियों और भाषाओं की विविधता वाले इस देश में ऐसा भी हो सकता है कि किसी शब्द का तत्सम तो नहीं ही मिले, तद्भव के रूप भी प्राचीन और मध्ययुग में भी नहीं मिले। ऐसा भी होता है कि कोई शब्द किसी खास इलाके में ही सिमट कर रह जाता है और वह बहुत कॉमन हो जाता है। झारखण्ड के इलाके में परीक्षा की कॉपियों की जाँच के लिए शब्द है **काटना**। हिन्दी प्रदेश के दूसरे क्षेत्र में **काटना** क्रिया का एक ही अर्थ है, काग़ज़ काटना, कपड़ा काटना इत्यादि। एक ज़माने में **गुड्डी कट गयी**, ऐसा भी प्रयोग होता था। **हो** भाषा झारखण्ड के ऑस्ट्रिक परिवार की भाषा है। इस भाषा का एक शब्द है **रचम चड़ा** (किसी के सभी केश को काटना)। **रचम** क्रिया **कपड़ा** के साथ भी आती है, **लिजे रचम** (कपड़ा काटना) लेकिन कॉपियों की जाँच के लिए **कटा** क्रिया प्रयुक्त होती है। ऑस्ट्रिक भाषा परिवार की 'हो' भाषा में कुछ ऐसे शब्द प्रचलित हैं जिनके आदि रूपों को खोज पाना एक स्वतन्त्र कार्य है। 'लिखना' के लिए 'हो' का शब्द है, **ओल** और लेखक के लिए **ओलनी**। ऑस्ट्रो एशियाटिक परिवार का क्षेत्र भारत और बर्मा है। 'हो' भाषा में तीन लिंग हैं और तीन वचन हैं। भारत-ईरानी परिवार पर वैदिक और उत्तर वैदिक संस्कृत का सीधा प्रभाव देखा जा सकता है। **लिखना** शब्द पश्तो भाषा में भी है। पश्तो ईरानी परिवार की उप शाखा है, दूसरी उप शाखा बलोची है जिसमें द्रविड़ परिवार का प्रभाव देखा जा सकता है। इंगलैंड में औद्योगिक क्रान्ति पहले हुई, अंग्रेज़ी भाषा का विकास लैटिन से न होकर एंग्लो सेक्सन, नॉर्मन आदि बोलियों से हुआ। परन्तु कुछ शब्दों की तुलना कर उपनिवेश की जनता को कहा गया, जैसे लैटिन से अंग्रेज़ी वैसे ही संस्कृत से हिन्दी। ऐसा कहा जाता है कि अंग्रेज़ी के व्याकरण की संरचना एंग्लो-सैक्सन से हुई और शब्द नार्मन और अन्य बोलियों से आये। इंगलैंड में लैटिन चर्च की भाषा थी। आयरलैंड में भी यह चर्च की भाषा थी। 1857 ई. के बाद भारत में अंग्रेज़ी राज का खूँटा मज़बूत हुआ। उस दौर के कई यूरोपीय भाषाविद् एंग्लो सैक्सन और नॉर्मन बोलियों के अवदान को भूलते गये। वे लैटिन और अंग्रेज़ी का सम्बन्ध नहीं भूले थे। भारत के चर्चों में उस समय और आज भी लैटिन भाषा का चलन रहा है। इंगलैंड के चर्च के भीतर लैटिन भाषा थी, चर्च के बाहर अंग्रेज़ी। अंग्रेज़ी

लोक-सम्पर्क की भाषा थी। लैटिन लोक सम्पर्क की भाषा नहीं थी। इसका एक पहलू यह रहा कि कई भाषाविद् लैटिन-अंग्रेज़ी की तर्ज पर ही भारतीय भाषाओं पर विचार करने लगे। जॉन बीम्स बंगाल सिविल सेवा के अधिकारी थे। वे एशियाटिक सोसायटी के सदस्य थे। लंदन से उनकी किताब (कम्प्रेटिव ग्रामर ऑफ दी मॉडर्न आर्यन लैंग्वेजेज इन इण्डिया : हिन्दी, पंजाबी, सिन्धी, गुजराती, मराठी, उड़िया और बंगाली/1872-79) छपी। किताब तीन खण्डों में थी। इसकी लम्बी भूमिका में बीम्स ने लिखा है कि जहाँ किसी तद्भव शब्द का स्रोत नहीं मिलता (किसी प्राकृत) है वहाँ इसकी श्रृंखला को रोमांस भाषाओं में खोजना चाहिए। ये भाषाएँ मध्य युग में लैटिन के लोक-प्रचलित रूप असंस्कृत लैटिन (वल्गर लैटिन) से आयीं। इन रोमांस भाषाओं में पुर्तगाली, स्पानिश, रूमानियन, फ्रांसीसी आदि हैं। बीम्स वल्गर लैटिन को महत्त्व देते हैं। उनके दिमाग में भी बोलियों से आधुनिक भाषाओं के विकसित होने की बात थी। वे लैटिन और वल्गर लैटिन शब्दों के उदाहरण देते हैं, अल्युमिनियम (लैटिन/Aluminum)-**अल्युन** (ओल्ड तद्भव फ्रेंच शब्द/अल्युन)-**अल्युमिनि** (न्यु तद्भव या वैज्ञानिक शब्द)। उनके अनुसार हिन्दी का **खीर** संस्कृत में **क्षीर, दूध** (हिन्दी)-**दुग्ध** (संस्कृत) होता है। आगे उन्होंने लिखा है कि हिन्दी में देशज और तद्भव शब्दों की संख्या बहुत अधिक है जबकि बाँग्ला और उड़िया में ऐसा नहीं है। बाँग्ला और उड़िया में तत्सम शब्दों की संख्या अधिक है। बीम्स का यह मानना है कि उनके पास बाँग्ला और उड़िया की बोलियों का पता लगाने का कोई माध्यम नहीं है। और जब औज़ार नहीं है जानने के तब बीम्स यह निष्कर्ष तुरन्त निकाल लेते हैं कि आर्यों की बोलियाँ (आर्यन डाइलेक्ट्स) बहुत लम्बे समय तक संयोगात्मक (सिंथेटिकल) रही हैं। आर्यों के भारत में आने और अनार्यों से सम्पर्क होने के बाद भी प्राकृत के सभी रूप संयोगात्मक थे। आगे चलकर अनार्यों का सम्पर्क जैसे-जैसे बढ़ा, भाषाएँ संयोगात्मक से वियोगात्मक (एनालिटिकल) होती गयीं। **हो** (आस्ट्रिक भाषा परिवार) के बारे में क्या कहा जाये? वह संयोगात्मक भाषा है। ऑस्ट्रिक परिवार की भाषा **सन्ताली** और **मुंडारी** दोनों हैं। दोनों संयोगात्मक भाषाएँ हैं। बीम्स बताते हैं कि अनार्यों के सम्पर्क से भाषाएँ वियोगात्मक होती गयीं। आगे उन्होंने लिखा है कि भारत की अधिकांश भाषाएँ योगात्मक या वियोगात्मक **(एग्लुटिनेटिव)** अवस्था की रही हैं। इसी क्रम में 'वल्गर आर्यन' शब्द भी आया है, यानि अनार्य भी आर्य ही थे, थोड़े असभ्य या संस्कारहीन कह लें। आधुनिक भारतीय भाषाएँ ज़्यादातर वियोगात्मक हैं (एनालिटिकल), अब **सन्ताली, हो** के संयोगात्मक होने पर इन्हें क्या समझा जाये, 'वल्गर आर्य' या और कुछ। **हो** भाषा में ही शोध कार्य कर चुके डॉ. **आदित्य प्रसाद सिन्हा** की किताब (हो भाषा और साहित्य का इतिहास/2012 ई.) में **हो** के कई गीत संकलित हैं। एक गीत में प्रेमिका अपने प्रेमी से कहती है, "तुम कलकत्ता गये थे और वहाँ सुगन्धित साबुन से बाल धोते हो। तुम राँची शहर

से कंघी लाकर केश सँवारते हो। तुम जो साबुन और कंघी का उपयोग करते हो, उससे तुम **'दिकू'** की तरह लग रहे हो। इसलिए तुम मुझसे दूर ही रहो"। मूल गीत में प्रधान और सहायक क्रिया संज्ञा शब्दों में ही निहित है, **कालकता कोयते, सोआन साबोन/राँची कोयते दिरींग नाकी। हो** भाषा में क्रिया का लिंग-भेद नहीं होता है, **जोमेयाना** से अभिप्राय खायी गयी, खाया गया, दोनों से है। कई ऐसे सर्वनामिक शब्द हैं, (यही, वही) जिनके लिए डॉ. सिन्हा के अनुसार उसके अनुरूप शब्द नहीं मिलते हैं, 'यही' के लिए **नेया** और 'वही' के लिए **एना** शब्द प्रचलित हैं। ये कुछ उदाहरण इसलिए दिये गये हैं कि संयोगात्मक भाषाओं (आस्ट्रिक या आर्य भाषा परिवार) में केवल एक प्रकार की या मिलती-जुलती भाषिक संरचना नहीं रही है। जिसे बीम्स **वल्गर आर्य** कहते हैं, उससे उनका अभिप्राय कबीलायी बोलियों से ही है जिसकी व्याकरणिक संरचना एक स्वतन्त्र विषय है अध्ययन का। सम्भव है कि इस अध्ययन में अपभ्रंश भाषा का प्रभाव भी मिल जाये। जिस पुनर्जागरण की चर्चा नामवर करते हैं, उसके असर को आर्य और अनार्य दोनों भाषा परिवारों में देखा जा सकता है।

नामवर जी द्वारा अपभ्रंश साहित्य पर लगातार जोर देते रहने के पीछे जाने-अनजाने बीम्स जैसे भाषावैज्ञानिकों की 'आर्य-अनार्य' वाली स्थापना एक कारण रहा है। जहाँ बीम्स आर्य-अनार्य के बहाने अन्ततः भाषा-विमर्श में क्लासिकी भाषा का महत्त्व दर्शाते हैं, नामवर जी उसे हिन्दू या इस्लामी पुनरुत्थान कहते हैं। 19वीं शताब्दी के सामाजिक और सांस्कृतिक सुधार आन्दोलन में एक तबका ऐसा था जो सामाजिक रूढ़ियों के पक्ष में खड़ा था। जो लोग सुधार आन्दोलन के बिल्कुल ख़िलाफ़ थे, वे संस्कृत का सहारा लेते थे। स्वामी दयानन्द सरस्वती अपवाद थे जो संस्कृत के महत्त्व को समझते हुए सामाजिक रूढ़ियों का विरोध कर रहे थे। लड़कियों की शिक्षा के प्रसार में लगे थे। आर्य कहाँ से आये? कैसे आये? ये प्रश्न चर्चा में थे लेकिन सामाजिक सुधार आन्दोलन के रास्ते में क्या आर्य क्या अनार्य, सभी एकजुट थे। अपभ्रंश वाली किताब के एक अध्याय (अपभ्रंश और हिन्दी का साहित्यिक सम्बन्ध) में नामवर जी की राय है कि आर्य और आर्येतर भेद के आधार पर साहित्यिक भेद को अंकुरित करना बिल्कुल तर्कहीन है। उनका प्रश्न है कि अपभ्रंश साहित्य में यह आर्य और आर्येतर का भेद कितना है, यह विचार का प्रश्न है। उनका मानना है कि सामाजिक संगठन में जातीय मिश्रण की इस प्रक्रिया के कारण साहित्यिक परम्परा में प्रायः लोक तत्त्वों का प्रवेश होता रहा है। अपभ्रंश का योग वाली किताब के अन्त में संकलित अपभ्रंश के दोहा-संग्रह में कालिदास भी है और **सरहपा, काण्ह, देवसेन, जोइंदु, राम सिंह, अब्दुर्रहमान, सोमप्रभ** आदि भी हैं। कालिदास की दो पंक्तियों का दोहा है। इन्हें शामिल करने का अभिप्राय अपभ्रंश साहित्य की लम्बी परम्परा का स्मरण कराना है। अपभ्रंश के साहित्य में सब कुछ प्रगतिशील नहीं है। यहाँ भी अन्धविश्वास है, अध्यात्म है, और अन्य सामाजिक रूढ़ियाँ हैं। सरहपा में

अनुभव से प्राप्त सीख को महत्त्व मिला है। समाज के पिछड़े तबके की आवाज़ अपभ्रंश के साहित्य में ही जगह पा सकी है। इसका आभास प्रत्यक्ष और अप्रत्यक्ष दोनों से मिलता है। सरहपा कहते हैं, वह वचन न तो गुरु कहता है और न शिष्य बूझता है (वह) सहजामृतरस सकल जग में है; किससे कहें और कैसे कहें (णउं तं बाअहि गुरु कहइ, णउं तं बुज्झइ सीस/सहजामिअ-रसु सअल जगु, कासु कहिज्जइ कीस/नामवर जी के संकलन से)। इसी प्रकार **काण्ह** का एक दोहा है (आगम-बेअ-पुराणेही, पण्डिअ, माण वहन्ति। पक्क-सीरफले अलिअ जिम, बाहेरिअ भमन्ति), (आगम, वेद, पुराण को ही (सर्वस्व) मानकर पण्डित-जन उन्हें वहन करते हैं जिस प्रकार पके हुए श्रीफल के बाहर ही भौंरे घूमते रह जाते हैं।) गुरु की महिमा अपभ्रंश के आगे के कवियों में भी मिलती है। राहुलजी के संकलन (हिन्दी काव्य धारा) में जिनदत्त सूरि का एक पद संकलित है, **नाना-चित्रइँ, चित्त हरंति लघू** (तुरन्त)/**तासु दर्शन बिलु पुण्यहिं को लब्भै दुलभू** (गुरु वही है जो नाना चित्रों का वर्णन करें, तुरन्त चित्त को हर ले, उसका दर्शन ही पुण्य है और दुर्लभ भी)। **ज़िनदत्त** सूरि का समय 1075 ई. का है, काण्हपा 840 ई. के, सरहपा 700 ई. के और राम सिंह 1000 ई. के। इन तीन सौ वर्षों का समय राजनैतिक अस्थिरता का रहा है लेकिन सामाजिक चेतना व्यापक हो रही थी। सरहपा भी सहज-अमृत की बात करते हैं, काण्हपा भी वेद-पुराण को धकियाकर सहज अनुभव पर ही जोर देते हैं। राम सिंह यहाँ तक कहते हैं, **आक्खडेहि जि गब्बिया, कारणु ते ण मुणंति/वंस विहत्था डोम जिम परहत्थडा घृणंति** (जो अक्षर के कारण गर्व में हैं वे कारण नहीं जानते। जैसे बाँस बिना डोम परहत्था धुनता है; नामवर जी के संकलन से)। समाज में एक तबका ऐसा था जिसे शास्त्रों पर गर्व था। वह जमात ही शेष आबादी पर राज करता था। बहुत बड़ी आबादी में शास्त्रों और पुराणों को लेकर भारी असन्तोष था। अपने भीतर दीप जलाने (अप्प दीपो भवः), और संसार के अनुभव से कुछ प्राप्त कर लेने का भाव अपभ्रंश साहित्य की प्रमुख प्रवृत्ति है। आगे चलकर यही भाव **कबीर** में विस्तार लेता है। **तुलसीदास** कई स्थलों पर भीतर-ही-भीतर समझौता करते हैं। उनके पहले यह प्रवृत्ति **विद्यापति** में भी मिलती है। 12वीं सदी के अपभ्रंश के कवि हेमचन्द्र सूरि अपने समय के सामन्त समाज की प्रशंसा करते हैं। अपभ्रंश साहित्य की असली परम्परा 'राज-प्रशंसा' की नहीं रही है। नामवर जी ने लिखा है कि अपभ्रंश में रूढ़ि-पोषक और नवोन्मेषशालिनी, दोनों प्रवृत्तियाँ मिलती हैं। उनका यह कहना भी सही है कि ये दोनों प्रवृत्तियाँ एक ही कवि में भी मिल सकती हैं। इसके बावजूद उसकी मूल चेतना रूढ़ि-पोषक नहीं है। आश्चर्य लेकिन सत्य है कि अपभ्रंश साहित्य की रूढ़ि-पोषकता विद्यापति में जगह पाती है और उसकी प्रगतिशीलता कबीर के साहित्य में पल्लवित होती है। एक समय में एक ही प्रवृत्ति पूरे समाज की संवाहक बने, ऐसा नहीं हो सकता। देखने की बात है कि अपभ्रंश साहित्य की प्रगतिशीलता ही परवर्ती हिन्दी साहित्य

का आधार बनी है। कुछ कवियों में अपभ्रंश की प्रवृत्ति खास तरह से आयी है। तुलसीदास गुरु की वन्दना करते हैं। अपभ्रंश साहित्य में गुरु की वन्दना भी हुई है। तुलसीदास अपने साहित्य में संसार के अनुभव को गुरु से भी अधिक महत्त्व देते हैं। अपभ्रंश के कवि भी संसार के अनुभव के आगे वेद-पुराण को भी नहीं लगाते हैं। भाषावैज्ञानिक डॉ. **बाबूराम सक्सेना** द्वारा संकलित **पूर्वकालीन अवधी** (इवोल्युशन ऑफ अवधी/1938 ई.) में एक दोहा **अवध विलास** का है जिसमें वेद की प्रशंसा हुई है **बेद उक्ति अनुभव जुगति ज्ञान रतन की रवानि।** प्रारम्भिक अवधी का समय 1300 ई. के आस-पास का है। **अवध विलास** के साहित्य से यह आभास ज़रूर मिलता है कि 700-1000 ई. के समय के अपभ्रंश साहित्य में उठे विद्रोह को आगे के समय में दबाने की भी कोशिश हुई है। इसलिए शास्त्रों की पुनर्स्थापना बड़े सलीके से हुई। ब्राह्मणों ने कर्मकाण्ड को बढ़ावा देने के लिए कुछ लिखा भी। कबीर और तुलसी में तुलसी को हिन्दू समाज का नायक मानने के पीछे कर्मकाण्ड की रक्षा ही प्रमुख कारण था। कर्मकाण्ड तुलसी के साहित्य का मुख्य स्वर नहीं है। कर्मकांडियों को अपने लिए जो बीज तुलसी में मिला, वह कबीर में नहीं मिला। वह मीराँ में भी नहीं मिला। सरहपा अन्य कवियों की तुलना में ज़्यादा मुखर होकर ब्राह्मणवाद पर हमला करते हैं। अचरज यह कि रहस्यवाद पर तुलसी का जोर नहीं था, फिर भी, उनमें कर्मकाण्ड के बीज मिलते हैं। कबीर रहस्यवादी भी थे, फिर भी, उनके यहाँ कर्मकाण्ड के लिए जगह नहीं है। तुलसीदास की तरह मीराँबाई भी सगुणोपासिका थीं लेकिन उनके यहाँ कर्मकाण्ड जगह नहीं ले पाता है। कर्मकाण्ड पर जैसा हमला हुआ है, उसकी परम्परा अपभ्रंश में मिलती है। विदित है कि चौरासी सिद्धों में बहुत-से मछुए, चमार, धोबी, डोम, कहार, लकड़हारे और शूद्र कहे जाने वाले लोग भी थे। इन्होंने शास्त्र नहीं पढ़ा था। इन्हें शास्त्र पढ़ने का अधिकार नहीं था।

फ़ारसी और संस्कृत अंग्रेज़ों के आने के पूर्व लम्बे समय तक राजभाषा रही थीं। हर्षवर्द्धन के समय (600 ई.) संस्कृत राजभाषा थी। इस्लाम के आने के लम्बे समय बाद फ़ारसी राजभाषा बनी। अवहट्ठ (12वीं शती) के समय तक देशी बोलियों का जिस रूप में उदय हो रहा था, उससे इतना स्पष्ट था कि आगे के वर्षों में फ़ारसी और संस्कृत राजभाषा भले बनी रहे, इनके सम्पर्क भाषा होने की सम्भावना नहीं थी। परन्तु उस समय हो या आज का समय, राजतन्त्र के प्रेमी तब भी कुछ लोग थे और आज भी हैं। भारत में ब्रिटिश राज के मज़बूत होने के बाद क्लासिक भाषाओं के विभाग खोले गये। पश्चिम के भाषाविदों ने भाषा परिवारों के वर्गीकरण में भी क्लासिक भाषाओं के अस्तित्व का ख्याल रखा। इसका कारण था, दुनिया के कई देशों में लोकतन्त्र के लिए मुहिम चल रही थी। जगह-जगह लोक बोलियों का महत्त्व बढ़ रहा था। क्लासिक भाषाएँ लोक भाषा नहीं रह गयी थीं। उनके अस्तित्व को राजतन्त्र ही ज़िन्दा रख सकता था। ऐसा तभी होता जब धर्म पर राजतन्त्र का कब्ज़ा

होता। ऐसा हुआ भी। फलस्वरूप क्लासिक भाषाएँ धार्मिक अनुष्ठानों की भाषा बन गयीं। आज भी कैथोलिक या अन्य ईसाई संगठनों में लैटिन को महत्त्व दिया जाता है, ठीक उसी प्रकार जैसे हिन्दुओं के यहाँ धार्मिक अनुष्ठानों में संस्कृत को महत्त्व दिया जाता है और मुसलमानों के यहाँ अरबी को। बनारस के मन्दिरों में मानस मन्दिर को छोड़कर अधिकांश मन्दिरों के भीतर दीवारों पर उत्कीर्ण श्लोक संस्कृत के हैं। भाषाओं के विकास के प्रति इस साम्प्रदायिक रुझान को आगे बढ़ाने में कल की राज सत्ता भी आगे थी और आज की राज सत्ता भी। इसलिए नामवर उसे हिन्दू और इस्लाम के शास्त्रीय संस्कारों के पुनरुत्थान के रूप में देखते हैं। इनके बीच अपने किस्म का सद्भाव था। शेष जातियों को घटाकर दो-चार लोगों के एक थाली में बैठ जाने को सामाजिक समरसता का विश्वसनीय प्रतीक मान लिया गया। अपभ्रंश के प्रारम्भिक काल में सरहपा की वाणी सीधे-सीधे ब्राह्मणों पर हमला करती है। दरअसल वह जाति-विशेष पर हमला नहीं था, वह हमला उस समय के राजतन्त्र पर था। राहुल सांकृत्यायन (हिन्दी काव्य-धारा 1945 ई.) ने लिखा है कि इस काल (700 ई.) में जातीय बिखराव को ब्राह्मणों ने चरम सीमा पर पहुँचाया। उन्होंने कनौजिया और अन्य जातियाँ तैयार कीं। वल्लालसेन (1114-93 ई.) के समय 'कुलीन' ब्राह्मण के नाम से कई नयी-नयी उपजातियाँ आयीं। ऐसे बिखराव के समय में इस्लाम का आना एक ऐतिहासिक कदम था। सरहपा (760 ई.) ब्राह्मणों पर हमला करते हैं, **ब्रह्मणेहि म (नहीं) जानन्तीह भेउ (भेद)/एवइ पढ़िअउ एच्चउवेउ** (चारों वेद)/**मट्टि पाणि कुस लइ पढ़न्त/घरहिं बइसि अग्नि हुणन्त** (हवन करना), ब्राह्मण यों ही वेद पढ़ लेते हैं। उसका विधि-विधान ज़रूर करते हैं। मिट्टी, पानी, कुश लेकर हवन करते हैं। आगे सरहपा ने लिखा है कि कार्य से रहित होम में हवन करना सार्थक नहीं है (कज्जे विरहिअ हुअवह होमें)। यह हमला लगातार होता रहा था। सरहपा के पदों में ही नहीं बल्कि उस दौर के अन्य कवियों में भी यह ध्वनि मिल जायेगी। सामन्तों के यहाँ संस्कृत को मान्यता दिये जाने का परिणाम यह हुआ कि इस भाषा के साहित्य की समृद्ध परम्परा आम जनता से दूर होती गयी। आगे के वर्षों में तत्सम और तद्भव के बीच टकराव रहा। सम्भव है कि किसी को सरहपा की भाषा में कुछ कृत्रिमता महसूस हो। परन्तु इसके पीछे सामन्तों के साये में पल रहे संस्कृत भाषा के प्रति उनका आक्रोश ज़रूर रहा है। नामवर जी ने शब्दकोश वाले अध्याय में लिखा है **इन द्विविध संस्कारों से प्रभावित शब्द-समूह के खोल में एक सामान्य शब्द-समूह और व्याकरण के आधार पर कतिपय प्रादेशिक भेदों के साथ साहित्यिक हिन्दी का उदय हुआ।** तत्सम और तद्भव का टकराव केवल व्याकरणिक नहीं था। नयी व्यवस्था राजनैतिक स्थायित्व नहीं पा सकी थी और पुरानी व्यवस्था बिखर चुकी थी। जिन कवियों में भौतिकवादी भावना मिलती है, उनकी चर्चा होनी चाहिए। सरहपा की एक पंक्ति है **मिच्छेहिं जग वाहिअ भुल्लें। धम्माधम्म ण**

जाणिअ तुल्ले, (सारा संसार मिथ्या तत्त्व में समाहित है, वह धर्म-अधर्म की तुल्यता को ही नहीं समझता)। लोक में यह द्वन्द्व था क्लासिकी और नवोदित संस्कार के रूप में। राहुल सांकृत्यायन के संकलन (हिन्दी काव्य-धारा) के अन्त में शब्दकोश आया है जिसमें कुछ खास देहाती और तद्भव शब्द है। इनमें कई शब्द आज भी ज़िन्दा हैं। बाँग्ला में **थाक** और मैथिली में **थीक** बहुप्रचलित हैं। सरहपा के समय का शब्द है **थक्कु**। सरहपा के यहाँ **रण्डी-मुण्डी** शब्द आये हैं, जो आज भी प्रचलित हैं। **खाट, सेज, जेम** मैथिली, मगही, भोजपुरी, अवधी में मौजूद हैं। सरहपा के समकालीन स्वयंभू के यहाँ **बइ** शब्द अपने कुछ बदलाव के साथ भोजपुरी (बाटे) में मौजूद है। कुछ शब्द अपने मूल रूप में हिन्दी और दूसरी भाषाओं में प्रचलित हैं, **खण्ड, सक्कर, लड्डू, लट्ठी, धाह**। अपभ्रंश के प्रारम्भिक दौर में नासिक्य ध्वनि **ण** की बहार मिलती है। मागधी और अर्द्धमागधी परिवार की भाषाओं में अनुनासिकता रह गयी है दूसरे वर्ण के आने से, **अप्पण** मैथिली में **अपना, कवण** हिन्दी में **कौन** हो गये हैं। कण्हपा थोड़े बाद (840 ई.) के कवि हैं। उनके यहाँ प्रयुक्त तत्सम के शब्द कुछ तोड़-मरोड़ लिए आये हैं, **पथ-पण्डित निन्दा** शीर्षक से संकलित कविता में **परमत्थॅ पवीण, पण्डित** (परमार्थ, प्रवीण, पण्डित)। सरहपा के यहाँ एक शब्द आया है **आल-माल** (क्रय-विक्रय)। हिसार में रचित एक महत्त्वपूर्ण प्राकृत ग्रन्थ **उपदेश सप्तति टीका**, जो लगभग 14वीं शताब्दी की रचना है (अगरचन्द नाहटा के अनुसार) में **आल** का अर्थ **कलंक** है, **न दिज्जए कस्स नि कूडआलं**, अर्थ हुआ किसी को झूठा आल (कलंक) न दो। प्राकृत भाषा के विद्वान **क्षेमराज** राजस्थानी भाषा में भी लिखते थे। अगरचन्द नाहटा ने केवल इसका उल्लेख (जर्नल ऑफ हरियाणा स्टडीज/जनवरी-दिसम्बर, 1970) किया है। हिन्दी काव्य-धारा की लम्बी भूमिका के प्रारम्भ में राहुल ने लिखा है कि अपभ्रंश या देशी भाषा में संस्कृत शब्दों के रूप अतिभ्रष्ट या अपभ्रष्ट होकर आये हैं, इसलिए संस्कृत-पण्डितों को ये जाति-भ्रष्ट शब्द बुरे लगते होंगे। राहुल का संकेत इस ओर है कि जिस भाषा को जाति-विशेष में कैद हो जाना पड़ा, वह पुनः लोक भाषा कैसे हो सकती थी? उसकी सीमाओं को तोड़कर जो बोलियाँ अपभ्रंश के रूप में भाषा का रूप ग्रहण कर रही थीं, वह अपनी सामन्ती व्यवस्था से भी टकरा रही थीं। आगे चलकर भाषावैज्ञानिकों में एक तबका क्लासिकी भाषा में शब्दों के स्रोत को खोजने में लग गया ताकि क्लासिकी भाषा के जरिए नयी तरह के सामन्तवाद को लाया जा सके। यह सच है कि आज़ादी की लड़ाई में सामन्तों की भी सक्रिय भूमिका थी। नये भारत में पुराने राजाओं में पूँजी-निवेश करने का रिस्क लेनेवाले बहुत कम थे। वे ठाठ से खाने-पीने के शौकीन थे। फलस्वरूप इनकी नज़र विदेशी पूँजी पर थी। एक नया समीकरण बन रहा था, उसकी अवधारणा पुरानी थी। ब्रिटिश राज के दिनों में भाषाओं के संरक्षण में रियासती

राजाओं द्वारा दिये जा रहे संरक्षण के पीछे क्लासिकी और आधुनिक भाषाओं के रिश्ते को पुराने नज़रिये से देखना था, जैसे, हिन्दी संस्कृत की पुत्री है, अंग्रेज़ी लैटिन की पुत्री है। नवोदित भारत में भी इस विचार को पल्लवित करना था। मैं कहीं से क्लासिक भाषाओं के अवदान को कम करके नहीं देख रहा हूँ लेकिन यूरोप से लेकर भारत तक में जिस रूप में इसे सामन्ती संरक्षण मिला, इस कारण इन भाषाओं की समृद्ध परम्परा आम जनता से ओझल होती गयी। कभी नामवर जी **राधावल्लभ त्रिपाठी** के संकलन (सदुक्तिकर्णामृत) पर **आलोचना** का पूरा सम्पादकीय लिखे थे। उस संकलन (संस्कृत से अनूदित कविताएँ) की खास बात थी, उत्तर वैदिक काल और उसके बाद संस्कृत में किसानों और दलितों की लिखी कविताओं का अनुवाद। त्रिपाठी जी संस्कृत के बहुत बड़े विद्वान हैं। कुछ ही वर्ष हुए, इसी तरह का काम संस्कृत के एक और विद्वान **किशोर कुणाल जी** (दलित देवो भव/भारत सरकार) ने भी किया है, वैदिक साहित्य में दलित जीवन को अभिव्यक्त करने वाले श्लोकों का अनुवाद। आश्चर्य है कि संस्कृत साहित्य में कई वर्षों तक कर्मकाण्ड भी पाठ्यक्रम में रहा है, ज्योतिष विद्या भी पाठ्यक्रम में एक विषय रहा है जिस विद्या पर आचार्य हजारी प्रसाद द्विवेदी ने कई लेख लिखे। उनके दो लेखों की चर्चा प्रासंगिक होगी, **ब्रह्मांड का विस्तार** और **भारतीय फलित ज्योतिष**। पहले लेख में मनुष्य में उनकी आस्था इन शब्दों में प्रकट हुई है, ब्रह्मांड कितना बड़ा है, यह बड़ा सवाल नहीं है। मनुष्य की बुद्धि कितनी बड़ी है, यह बड़ा सवाल है। दूसरे लेख में फलित ज्योतिष की एक शाखा शकुन शास्त्र पर चर्चा है। 'शकुन' एक पक्षी है। द्विवेदी जी के अनुसार शकुन शास्त्र का एक आधार पक्षियों का आचार-व्यवहार है। इसका मतलब यह कि शकुन शास्त्र मनुष्य और पक्षियों के पारस्परिक सम्बन्ध और उनके अनुभवों को लेकर गढ़ा गया होगा। आज भी हमारे समाज में पक्षियों के विचरण को लेकर अनेक शुभ-अशुभ तय होते हैं, जैसे, यात्रा के समय मछली का दर्शन शुभ माना गया है। बिल्ली के रास्ता काटे जाने को अशुभ माना गया है। कबूतर किसी समय तक चिट्ठी लाने और ले जाने का काम करते थे। द्विवेदी जी संस्कृत के साथ-साथ ज्योतिष विद्या के भी विद्वान थे। वे इस पूरी विद्या को मध्य काल का विज्ञान मानते थे जो जहाँ से चला, वहीं रुक गया। द्विवेदी जी को संस्कृत साहित्य की लोकधर्मी परम्परा की पहचान थी, जिसका पल्लवन आगे के वर्षों में हुआ।

अक्सर संस्कृत में शब्दों का स्रोत खोजने वाले उसी अतिशयता के शिकार होते हैं जिसके संस्कृत से परहेज करने वाले विद्वान होते हैं। जिस दौर में अपभ्रंश के रूप में साहित्यिक भाषा स्थिर हुई, उस समय वर्णमाला और ध्वनि-व्यवस्था की कोई ऐसी प्रणाली विकसित नहीं हुई थी, जो हमारी बोलियों की परम्परा से बिल्कुल अलग हो। कुछ लोग **अपभ्रष्ट** कहकर या उसे ही मानकर इस भाषा को नीचे की कतार में ले आते हैं। जैसा कि **राजशेखर** (काव्य मीमांसा) में मिलता है।

900 ई. तक आते-आते अपभ्रंश का साहित्य चढ़ान पर था। तब भी राजशेखर **काव्य मीमांसा** के दसवें अध्याय में राजासन के पश्चिमी भाग में अपभ्रंश के कवियों को स्थान देते हैं। उनके साथ समाज का वह पूरा तबका जो उस दौर की व्यवस्था में मध्यवर्ती था या निम्नवर्ती। अपभ्रंश के कवियों के साथ चित्रकार, पालिश करने वाले, जौहरी, बढ़ई, लोहार आदि इसी प्रकार के दूसरे कलाकार बैठेंगे। पैशाची या भूत भाषा (भूतभाषा कवयः) के कवि दाहिनी ओर बैठेंगे, उनके साथ नाचनेवाले, दाँतों से खेल दिखानेवाले, पहलवान, मदारी आदि दूसरे लोग। **काव्य मीमांसा** का दसवाँ अध्याय एक ऐसे सम्मिलन की ओर संकेत करता है जो उस समय के लिए राजशेखर या उन जैसे विद्वानों को उचित और ज़रूरी लगा था। जिस तरह सरहपा अपनी रचनाओं में ब्राह्मणों के ख़िलाफ़ आग उगल रहे थे, उसे देखते हुए राजशेखर द्वारा वर्णित यह व्यवस्था ही एकमात्र उपचार था, विद्रोह को दबाने का। अपभ्रंश को जो स्थान मिलना चाहिए था, वह तो मिलने से रहा, राज सभा में उनकी जगह तय हो गयी। जिनके बीच अपभ्रंश के कवियों को बिठाया, दरअसल वहीं से अपभ्रंश भाषा को नया रूप मिला जिससे इसे **अपभ्रष्ट** या **अतिभ्रष्ट** मानने का आग्रह कुछ कम हुआ। अपभ्रंश का एक चरित काव्य है **संतिणाहचरिउ**, पुष्पदन्त और स्वयंभू के बहुत बाद की रचना है, लगभग 15वीं सदी की जिसके रचनाकार **मोहिन्दू** हैं। बहुत पहले की बात है। सत्तर के दशक में अपभ्रंश के एक विद्वान **डॉ. देवेन्द्र कुमार शास्त्री** के प्रयास से यह साहित्य सामने आया। वह समय (1971 ई.) अपभ्रंश साहित्य पर चर्चा करने का नहीं रह गया था। आधुनिक साहित्य पर अधिक जोर था। अपभ्रंश के इस बिल्कुल अचर्चित काव्य में नेपथ्य से जो कुछ कहा गया है, उसका आशय अपभ्रंश को साहित्य के रूप में मान्यता देने का है। रचनाकार **मोहिन्दू** का ज्ञानीजनों से निवेदन है कि इस काव्य व्यापार को देखकर कोप न करें (णाणिउमइ अण्णु ण कोवि गहिउ)। महाप्राणीकरण की बहार देखनी हो तो अपभ्रंश के इस चरित काव्य में देखें। इसकी चर्चा फिर कभी। मुख्य बात है, कविता के शास्त्रकारों पर हमला। 1600 ई. के तुलसीदास भी **कवितावली** या **विनय पत्रिका** में कुछ ऐसा ही हमला कर चुके थे। एक पद में मोहिन्दू कवि की तुलना जुगनू से करते हैं, **जइदिणयरु उज्जोउ करइ ता कि खुज्जोअउ णउ फुरइ।** अर्थ हुआ कि यदि दिनकर प्रकाश न करे तो क्या जुगनू स्फुरण न करे। इस पूरे सप्तपद में जो उपमाएँ आयी हैं, वे काव्यशास्त्रियों के लिए एक सटीक व्यंग्य है। एक जगह कवि ने लिखा है कि यदि सरोवर में हंस लीला न करे (जइ सरवरि गमइ सुहंसू लील) तो क्या घर के आँगन में अनेक सबील (अबील) पक्षी क्रीड़ाएँ न करें (किं णउ घरि पंगणि बहु सबील)। सूर्य, हंस आदि काव्य-शास्त्रियों के प्रतीक हैं और जुगनू, अबील जैसे पक्षीगण आम जनता के। आम जनता के लिए काव्यशास्त्र का क्या प्रयोजन है? यह उत्तर मोहिन्दू के इस चरित काव्य से मिलता है। तुलसी अवधी में लिख रहे थे। उनका

रामचरितमानस पूर्वी और पश्चिमी हिन्दी की बोलियों का कोषागार है। मोहिन्दू का चरित काव्य उत्तर अपभ्रंश का साहित्य है। दोनों इलाकों में आगे के समय में महाप्राणता कम भी हुई है। परन्तु मुख्य बात है जन-साधारण तक अपभ्रंश की पहुँच। जिस समय ब्रजभाषा और अवधी लगभग मानक रूप ले रही थीं, अपभ्रंश का साहित्य तब भी लिखा जा रहा था।

लम्बे समय तक राजस्थान में अपना जीवन व्यतीत करने वाले भाषाविद् **एल.पी. तेस्सितोरी** शौरसेनी अपभ्रंश (पुरानी राजस्थानी) को गुजराती और मारवाड़ी का उद्गम स्थल मानते हैं। मारवाड़ी पश्चिमी राजस्थानी की प्रमुख बोली है। मारवाड़ इलाके (पालि, जालौर, सिरोह, जोधपुर, बाड़मेर) की भाषा होने के कारण इसे मारवाड़ी कहा गया है। साहित्यिक मारवाड़ी को डिंगल भी कहा जाता है। इसे 'भाट भाषा' भी कहा जाता है। तेस्सितोरी इसे 'अनियमित' या 'गँवारू' कहते हैं। कुछ विद्वान इसे अतिशयोक्तिपूर्ण (डींग) के रूप में भी लेते हैं। तेस्सितोरी की 'पश्चिमी राजस्थानी' में गुजराती और मारवाड़ी दोनों सन्निहित हैं। तेस्सितोरी इटली के रहने वाले थे। फ़ौज में नौकरी करते थे। अंग्रेज़ी में एम.ए. किया था। नामवर जी की सूचना है कि उनकी पीएच.डी. का विषय तुलसीदास की रामायण था। 1888 ई. में जन्मे और 1911 ई. में भारत के राजस्थान में बस चुके एल.पी. तेस्सितोरी की अंग्रेज़ी में छपी किताब का अनुवाद 1955 ई. में हुआ था। नामवर जी इसके अनुवादक थे। अंग्रेज़ी में यह किताब **नोट्स ऑन दी ग्रामर ऑफ दी ओल्ड वेस्टर्न राजस्थानी विथ स्पेशल रेफेरंस टू अपभ्रंश एण्ड गुजराती एण्ड मारवाड़ी** शीर्षक से आयी थी। **नामवर** जी द्वारा अनूदित पुस्तक की चर्चा बहुत कम हुई है। कई विद्वान अपभ्रंश पर विचार करने के क्रम में भी इसकी चर्चा नहीं करते। इस किताब का महत्त्व स्वयं नामवर जी के शब्दों में **अपभ्रंश और आधुनिक भारतीय भाषाओं के उस खोई कड़ी के पुननिर्माण की दृष्टि** से है जिसका पूरा-पूरा श्रेय तेस्सितोरी को जाता है। तेस्सितोरी जैन धर्म के हस्तलिखित ग्रन्थों के आधार पर विवेचन करते हैं। नामवर जी के अनुसार **अपभ्रंश युग के बाद की भाषा के ध्वनि-परिवर्तन की प्रवृत्तियों पर पूरा प्रकाश पड़ता है।** ध्वनि विचार के अन्तर्गत कुछ खास परिवर्तन अपभ्रंश के प्रारम्भिक और परवर्ती रूप का स्मरण कराते हैं, **अ** प्राचीन राजस्थानी में अपभ्रंश की तरह ही सुरक्षित है। **अ** का परिवर्तन **इ** में भी होता है जब उसके पूर्व या पश्चात दीर्घ स्वर वाला कोई अक्षर हो। ऐसा आद्य और मध्य अक्षरों में ही होता है। प्राचीन पश्चिमी राजस्थानी की पांडुलिपि **पंचाख्यान** का उदाहरण है, **इंडउँ-अण्डउँ** (अपभ्रंश) और संस्कृत में **अण्डकम, किमाड** (आदिनाथ-चरित्र)-**कवाँड** (अपभ्रंश)-संस्कृत में **कपाट।** पुरानी और पश्चिमी राजस्थानी की हस्तलिखित पांडुलिपि **श्रावक-प्रतिक्रमण-सूत्र** में कुछ व्यंजनगत परिवर्तन अपभ्रंश और परवर्ती भाषाओं में हो रहे परिवर्तन का स्मरण

कराते हैं, **फरसइ** (श्रावकक्र)-**फरिसइ** (हेमचन्द्र की देशीनाममाला) और आधुनिक हिन्दी में **फरसा**। तेस्सितोरी की इस किताब का महत्त्व हिन्दी प्रदेश की भाषाओं की रूपात्मक एकता को समझने की दृष्टि से भी है। एक क्रिया है **होना**। प्राचीन पश्चिमी राजस्थानी में अपभ्रंश की अस्तिवाचक सहायक क्रिया के वर्तमान कृदन्त को अपादान के लिए प्रयोग करने की प्रवृत्ति आयी है, **हूँतउ**, इससे उत्पन्न **थउ-तउ; तउ** के साथ अपादान का उदाहरण है **देवाला-तु पाछउ वलिउ हुंत**। देवालय से पीछे लौटते हुए (हेमचन्द्र के 'योग शास्त्र' की छाया)/**पँखीया दिशि-तउ आव्या** (दिशि दिशि से आये हुए पक्षी/'आदिनाथ-चरित्र')। तेस्सितोरी के अनुसार **थउ** को अस्तिवाचक क्रिया के वर्तमान कृदन्त हतउ का संक्षिप्त रूप कहा जा सकता है। तेस्सितोरी की यह किताब 1914 ई. में आयी। स्वतन्त्रता के कुछ ही वर्षों बाद (1950 ई.) किशोरीदास वाजपेयी का **हिन्दी शब्दानुशासन** छपा। वाजपेयी जी ने **होना, होता, हो जाता, हो जाना** जैसे क्रिया रूपों को देशी बोलियों का रूप ही माना। वाजपेयी जी ने (क्रिया-प्रकरण) लिखा है कि करता है के अर्थ में **करठि** का प्रयोग होता है। उनके अनुसार **करहि** तिगंत है। हिन्दी में कृदन्त प्रत्यय से **करता, करती** और आगे तिगंत क्रिया **है** है। तेस्सितोरी का महत्त्व अपभ्रंश और आधुनिक भारतीय भाषाओं के निकटतर सम्बन्ध की दृष्टि से तो है ही। तेस्सितोरी की इस किताब के अन्त में हस्तलिखित पांडुलिपियों के कुछ अंश छपे हैं। किसी-किसी में अपभ्रंश और संस्कृत का अद्‌भुत मेल भी आया है। खास बात है, क्रिया रूपों को लेकर, **करन्ता, बोलइ, लेऊस, हूंति, धरी, मारी, देखी** (हीराणंद सूरि-कृत **विद्याविलास**), ये रचना 1469 ई. की है। परवर्ती अपभ्रंश का उदाहरण है यह। पुरानी पश्चिमी राजस्थानी में जिस प्रकार **ण** अपनी महाप्राणता लिए सुरक्षित है, वह आधुनिक भारतीय भाषाओं में भी सुरक्षित है जहाँ पश्चिमी राजस्थानी में **ण** से कुछ शब्द शुरू भी होते हैं और अपभ्रंश में भी, वहीं हिन्दी में ऐसा नहीं होता। जैन मुनियों की एक चर्चित पांडुलिपि **चउबीसी** 1477 ई. की रचना है। यह पांडुलिपि 1955 ई. में आयी। आलोचक **नलिनविलोचन शर्मा** के सम्पादन में **साहित्य** (पटना) में पांडुलिपि के अंश छपे। इस पांडुलिपि में आये क्रिया-रूप हैं, **कहउं, होइ, सुणेहु, करइ, ठाउं, आऊ, ठाऊ, कीज्जइ, सोइ, आउ, दिज्जइ**। राजस्थान के इलाके में केवल जैन ग्रन्थों में **ण** का प्रयोग अधिक अनुपात में मिलता है। जैन साहित्य में कई शब्द **ण** से शुरू होते हैं। पुष्पदन्त के **महापुराण** का एक शब्द है, **णालोइउ**। **णायकुमारचरिउ** के आदि में एक शब्द आया है, **णीसेस**। तेस्सितोरी की किताब के आधार के रूप में जिन हस्तलिखित पांडुलिपियों का उल्लेख हुआ है, उनकी भाषा में महाप्राणता का अनुपात अलग विचार का विषय है। इतना तो है कि पश्चिमी राजस्थानी के प्राचीन रूप में महाप्राणता और सम्प्रसारण दोनों प्रवृत्ति रही है। द्रविड़ भाषा परिवार की कई भाषाओं में **ण** प्रयुक्त

नहीं होता है। रामविलास जी का मानना (आर्य और द्रविड़ भाषा परिवारों का सम्बन्ध) है कि आर्य और द्रविड़ दोनों ही भाषा परिवारों पर किसी तीसरे भाषा परिवार का प्रभाव पड़ा होगा जो अब अस्तित्व में नहीं है। नामवर जी की अपभ्रंश वाली किताब के अन्त में अपभ्रंश-दोहा-संग्रह संकलित है। देवसेन (900 ई.) की रचना में **ण** स्वतन्त्र रूप में प्रयुक्त हुआ है। राहुल जी की किताब (हिन्दी काव्य धारा) से भिन्न नामवर जी की किताब में देवसेन की रचना संकलित है। राहुल जी सूचना है कि देवसेन मालवा के रहने वाले जैन साधु थे। उनकी रचना में **ण** का प्रयोग देखें, **गाइ पइण्णइ खडमुसइँ किं ण पयच्छइ दुद्धू**। गाय को खली-भूसा खिलाया जाता है तो क्या वह दूध नहीं देती? मालवा के इलाके के बिल्कुल करीब राजस्थान का इलाका है, विशेषकर मारवाड़ का इलाका जहाँ **ण** प्रचलन में रहा है। अभिप्राय यह कि पूर्वी और पश्चिमी हिन्दी के इलाके में 10वीं शती में महाप्राण ध्वनियाँ स्वतन्त्र रूप में भी प्रयुक्त होती रही हैं। इसका एक कारण यह रहा है कि अपभ्रंश के रचनाकार अपनी पूर्व परम्परा या अपनी विरासत को बिल्कुल त्याज्य नहीं समझते थे। ध्वनि विचार वाले अध्याय में तेस्सितोरी ने लिखा है कि राजस्थानी में पहुँचते ही अपभ्रंश व्यंजनों में महाप्राणीकरण भी होता है, **सघलउ** (पश्चिमी राजस्थानी)-**सगलउ** (अपभ्रंश), **सूघरी** (पश्चिमी राजस्थानी)-**सूगरिअ** (अपभ्रंश)। इसका संस्कृत रूप **सूकरिका** है। राजस्थान की विविधता की एक बड़ी मिसाल **मीराँबाई** और उनका साहित्य है। वे मारवाड़ की पुत्री थीं, ब्याही गयीं चित्तौर में जहाँ की भाषा मेवाड़ी है। चित्तौर का इलाका मालव प्रदेश (मध्य प्रदेश) की सीमा से लगा हुआ है। मालवी का इलाका जयपुरी, मेवाड़ी, गुजराती, खानदेशी, महाराष्ट्री और बुन्देली के बीच स्थित है। मीराँबाई के काव्य में मारवाड़ी, मेवाड़ी, ब्रजभाषा, गुजराती आदि के शब्द मिलते हैं। राजस्थान में ब्रजभाषा में लिखने वाले कवि भी थे। किशनगढ़ के **नागरीदास** (14वीं शती) ब्रजभाषा में कविता लिखते थे। दरद भाषी क्षेत्र के बाद राजस्थान हिन्दी प्रदेश का संक्रमण केन्द्र हैं जहाँ से अनेक बोलियों के शब्द पूर्वी और पश्चिमी हिन्दी की बोलियों में घुले-मिले हैं। विविधताओं के बीच सामासिकता को समझने के लिए तेस्सितोरी की किताब का अपना महत्त्व है। उदाहरण **हिन्दी के विकास में अपभ्रंश का योग** और **पुरानी राजस्थानी** में मिलेंगे। ऐसा माना जाता है कि हिन्दी की अधिकांश क्रियाएँ कृदन्त हैं, तिगंत नहीं हैं। ये कृदन्त क्रियाएँ संस्कृत व्याकरण से बिल्कुल मिल गयी हैं जबकि प्राकृत-अपभ्रंश से मेल नहीं खाती हैं। नामवर जी का मानना है कि अपभ्रंश में भी कृदन्त क्रियाएँ रही हैं। हिन्दी में कृदन्त रूपों का प्रचलन शुरू से नहीं रहा है। जायसी और तुलसी की भाषा में क्रिया में उतने कृदन्त रूप नहीं मिलते जितने प्रेमचन्द और प्रसाद की भाषा में मिलते हैं। अनूदित पुस्तक पुरानी राजस्थानी अपभ्रंश वाली किताब के बाद आयी है। दोनों किताबों में कृदन्त क्रियाओं की चर्चा है। तेस्सितोरी (पुरानी राजस्थानी) में वर्तमान कृदन्त

के कई उदाहरण देते हैं **हूँतउ** (पुरानी राजस्थानी), **हुतउ, हतउ, हुत, हुअत, होयत**। तेस्सितोरी अपभ्रंश के **होन्तउ** का उद्भव **भवन्तक** से मानते हैं। पुरानी राजस्थानी में आये कृदन्त रूपों के उदाहरण जैन धर्म-ग्रन्थों से लिए गये हैं। **भवन्तकः से हुँतउ** तक की सीधी यात्रा सम्भव नहीं है। असली बात है कि **होता** क्रिया आखिर कहाँ से आयी? तेस्सितोरी की किताब जिस समय (1911 ई.) छपी, अपभ्रंश की चर्चा भी नहीं थी। इसलिए उन्होंने भी संस्कृत के कृदन्त रूप का अनुमान लगा लिया, जो बहुत स्वाभाविक है। परन्तु पुरानी राजस्थानी के कृदन्त रूपों की चर्चा कर तेस्सितोरी ने आगे के भाषाविदों के लिए रास्ता सुगम कर दिया है।

हिन्दी शब्दानुशासन (प्राकृत और हिन्दी) में किशोरीदास वाजपेयी की दो स्थापनाएँ हैं। पहली, दूसरी अवस्था की प्राकृतें अधिकांशतः कृत्रिम रही हैं। ये प्राकृतें उस समय की जन-भाषाओं से दूर रही हैं। वर्ण-विकार और व्यंजन-लोप ने उन्हें कर्ण कटु बना दिया था। दूसरी, प्राकृत की तीसरी अवस्था में भी कृत्रिमता बहुत कुछ बनी रही थी। जनता ने इस कृत्रिम प्रयोग को स्वीकार नहीं किया। इसलिए वाजपेयी जी का मानना है कि साहित्य में अपभ्रंश का जो रूप दिखायी देता है, बोलचाल की भाषा में वैसा ही रूप रहा होगा, ऐसा नहीं कहा जा सकता है। वे उदाहरण देते हैं, **सुत** और **पूत** का। अपभ्रंश का प्रभाव होने पर पूत को पुत्र कहा जाता और **सुत** को **सुत्त**। प्राकृत में 'राजा' का रूप **राआ** है, हिन्दी इसी रूप को अपनाती। वाजपेयी जी ने पुष्पदन्त का उदाहरण दिया है जिनकी भाषा में **ण** की बहार है। पुष्पदन्त का जो दोहा वाजपेयी जी के 'शब्दानुशासन' में है, उसमें **ण** की बहुलता है। परन्तु जो रचना राहुल जी के संकलन में है, उसमें **ण** की बहुलता कम है। **ण** से शुरू होने वाले शब्द प्राकृत की दूसरी अवस्था में अधिक मिलते हैं। राहुल जी की 'हिन्दी काव्य-धारा' में संकलित पुष्पदन्त का उदाहरण आया है। एक शब्द है **णंदण** (नन्दन)। किशोरीदास वाजपेयी का आशय है कि ऐसे शब्द लोक में प्रचलित नहीं रहे हैं। प्राकृत की तीसरी अवस्था में कृत्रिमता आयी है। अभिप्राय ये कि साहित्य और लोक में भाषा के अलग-अलग रूप रहे होंगे। साहित्य में कृत्रिमता थी। लोक में नहीं रही होगी। नामवर जी की किताब के अन्त में **अपभ्रंश-दोहा-संग्रह** शीर्षक से कई दोहे संकलित है। पहले ही पन्ने पर **ण** से शुरू होने वाले शब्द हैं, **णु, णव** (णव = नव)। **णु** के पहले **जाव** है, **जाव णु णव** (ले जाना या हरण करना/णव = प्रेमिका)। यों णव का अर्थ 'नया' से है। सरहपा के पद की पहली पंक्ति के पहले तीन शब्द हैं, **जाव ण आप** (आप न जानिये)। पहला दोहा कालिदास के "विक्रमोर्वशीयम्" से है। इसी तरह एक शब्द है **णउ** (नहीं), यह शब्द भी सरहपा के **दोहाकोष** में आया है। ये उदाहरण काफी हैं प्राकृत की दूसरी अवस्था में भाषिक कृत्रिमता को नकारने के। **ण** वैदिक और लौकिक संस्कृत का ऐसा महाप्राण वर्ण

है जिसको लेकर तत्समी शुद्धता जैसा विश्वास समझ लिया गया है। वैदिक और लौकिक संस्कृत में **ण** से शुरू होने वाले शब्द शायद ही मिलें। परन्तु प्राकृत की दूसरी अवस्था में इस वर्ण की प्रधानता का एक अभिप्राय यह भी है कि इस अवस्था में लौकिक संस्कृत की पूरी तरह अवहेलना नहीं हुई है। दूसरा, यह कि लौकिक संस्कृत के अप्रासंगिक हो जाने के बाद कई तरह की बोलियों के बीच भाषिक मानकीकरण का दौर चल रहा था। उसमें यह बिल्कुल सम्भव है कि किसी इलाके में कोई वर्ण अधिक लोकप्रिय रहा हो और कोई कम लोकप्रिय। आज भी पंजाबी में **'पानी'** के लिए **पाणी** शब्द चलता है। अपभ्रंश से हिन्दी के विकास का आशय संस्कृत के महत्त्व को पूरी तरह नकारना नहीं है। किशोरीदास वाजपेयी जिसे 'कृत्रिमता' कहते हैं, नामवर उसे बोलियों के स्वाभाविक विकास के रूप में देख रहे हैं। सरहपा आठवीं सदी के बहुत लोकप्रिय कवि थे। उनकी भाषा में कृत्रिमता को मानने का अर्थ है लोक और साहित्य के बीच की दूरी को मानना, जबकि वास्तव में ऐसा नहीं था।

800-1200 ई. में ब्राह्मणों को राजस्व-मुक्त भूमि दान देकर उन्हें बसने के लिए आमंत्रित करने की प्रथा थी। सरहपा अपने पदों में ब्राह्मणों पर प्रहार करते हैं, **मट्टि पाणि कुस लई पढ़न्त। घरही बइसी आगि हुणन्त।**। वह दौर हिन्दू धर्म के पुनरुत्थान और बौद्ध और जैन धर्मों के सीमित या पतन होने का था। कई बौद्ध और जैन मन्दिर गिराये गये। पुरी का मन्दिर कभी बौद्ध मन्दिर था। हिन्दू धर्म का पुनरुत्थान अनेक रूपों में हुआ। शिव और विष्णु इनके प्रमुख देवता बने। बहुदेववाद का महत्त्व बढ़ा। यह कोशिश ज़रूर हुई कि भक्ति आन्दोलन को हिन्दू धर्म के रूप में ले आया जाये। नथ मुनि ऐसे ही आचार्य थे जिनका तर्क था कि भक्ति का मार्ग केवल द्विज के लिए खुला है। 11वीं सदी के आचार्य रामानुज भक्ति को वेदों की परम्परा से जोड़ने में लगे थे। जैन साधु और कवि देवसेन (933 ई.) ने लिखा, **सत्यसएण वियाणियहँ धम्मु ण चढ़इ मणे वि** सैकड़ों शास्त्रों को जान लेने पर भी (विपरीत ज्ञान वाले के) मन पर धर्म नहीं चढ़ता। देवसेन के यहाँ प्रहार का स्वर थोड़ा धीमा है। सम्भव है कि उस समय तक हिन्दू पुनरुत्थानवाद और ब्राह्मणवाद दोनों अपने-अपने तरीके से मज़बूत हो रहे हों। इसके कई प्रमाण आगे के वर्षों में विशेषकर दिल्ली सल्तनत (1200 ई.) में मिलते हैं बल्कि उस समय तक ब्राह्मणवाद अधिक प्रबल हो चुका था। शूद्रों के लिए वेदों के अध्ययन पर प्रतिबन्ध था। पुराणों के श्लोक सुनने पर प्रतिबन्ध था।

लगभग 900-1300 ई. की अवधि में तत्सम शब्दों के प्रति आग्रह बढ़ने लगा था। नामवर जी इसे पुनरुत्थान की ज़मीन से देखते हैं। ब्राह्मणवाद भी इसका कारण था। विद्यापति संस्कृत में भी लिख रहे थे और अवहट्ठ और मैथिली में भी। **गोरक्षविजय** (विद्यापति) नाटक की प्राप्त खण्डित प्रति संस्कृत और मैथिली दोनों भाषाओं में है। ऐसा कहा जाता है कि संस्कृत-नाटकों में प्रायः प्रयुक्त गीत संस्कृत

भाषा में नहीं हैं। **अभिज्ञानशाकुन्तलम** की प्रस्तावना में नटी प्राकृत में गीत गाती है। विक्रमोर्वशीयम के चौथे अंक में अपभ्रंश के कई गेय पद हैं। कई विद्वान **गोरक्षविजय** नाटक की भाषा को संस्कृत और मैथिली नाट्य-परम्परा के बीच की भाषा मानते हैं। इस नाटक के मैथिली गीतों में गजब का प्रवाह है मानो जन मानस के कण्ठ से गीत स्वतः फूट रहे हों, **कानन पसरु पराग/मन्द पवन बह विमलन लाग** (धूलि फैल गयी है। हवा मन्द-मन्द बह रही है। हंस मत्त हैं और चकोर बोल रहे हैं)। इस नाटक की भाषा में पूर्वी हिन्दी की खनक है। संस्कृत के श्लोकों को छोड़ दें, तो बाकी मैथिली और प्राकृत के गीतों में तत्सम के लोकप्रिय शब्द ही प्रयुक्त हुए हैं। ज़ाहिर है कि विद्यापति का समय अपभ्रंश का परवर्ती काल था। उस समय तक पूर्वी और पश्चिमी क्षेत्र की बोलियों में तत्सम का आग्रह था। कबीर (1400 ई.) के पहले तक अधिकांश रचनाकार अपनी बोली के साथ संस्कृत को भी महत्त्व दे रहे थे।

किशोरीदास वाजपेयी जिसे 'कृत्रिमता' मान रहे हैं (ण को लेकर), वह प्राकृत के विकास की अवस्था नहीं थी। केवल इस आधार पर कि वैदिक और लौकिक संस्कृत में ण से शुरू होने वाले शब्द नहीं हैं, प्राकृत की तीसरी अवस्था में आये स्वाभाविक विकास से इनकार नहीं किया जा सकता है। नामवर इस अवस्था को अपभ्रंश के रूप में देख रहे हैं। क्लासिक भाषा से हिन्दी का विकास न मानते हुए भी किशोरीदास वाजपेयी अपभ्रंश को कम महत्त्व देते हैं जबकि नामवर जी अपभ्रंश के साहित्य की चर्चा कर एक नयी परम्परा को रेखांकित करते हैं। यह बेबाकी और हिमाकत ही आगे चलकर सर्वमान्य होती है। एक आलोचक हो या भाषाविद्, उसका दायित्व भाषाओं के विकास के सामाजिक कारणों और परिस्थितियों को दर्शाना होता है। पचास के दशक की यह बहुत बड़ी उपलब्धि आगे के दशकों में बड़गद की छाँव बनती है।

छायावाद ही क्यों?

पुराने को याद करने का मतलब पुरानेपन से चिपकना नहीं है। और फिर आज के समय में लचीला होने को अच्छा समझा गया है, कभी यहाँ, कभी वहाँ। फिर ऐसे में क्यों न थोड़ा ठहराव पाकर भी उसे ही याद करें जो बिल्कुल मेरे सामने है। और बिल्कुल मेरे अपने हैं। अपनत्व की खोज में कोई अगर पीछे देखने को आमादा हो, तो यह दर्द केवल उसका नहीं है। बिल्कुल नयी सदी से शब्द उधार लें, कह सकते हैं, **दुख अकेले का नहीं होता/सकेले का होता है** (श्रीप्रकाश शुक्ल)। यहीं तक कवि ठहर जाता तो एक बात थी और सोच की अन्विति यहीं अन्त पा लयबद्ध हो जाती लेकिन श्रीप्रकाश अपने दुःख को फुनगियों में खोजते हैं, उपवन के खिले फूल में देखते हैं। उन्हें वसन्त की मादक हवा प्रिय है। महज इतने ही से मैं नहीं कहूँगा कि कवि को सहसा सुकुमार पन्त याद आ गये। यह भी नहीं कहा जा सकता कि जैसे नामवर आचार्य रामचन्द्र शुक्ल (कविता के नये प्रतिमान) में छायावादी संस्कार देखते हैं, वही सूत्र समकालीन कविता के लिए अकेला और तर्कसंगत है।

परन्तु यहाँ एक प्रश्न है जिसका बीज रूप **कविता के नये प्रतिमान** के पहले **छायावाद** (नामवर सिंह) में दिखता है, वह है, छायावाद को लेकर पहले से चले आ रहे आग्रहों का खण्डित हो जाना। छायावाद वाली पुस्तक के दूसरे अध्याय (केवल मैं केवल मैं) की एक स्थापना है कि मैं शैली का बोधक न होकर **निजता** और आत्मीयता का द्योतक है। वहाँ 'मैं' इतने बड़े फलक पर अपनी पहचान देता है कि फिर उसके बाद प्रयोगवादी या नयी कविता केवल प्रयोगजनित होकर रह जाती है। आत्माभिव्यक्ति का प्रसार छायावाद की अपनी मौलिकता है। सूक्ष्म का विद्रोह रहस्यवाद की ओर ले जाता है जबकि सत्य यह है कि प्रसाद, पन्त, निराला, महादेवी सबके लिए आत्मभिव्यक्ति प्रच्छन्न विद्रोह है जिसका सीधा प्रभाव महादेवी में भी देखा जा सकता है यानि वहाँ विद्रोह विस्फोटित हो उठता है। प्रसाद के गद्य-साहित्य में भी आत्माभिव्यक्ति व्यापक सामाजिक फलक पर आयी है। **ध्रुवस्वामिनी** उनका प्रसिद्ध नाटक है। पराजित शक जाति की बालिका कोमा का संवाद है, **वही जो स्त्रियों को प्रायः मिला करता है–निराशा, निष्पीड़न और उपहास।** ध्रुवस्वामिनी के प्रश्न (इस घोर अपराध का तुम्हें क्या दण्ड मिला) का उत्तर है यह।

आत्म प्रसार की भावना सामन्ती जकड़नों में सुस्त पड़ी हुई थी। इससे निकलने की बेचैनी भक्तिकालीन साहित्य का मूल स्वर था। तुलसी राम की वन्दना करते हैं (बालकाण्ड), कबीर गुरु और गोविन्द को एक साथ रखते हैं और मीराँ पुकार उठती है, 'मेरे तो गिरिधर गोपाल', नामवर सिंह (छायावाद) ने सही लिखा है, **भावावेग की स्थिति में अभिव्यक्ति की स्वाभाविक परिणति यही है। उस युग में यह बहुत बड़ी बात थी।** छायावाद का आन्दोलन इससे आगे की कड़ी था। आगे इस अर्थ में कि पहली बार धर्म पर हमला हुआ था। पहली बार प्रणय-सम्बन्धों में खुलापन आया था, **विजन वन वल्लरी पर/सोती थी सुहाग भरी/स्नेह स्वप्न मग्न जुही की कली (निराला)**। इस कविता में सब कुछ अनायास होता है। मलयानिल पवन का आना, जुही की कली का हर्षोल्लास **जाने कहो कैसे प्रिय आगमन वह**? कुछ को शिकायत रही है कि **मसल दिये गोरे कपोल गोल;/चौंक पड़ी युवती**–में सामन्ती मिज़ाज है। अगर ऐसा ही था तो नायक न मलयानिल पवन होता और न नायिका जुही की कली होती। इस कविता का मंच ही सामन्ती जकड़नों को चुनौती दे रहा है। व्यक्तित्व के इस महाप्रसार के लिए किन सामाजिक बन्धनों पर हमला करना पड़ा है, उसके अनेक उदाहरण छायावादी कवियों में मिल जायेंगे, **ये कान्यकुब्ज-कुल कुलांगार।** आत्म प्रसार की बेचैनी महादेवी के साहित्य की अपनी मौलिकता है जिसकी विडंबना है कि कभी उसे अध्यात्मवाद नाम दे दिया जाता रहा है तो कभी पीड़ावाद और इसे ही छायावाद का लक्षण बता दिया जाता है। यहाँ से छायावाद को प्रच्छन्न रूप में नकारात्मक स्वरूप मिलता है जिसका अधिकांश धार्मिक ही है। जिस इलियट ने अनुभूति के प्रसार को कविता के लिए अवरोध माना, उसके प्रभाव से हिन्दी आलोचना के तीस के दशक का दौर मुक्त नहीं रहा है। एफ.आर. लीविस का जोर परस्पर विरोधी अनुभवों के विलयन पर रहा है और इस दृष्टि से वे इलियट के पृथक्करण के सिद्धान्त को नया रूप देते हैं। निर्वैयक्तिकता पर लगातार जोर देते रहने के कारण ही इलियट 19वीं शती के रोमांटिक कवियों का विरोध करते हैं। इनमें वर्ड्सवर्थ नम्बर एक पर हैं। अपने लेख (ट्रेडिशन एण्ड इंडिविड्युव्अल टैलेंट) में उनका आग्रह है पूर्वाग्रह से मुक्त होकर कवि के पास जाने का है जिसे वे सर्वाधिक निजी अंश मानते हैं। उनकी दिक्कत तब पैदा होती है जब वे 'इतिहास बोध' को 'समकालिक अस्तित्व' में देखने पर जोर देते हैं, जब वे साहित्यिक परम्परा को लेखक के लिए एक सम्पूर्ण इकाई मानते हैं। इस धरातल से महादेवी की रचनाओं को देखने पर उनका एक मात्र निर्णायक रूप 'आध्यात्मिक मीराँ' का आता है और इसलिए नन्द दुलारे वाजपेयी ने लिखा, (महादेवी का काव्य व्यक्तित्व) **मानव अथवा प्रकृति के सूक्ष्म किन्तु व्यक्त सौन्दर्य में आध्यात्मिक छाया का भान मेरे विचार से छायावाद की एक सर्वमान्य परिभाषा हो सकती है।** इन्द्रनाथ मदान द्वारा सम्पादित संकलन (महादेवी) में उनके खुद का कहना है कि महादेवी ने छायावादी काव्य की

भावात्मकता को समृद्ध किया है। यों, उनकी शब्दावली में भावात्मकता का रूप स्पष्ट नहीं है लेकिन मेरी समझ से दोनों आलोचक वहीं पहुँचते हैं जहाँ पहले कभी इलियट पहुँचे थे जो खुद को पहले कैथलिक और रिपब्लिकन मानते थे। फर्क ये है कि वाजपेयी और मदान छायावाद की व्याख्या करते हुए वहाँ पहुँचते हैं और इलियट छायावाद का विरोध कर। नन्द दुलारे वाजपेयी का आलोचनात्मक उत्कर्ष इन शब्दों में खिल उठता है **यह स्त्रियोचित सात्त्विकता ही महादेवी के काव्य की सर्वाधिक विशेषता है।** इन दो की तुलना में धनंजय वर्मा (काव्य का स्वरूप) कुछ हद तक सही तलाशते हैं, 'असन्तोष और कुण्ठा'। वे इसे महादेवी के काव्य का लक्षण मानते हैं। वे मानते हैं कि महादेवी का काव्य **अन्तर्व्यथा और आत्म-चेतना की ही अभिव्यक्ति है।** यह सही है कि धनंजय जी अध्यात्मवाद को छूते-छूते वहाँ तक नहीं पहुँच पाते हैं जबकि मदान और वाजपेयी उसे छूते ही नहीं बल्कि 'स्त्रियोचित' भी मानते हैं। मतलब ये कि स्त्रियाँ चाहे जितनी भी पढ़-लिख जायें, अध्यात्म से उनका प्रेम उनके रक्त में है। जिसे धनंजय वर्मा 'असन्तोष और कुण्ठा' कहते हैं, उसकी खुली अभिव्यक्ति महादेवी के गद्य साहित्य में हुई है। **शृंखला की कड़ियाँ** में उन्होंने लिखा है **इस समय तो भारतीय पुरुष जैसे अपने मनोरंजन के लिए रंग-बिरंगे पक्षी पाल लेता है, उपयोग के लिए गाय या घोड़ा पाल लेता है, उसी प्रकार एक स्त्री को भी पालता है तथा अपने पालित पशु-पक्षियों के समान ही यह उसके शरीर और मन पर अपना अधिकार समझता है।** अध्यात्म की एक परिणति टी.एस. इलियट में हुई, उसका रूपान्तरण नन्द दुलारे वाजपेयी और इन्द्रनाथ मदान में हुआ और इस तरह छायावाद के प्रत्यक्ष-अप्रत्यक्ष विरोध का व्यापक धरातल बना।

सकारात्मक पक्ष ये है कि नामवर छायावाद का महत्त्व तब भी समझ रहे थे और अब भी समझते हैं। दो साल पहले मीराँबाई पर दिवंगत **मार्कण्डेय** जी की पत्रिका **कथा** का विशेषांक आया जिसके एक लेख में नामवर जी (साहित्य के इतिहास में मीराँ) महात्मा गाँधी और रवीन्द्रनाथ टैगोर का उल्लेख करते हैं। 1915 के बाद महात्मा गाँधी अपने भाषणों और पत्रों में मीराँ का उल्लेख करते थे। गाँधी उन्हें पहली सत्याग्रही मानते हैं। नामवर मीराँ के महत्त्व को नये सिरे से उठाते हैं। उनके अनुसार **मीराँ ने पुरुषों के विरुद्ध अपनी शक्ति का प्रयोग उस तरह नहीं किया जिस तरह आज की स्त्रियाँ कर रही हैं।** आलोचक **हेतु भारद्वाज** (अक्सर/जयपुर) ने मुझे बताया कि परिवार में मीराँ का बहुत सम्मान था। पूरे परिवार में उनके पति के बड़े भाई ही उनका विरोध करते थे। पति की मृत्यु के बाद वे मीराँ को सती देखना चाहते थे। इसे लेकर उनका विद्रोह असाधारण था। विवाहोपरान्त मीराँ ससुराल (सिसौदिया राजपरिवार/चित्तौड़) आयीं। चित्तौड़ के सिसोदिया राणा शिव के उपासक थे। सर्वप्रथम उनसे 'गणगौर' पूजन के लिए कहा गया, **भाभी जी गौरज पूजो राज। सन्तां रौ संग निवारो राज।** मीराँ का जवाब था, **नहीं पूजूं गिणगौर जै/नहीं पूजूं आन**

देव/बाल सनेही गोविन्दो/जाको थे नहीं जाणौ कहूँ भव राय। मीराँ के जिन पदों में मन्दिर और हरि को भजने की चर्चा है, उनमें उल्लास और जोखिम का बेमेल लेकिन विद्रोही स्वाद है। हेतु भारद्वाज का जोर मौखिक जनश्रुति और लिखित इतिहास के समन्वय पर रहा है। और यह सच भी है कि बिना जनश्रुतियों को समझे बिना मीराँ क्या उस समय के दूसरे रचनाकारों को भी नहीं समझा जा सकता है।

परन्तु आश्चर्य यह है कि जिस महादेवी को आधुनिक मीराँ की संज्ञा मिली, उसके पीछे की आध्यात्मिक शक्ति को इतना खँगाला गया कि लोग प्रायः भूल-से गये कि महादेवी का कोई गद्य साहित्य भी है जिसकी निर्बाध अभिव्यक्ति में असीम प्रेम का असली सत्य उजागर हुआ है। नामवर छायावाद में मौजूद रहस्यवाद केवल महादेवी में ही नहीं देखते हैं (एक कर दे पृथ्वी-आकाश), निराला और प्रसाद में भी देखते हैं। छायावाद में मौजूद रहस्यवाद प्रकृति के सत्य को जानने की उत्सुकता को दर्शाता है, जो मध्यकालीन रहस्यवाद से भिन्न ज़रूर है। आखिर **प्रथम रश्मि** का कवि (पन्त) क्या जानना चाहता है? **अनन्त पथ** में सपने लिखने वाली महादेवी का रहस्यवाद आत्मा-परमात्मा के मिलन से अलग कहानी कहता है। पीड़ा की मीराँ समझी जाने वाली महादेवी कैसे लिखतीं **चुभते ही तेरा अरुण बान** (आलता या सिन्दूरी बाण की तरह चमकने वाली किरणें)। आखिर यह किरण कहाँ से आ गयीं और कैसे कह गयी, **बहते कन-कन से फूट-फूट मधु के निर्झर से सजल गान।** यही किरण **जागो फिर एक बार** (निराला) में कवि के दरवाज़े पर खड़ी है। अब यह आधुनिक रहस्यवाद विज्ञान के प्रभाव से हो रहे सामाजिक परिवर्तन को कैसे इनकार कर देता? इसलिए छायावाद को महादेवी के बहाने जिस अध्यात्म में धकेला जा रहा था, उसका एक उद्देश्य विज्ञान के सच को नकारना भी था। स्मरण हो, किसी ईसाई धर्मावलम्बी ने **इन डीफेंस ऑफ पोएट्री** लेख लिखा। आगे चलकर रोमांटिक कवि शेली ने **ए डीफेंस फॉर पोएट्री** (1921) लेख लिखा। एक धारणा थी कि विज्ञान को बढ़ावा मिलने पर प्रेरणा और अन्तश्चेतना हाशिये पर आ जायेगी। तब के दिनों के वैज्ञानिक चिन्तन में मनुष्य को सृष्टि का अदना-सा जीव समझा गया था। टेनिसन रोमांटिक कवि नहीं थे। उनकी कविता **इन मेमोरियम** कुछ इसी प्रकार का भाव प्रस्तुत करती है। टेनिसन के अनुसार प्रकृति की सर्वोत्तम कृति के रूप में मनुष्य रेगिस्तान की धूल की तरह हो गया है। जो सत्य और न्याय के लिए संघर्ष करता रहा है, क्या वह लौह-प्रस्तरों के पीछे कैद हो गया है? उन्हीं दिनों अंग्रेज़ी के प्रसिद्ध आलोचक **मैथ्यु आर्नल्ड** (1850) की दो किताबें आयीं, **ऑन दी मॉडर्न एलिमेंट इन लिट्रेचर** (1857) और **लिट्रेचर एण्ड साइंस** (1882)। आर्नल्ड विज्ञान के विकास से बहुत चिन्तित थे। उनका मानना था कि वर्तमान में धर्म का क्षय होगा ही, उसमें विकृति भी आ सकती है। उनकी इच्छा थी कि काव्य धर्म का स्थान ले ले। वे बाइबिल में आयी

अलौकिक कथाओं को कविता में आयी अतिरंजना के रूप में लेते थे। आर्नल्ड का कहना था कि धर्मविरत यहूदियों के समय में ईसा मसीह ने आत्म-परीक्षण की एक विधि बतायी, आत्म-त्याग का रहस्य बताया, उसका महत्त्व बताया। आर्नल्ड ने ईसाई धर्म पर भी किताबें लिखी थीं। कोई आश्चर्य नहीं कि इलियट में आर्नल्ड दिखें। आर्नल्ड विज्ञान के विकास में धर्म के पतन को देख रहे थे। धर्म, जो एक सुगठित व्यवस्था का रूप था, विज्ञान के विकास के कारण उसका पतन हुआ है।

भारत जैसे पिछड़े देश में कविता और विज्ञान को परस्पर विरोधी नहीं समझा गया। आचार्य रामचन्द्र शुक्ल ने प्रसिद्ध वैज्ञानिक **हैकले** या **हैकल** की किताब (रीड्लि ऑफ दी युनिवर्स) का अनुवाद (1921-22) किया, उस समय छायावाद को आध्यात्मिक मानने का भी आग्रह था। एक दृष्टि से देखने पर शुक्ल जी की इस पहल को अध्यात्म का खण्डन ही समझा जा सकता है। 1920-30 की अवधि में छायावाद के किसी कवि ने विज्ञान और कविता को परस्पर विरोधी समझे जाने को लेकर कुछ नहीं लिखा। हिन्दी की किसी पत्रिका में भी इसे लेकर चर्चा नहीं हुई। उस दौर की प्रसिद्ध पत्रिका **सरस्वती** के अंकों में ज्ञान-विज्ञान की सामग्री अधिक मिलेगी। इस दृष्टि से हिन्दी या भारतीय भाषाओं में आया छायावादी आन्दोलन अंग्रेज़ी के रोमांटिकों से बहुत आगे था। 1920 के दशक या उस दशक के आगे भी इलियट को धार्मिक मूल्यों में गहरा विश्वास था। यह भी सच है कि दुनिया के जिस हिस्से में सामन्ती जकड़नों के ख़िलाफ़ विद्रोह हुए, वहाँ अध्यात्म उसे बचाने का ढाल बना है।

रामचन्द्र शुक्ल को इसका डर था कि कहीं छायावाद में मौजूद रहस्य भावना से विज्ञान न आहत हो जाये। ऐसा डर शुक्ल जी को ही होता। वे अपने समय के विज्ञान लेखक भी थे। इसलिए या कहें कि इस कारण भी उन्हें पन्त की कविता **प्रथम रश्मि** में प्रश्नवाचक रहस्य भावना दिखती है। कवि प्रकृति की दिनचर्या के रहस्य को जानना चाहता है। नामवर (छायावाद) इसी पक्ष को नया रूप देते हैं। जिस कारण से शुक्ल जी को छायावाद की रहस्य भावना से डर था, हैरत ये कि आगे के छायावादी आलोचक इसी से आहत हो महादेवी में मध्यकालीन रहस्यवाद देखते हैं। उन्होंने खुलकर शुक्ल जी का विरोध नहीं किया। वे शुक्ल जी के मर्म को भी नहीं समझ सके, और न पन्त की कविता को। नामवर छायावाद के मूल्यांकन में शुक्ल जी के मर्म को भी समझ सके हैं और पन्त की कविता को भी। छायावाद की रहस्य भावना उस समय विज्ञान के विकास के विरोध में नहीं थी। नामवर इसे ही पन्त और महादेवी की रचनाओं में विस्तार से देखते हैं। शुक्ल जी के समय में ही बिना उनका नाम लिए उनका विरोध उनकी वैज्ञानिक समझ होने के बावजूद हुआ। ऐसा इतने गोपनीय तरीके से हुआ कि प्रयोगवाद के आने के बाद तक कई विद्वान शुक्ल जी को छायावाद के विरोधी आलोचक ही समझते रहे। क्योंकर ऐसा

हुआ, पहली बार इसकी खोज नयी कविता के दौर में हुई। छायावाद के शुक्ल पक्ष को सन्तुलित धरातल मिला। नामवर के शब्दों में **पहले तो उन्हें एकदम पारलौकिक बताया, फिर उसे झूठ कहा। उस समय लोगों ने इस असंगति की ओर ध्यान नहीं दिया। यदि वे कविताएँ आध्यात्मिक भी हैं और झूठी भी तो इसका साफ़ मतलब है कि उनकी आध्यात्मिकता झूठी है तो उनमें जो सच है वह एकदम सामाजिक है** (छायावाद/पृ.28) सन्दर्भ रहस्यवाद का है और कविता के उदाहरण महादेवी के हैं। रहस्यवाद की चर्चा महादेवी की रचनाओं को केन्द्र में रखकर हुई है।

मुकुटधर पांडेय के निबन्ध (हिन्दी में छायावाद/श्री शारदा/जबलपुर/1920) से ज्ञात होता है कि आन्तरिकता, मुक्ति, रहस्यवादिता और विचित्र प्रकाशन रीति छायावाद के मुख्य लक्षण हैं। आगे चलकर आलोचकों ने रहस्यवाद और उसके विचित्र प्रकाशन को ही छायावाद का प्रमुख लक्षण मान लिया। डॉ. नगेन्द्र थोड़े अलग दिखे। उन्होंने विद्रोह को भाव और शैली के स्तरों पर देखा लेकिन वहाँ पूर्व स्वच्छन्दतावादी इतिवृत्तात्मकता से विद्रोह को ही छायावाद का प्रमुख लक्षण मान लिया गया। नामवर के दो निबन्धों (पाँचवें दशक की कविता-छायावादी आलोचना) में व्यक्ति-स्वातन्त्र्य और सामाजिक बन्धनों के विरुद्ध व्यक्तित्व के विकास को छायावाद के प्रमुख लक्षण बताए गये हैं। पृष्ठभूमि देते हुए लिखा (छायावादी आलोचना) है कि देव और बिहारी की चर्चा जोरों पर थी। **पन्त जी ने आगे बढ़कर रीतिकाव्य की सीमाओं पर प्रहार करने का साहस किया।** ये दोनों निबन्ध 1957 के हैं जो **इतिहास और आलोचना** में संकलित हैं। तब तक छायावाद पर रहस्यवादी छाया जम चुकी थी। रामचन्द्र शुक्ल के इस कथन को मान्यता मिल चुकी थी कि ईसाई सन्तों के छायाभास और यूरोपीय काव्य क्षेत्र में आये आध्यात्मिक प्रतीकवाद बाँग्ला भाषा के रास्ते हिन्दी में आया। शुक्ल जी ने मुकुटधर पांडेय की स्वच्छन्द धारा के पीछे रवीन्द्रनाथ टैगोर की रहस्यवादी कविताओं का असर देखा था। तब भी यह लिखा (हिन्दी साहित्य का इतिहास, पृ.464) कि मुकुटधर पांडेय की रचना **नूतन स्वच्छन्द मार्ग निकाल रही थीं।** परन्तु महादेवी के मूल्यांकन में उनका स्पष्ट मत है कि छायावाद के कवियों में वे ही छायावादी कहलाने के योग्य थीं या कहें छायावादी थीं। इसका कारण वे कवि की चित्र भाषा शैली को मानते हैं। उनका संकेत महादेवी में मौजूद रहस्यवाद की ओर है। इसी क्रम में उनका मानना है कि जिस द्विवेदीयुगीन इतिवृत्तात्मकता की प्रतिक्रिया में छायावाद आया, उनमें प्रस्तुत के स्थान पर अप्रस्तुत चित्रों का विधान था। यहाँ भी आधार महादेवी की चित्रपरक शैली है जिसमें वे रहस्यवाद देखते हैं। शुक्ल जी ने अपने समय में हिन्दी साहित्य का इतिहास का संशोधन भी किया। 1935-36 में इसका दूसरा संस्करण आया था। तब भी शुक्ल जी की यही मान्यता थी। महादेवी और छायावाद को लेकर उनके इसी सोच का असर आगे के आलोचकों पर पड़ा। मसलन, नन्ददुलारे वाजपेयी, नगेन्द्र आदि।

आश्चर्य कि नब्बे के दशक (1994) में बच्चन सिंह भी (आधुनिक हिन्दी साहित्य का इतिहास) इसे दुहरा गये। उनका 'टोन' कुछ अलग था। उनकी इतिहास पुस्तक में एक अध्याय का शीर्षक ही है **स्वच्छन्दतावाद-काल**। जाहिर है उनका संकेत छायावाद के बदले स्वच्छन्दतावाद को पुनर्स्थापित करने की ओर था। आगे लिखा है कि छायावाद के आकलन में ब्रिटिश काल और कांग्रेस आन्दोलन का ब्यौरा देने से छायावाद का ग़लत मूल्यांकन होता है। यह भी लिखा है कि **मार्क्सवादी सिद्ध सामन्तों को जगह-जगह चस्पा करना अथवा काडवेल के सिद्धान्तों को जगह-जगह बैठा देना न आलोचना है न इतिहास**। डॉ. बच्चन सिंह की दुविधा है कि वे छायावाद पर पुनर्जागरण के प्रभाव को इनकार भी नहीं करते और उसे तत्कालीन राजनैतिक आन्दोलन से हटकर भी देखते है। इसलिए स्वच्छन्दतावाद की पुनर्स्थापना बच्चन जी की ज़रूरत बन गयी। इसी के जरिए वे यह दिखलाना चाहते हैं कि स्वतः स्फूर्त अभिव्यक्ति वाला स्वच्छन्दतावाद एक सनातन धारा है। स्वच्छन्दतावाद से अलग छायावाद का उद्‌भव यों ही नहीं हुआ था। शुक्ल जी के पन्त की कविताओं (स्वप्न-मौन निमन्त्रण) की रहस्य भावना के विविध रूपों को लेकर सहृदय व्यक्ति के मन में उठे प्रश्नों के रूप में देखते हैं। प्रकृति को लेकर मन में उठ रहे सवाल अचानक नहीं आये। यह रहस्य भावना रीति काल में नहीं मिलती है। भक्ति साहित्य में भी प्रकृति के नाना रूपों को लेकर जिज्ञासा मिलती है लेकिन वहाँ भगवान आड़े आ जाते हैं। पन्त की कविताओं में जो जिज्ञासा प्रकट हुई है, वह अनायास नहीं है। पौधों की संवेदनशीलता की पहचान करने वाले महान वैज्ञानिक जगदीशचन्द्र बसु के विचारों का प्रभाव साहित्य के इलाके पर भी पड़ा। रामचन्द्र शुक्ल पन्त की कविता **प्रथम रश्मि** में **मूर्तिमती लाक्षणिकता** देखते हैं। **वीणा** में संकलित यह कविता अप्रस्तुत योजना की अप्रतिम मिसाल है, **निराकार तम मानो सहसा ज्योतिपुंज में हो साकार**। पन्त छायावाद के शायद पहले कवि हैं जिनके यहाँ चित्रमयी भाषा के भीतर आयी रहस्य भावना अपने समय के विज्ञान से दूर नहीं है। प्रकृति के भीतर चल रहे द्वन्द्व में मनुष्य के सत्य को खोजने की यही कोशिश पन्त से **ताज** शीर्षक कविता भी लिखवा लेती है, **हाय मृत्यु का ऐसा अमर अपार्थिव पूजन**। यहाँ केवल कवि में स्वतः स्फूर्त भावना होती तो शायद 'ताज' कविता में मानवी सत्य के रूप में छुपे विचार से पाठक परिचित नहीं होता। खुद बच्चन सिंह प्रसाद की रचना **आँसू** के विषय में दो विशेषताएँ गिनाते हैं **आत्माभिव्यक्ति और प्रकृति के सम्बन्ध में नया दृष्टिकोण**। यह नया दृष्टिकोण आया कहाँ से? इसके लिए सामाजिक और राजनैतिक आन्दोलन और प्रकृति की द्वन्द्वात्मकता को लेकर विज्ञान का नया चिन्तन प्रमुख कारक रहे हैं। यह रहस्य भावना निश्चय ही आदर-योग्य है। प्रसाद की कविताओं का संकलन **लहर** 1933 ई. में आया उसी वर्ष उनकी रचना **आँसू** का दूसरा संस्करण छपा। 'लहर' में शुष्क जीवन को शीतल या कहें आर्द्र कर देने वाली

रचनाएँ हैं। इन लहरों से स्नेह, करुणा, सौन्दर्य की अभिव्यक्ति हुई है। **लहर** चौथे दशक की ऐसी रचना है जिसमें प्रकृति का स्वच्छन्द रूप मिलता है, **बीती विभावरी जाग री/अम्बर पनघट में डुबो रही/तारा घट उषा नागरी।** यह रचना 1932 ई. में **रंगीला** (कलकत्ता) पत्रिका में छपी थी। उसी के आस-पास निराला की **जागो फिर एक बार** (दो किस्तों में) छपी।

निराला और प्रसाद की दोनों कविताओं में जागने का भाव अन्तर्निहित है। दोनों में श्रृंगारिकता का अद्‌भुत पुट है। यह गौर करें, दोनों की श्रृंगारिकता का उत्कर्ष है इसका उन्मुक्त वर्णन। एक सखी नायिका को जगाते हुए कह रही है कि रात खत्म हो चुकी है और तू अभी तक सोयी हुई है। इस वर्णन में सघन बिम्ब विधान है। यह रूपक अलंकार का बिल्कुल वस्तुपरक उदाहरण है। प्रातःकाल में स्त्रियाँ पनघट पर एकत्र हो जाती हैं, पानी भरने लगती हैं, उसी प्रकार उषा रूपी नारी आकाशरूपी पनघट में तारों के घड़े में पानी भर रही हैं यानि तारों रूपी घड़े से पानी भर रही है। केवल यह दृश्य होता, तो महज एक कोरी श्रृंगारिकता चस्पा हो चुकी होती। आगे का दृश्य है पक्षी का कलरव, नवीन पत्तों के आँचल का हवा के झोंके से हिलना और लताएँ रसपूर्ण कलियों की गागर लिए खड़ी हैं। यह पूरा दृश्य रात्रि के बाद और सुबह होने के पहले का है। इसी समय गाँव की औरतें पनघट पर जाती हैं। इस वर्णन की एक विशेषता है शब्दों की लाक्षणिक विचित्रता से बचाव। दूसरी विशेषता है दैनिक जीवन का यथार्थ और उसके बीच से पनप रहा सारगर्भित संदेश। अगर प्रसाद की दूसरी कविता (उठ उठ री लघु लोल लहर) से तुलना की जाये तो इस कविता में उद्‌बोधन बहुत सघन है और जीवन के प्रति गहरी आस्था प्रकट हुई है।

निराला की कविता (जागो फिर एक बार) में 'अरुण किरण' सीधे दरवाज़ा खोलती है। वहाँ दरवाज़ा खोलने में उकताहट भी है और हिम्मत भी। कवि के नहीं उठने पर उसे उठाया जायेगा। एक तरह का हुंकार है यहाँ जिसमें बड़ी सघनता है। उद्‌बोधन का स्वर नसीहत की शैली में नहीं है। निराला जैसे कवि ही समझते थे कि किसी भी समय की नयी पीढ़ी 'नसीहत' लेना पसन्द नहीं करती है। इसलिए उद्‌बोधन प्रकृति की रमणीयता लिए मौन तरीके से प्रकट हुआ है। खुद ही किरणें दरवाज़ा खोलती हैं। कवि के उद्‌बोधन में अचानक कुछ होने का बोध नहीं है। बड़े सहज भाव से कवि अपने तर्क रखता है, **आँखें अलियों-सी/किस मधु की गलियों में फँसी/बन्द कर पाँखें/पी रही मधु मौन** यानि भौंरों के समान आँखें न जाने मधु की किन गलियों में फँस गयी? ये बन्द आँखें जो मधु की गलियों में फँसी हैं, इन में नयी पीढ़ी का दायित्व-बोध कहीं अपनी दिशा से चुक गया है। इसलिए 'बन्द आँखों' में कर्त्तव्यहीनता है। उसी को झंकृत करते हुए कवि कहता है **मद-उर-यौवन-उभार/**

जागो फिर एक बार (कलियों में मधुर मद से पूर्ण हृदय में पुनः यौवन का उभार आ गया है) 'विभावरी' शब्द 'जागो फिर एक बार' में भी आया है, **शशि-छवि विभावरी** में यानि सूर्य ढल कर अस्ताचल पर्वत पर अस्त हो गया और रात में चन्द्रमा की शोभा देखकर यामिनीगन्धा (एक प्रकार का फूल) भी जाग गयी। प्रसाद के यहाँ जो रूपक है 'विभावरी', निराला के यहाँ भी 'विभावरी' इसी रूप में है। अन्तर है कि एक में विभावरी के अन्त की सूचना है और दूसरे में 'विभावरी' दृश्य-विधान के साधन रूप में आयी है। 'शशि' है तो रात का जिक्र होगा ही। इस से बिम्ब विधान में सघनता आती है। नयी पीढ़ी को जागने के संदेश में प्रकृति की रमणीयता कुछ और भी कह रही है, सभी जाग गये, तुम सोये हुए हो। घर-परिवार में बड़े-बुजुर्ग ऐसा कहते भी हैं। वे बच्चों को जगाने के लिए संज्ञाओं की झड़ी लगा देते हैं। अमुक जग गया, अमुक कब का जाग गया? निराला की इस कविता में जगाने के भाव के पीछे प्रकृति की दिनचर्या साधन रूप में आयी है लेकिन यह साधन बहुत ठोस ज़मीन लिए है। कभी-कभी लगता है कि साधन के भीतर साध्य पूरी गरिमा लिए बोल रहा है। बीस और तीस के दशक में महात्मा गाँधी साध्य को प्राप्त करने के लिए साधन की पवित्रता पर बहुत जोर देते थे। प्रकृति की रमणीयता में ही साध्य का अन्तर्निहित भाव उद्‌बोधित हो रहा है।

एक सामाजिक सच जो पूरे छायावाद आन्दोलन में छाया रहा है, बिल्कुल व्यक्त विराट सत्ता के रहस्य को जानने की बेचैनी, शुक्ल जी के इतिहास में यह सच पन्त की कविताओं के बहाने आया है। शुक्ल जी मध्ययुगीन रहस्यवाद के विरोधी थे। छायावादी कवियों को रहस्यवाद में मौजूद सच का भान था। पहली बार प्रकृति की स्वतन्त्र सत्ता स्थापित हुई थी। पहली बार उन्मुक्त प्रेम का चित्रण हुआ था। पहली बार मनुष्य और पकृति का सम्बन्ध उपमेय और उपमान की सीमाओं के बाहर आया। एक बड़ी बात यह कि स्वच्छन्दतावाद जिस लोक धरातल से आया था, छायावाद में उसका अतिक्रमण नहीं हुआ बल्कि उसे वहाँ नया आयाम मिला, राष्ट्रीय आन्दोलन का। छायावाद में प्रकृति के स्वतन्त्र चित्रण में मनुष्य की अनुभूति के दर्शन हुए। इसलिए वहाँ प्रकृति केवल नाम गिनाने के लिए नहीं है। वहाँ मनुष्य की अनुभूति के साथ प्रकृति की सीधी यारी है। **वह सन्ध्या सुन्दरी/मेघमय आसमान से/उतर रही थी/धीरे-धीरे-धीरे** (सन्ध्यासुन्दरी/निराला)। यहाँ अनुभूति में सन्ध्या-सुन्दरी है, उसकी गति है, उसकी चाल है और साथ में उसका विराट फलक है। मनुष्य को इतने विराट और विविध रूपों में इसके पहले कभी नहीं देखा गया। यहाँ कल्पना इतने विराट रंगों में आयी है कि कभी-कभी छायावादी दौर के आलोचक **डॉ. देवराज उपाध्याय** (छायावाद का पतन) को कल्पना की बारीकी में अयथार्थ दिखता है। यह समझना होगा कि पूर्व की कविताओं से भिन्न कैसे छायावादी कविताओं में कल्पना

उसका अभिन्न अंग बनकर आयी है। प्रसाद की कविता **अरुण यह मधुमय देश हमारा** में **क्षितिज** और **सहारा** के साम्य में कल्पना खिल उठती है। एक ऊँचाई और आसमान की समीपता की अनुभूति चमत्कारी भाव नहीं है। वहाँ भारत के विराट फलक के साथ-साथ उसकी उदारता है। भिन्नता और विविधता में समरसता की अनुभूति है। ब्रिटिश राज के बौद्धिक भारतीय समाज की कल्पना अलग-अलग रंगों और तबकों में करते थे।

छायावाद के दौर की कविताओं के विशलेषण से स्थूल चित्रण और सूक्ष्मता का असली रहस्य खुलता है। केवल सूक्ष्म का विद्रोह होता छायावाद तो प्रकृति की ऐसी विराटता नहीं आती। स्थूल चित्रण से अभिप्राय इतिवृत्तात्मकता का ही है। स्वच्छन्दतावाद में इसका विरोध हुआ लेकिन वहाँ ऐसे राष्ट्रीय उद्‌बोधन के लिए जगह नहीं थी। बच्चन सिंह जी ने जिसे 'स्वच्छन्दतावाद' काल का नाम दिया है, उनके अनुसार उसमें राष्ट्रीय उद्‌बोधन के लिए जगह नहीं है। वे छायावाद को केवल शैली-विशेष के रूप में नहीं लेते, वैयक्तिकता, मुक्ति के आग्रह, रहस्यवादिता, अस्पष्टता, विचित्र प्रकाशन रीति इत्यादि के रूप में लेते हैं। बच्चन सिंह जिन प्रवृत्तियों को गिनाते हैं, उनमें सामान्य पाठक के लिए छायावाद के दोष भी आ गये हैं। नामवर रहस्य-भावना का आधुनिक रूप देख रहे हैं। एक रहस्य है प्रकृति की सत्ता को यथावत रूप में स्वीकार कर लेने का पर इसका दूसरा रूप प्रकृति के रहस्य को जानने का है। इस दूसरे रहस्य का पर्दा आलोचकों को भ्रमित करता रहा है। कैसे मान लें कि कविता और विज्ञान एक दूसरे के पूरक भी है? कभी कविता को विज्ञान का अवरोधक भी माना गया है। नामवर उस रहस्य भावना में विज्ञान के उसी प्रभाव को देख रहे हैं जिसकी ओर पहले किसी का ध्यान नहीं गया। आगे महादेवी को अध्यात्म की देवी समझ लिया गया और छायावाद को स्वच्छन्दतावाद तक ही रहने दिया गया या उसे वैसा ही समझ लिया गया। बच्चन सिंह जैसे आलोचक छायावाद की उपलब्धियों को गिनाते हुए भी उसका दायरा सीमित कर देते हैं। नामवर उस बन्द दायरे को खोलते हैं। एक तरह से वे 'छायावाद क्यों' का जवाब देते हैं। यह प्रश्न उनके पहले के किसी आलोचक की छायावादी समझ में मौजूद नहीं था बल्कि हुआ ये कि अधिकांश आलोचकों की नज़र में छायावाद की निजता, उसकी वैयक्तिकता और उसकी रहस्य भावना का द्वैध बना रहा। यह प्रश्न आज की कविता को लेकर भी उठ सकता है। समकालीन कविता का तेवर छायावाद की ओर लौटने का भले न हो, लेकिन छायावाद के समय की पृष्ठभूमि कहीं ताक-झाँक ज़रूर कर रही है। लोग दबी ज़ुबान से भी कहते हैं कि ईस्ट इण्डिया कम्पनी भारत आने वाली है या आ गयी है। क्या होगा इस देश का?

नामवर सिंह (भूमिका/कविता के नये प्रतिमान/1965) की चिन्ता है कि **इस**

वैचारिक संघर्ष में मार्क्सवादी आलोचना की पराजय क्यों हुई? यों स्वतन्त्रता के बाद के भारत में वर्ष 1974 ऐतिहासिक महत्त्व का रहा है। फिलहाल, नामवर यह सवाल एफ.आर. लीविस की पत्रिका **स्क्रुटिनी** के सन्दर्भ में उठाते हैं। चर्चा लीविस की हुई है, इलियट की नहीं लेकिन लीविस पर इलियट का सीधा प्रभाव पड़ा था। फिर **स्क्रुटिनी** पत्रिका की कुछ ऐसी धाक जमी, कि बड़े मार्क्सवादी आलोचक भी लीविस का लोहा मानने लगे थे। नैतिक मूल्यों के प्रबल आग्रही का विश्वास ईमानदारी के साथ यथार्थ के अन्तरावलम्बन के प्रति था। पचास के एक-दो साल बाद लीविस की पत्रिका में कविता और भावों की अभिव्यक्ति को लेकर सम्पादकीय और लेख छपे। लीविस के अनुसार जिस कविता में भावोच्छ्वास (स्पांटेनियस ओवरफ्लो) है, उसमें वास्तविकता के मूर्त चित्र कम होते हैं। वैसे में कवि की समझ भी कम हो जाती है और कवि की ईमानदारी पर इसका सीधा प्रभाव पड़ता है। लीविस मार्क्सवाद के घोषित विरोधी थे और इलियट भी। दोनों में एक अन्तर था। इलियट धार्मिक निष्ठा को महत्त्व देते थे, लीविस में धर्म के प्रति कोई गहरा लगाव नहीं था।

तीस के दशक के यूरोप में मार्क्सवाद की लहर बहुत तेज थी। वह दौर आर्थिक मन्दी का भी था। फिर भी, उस दौर में भारत में मार्क्सवाद सैद्धान्तिक और व्यावहारिक दोनों स्तरों पर लोकप्रिय हुआ था। स्वतन्त्रता के एक दशक बाद कम्युनिस्ट पार्टी का विभाजन हुआ, 1970 के बाद पार्टी की कार्यनीति में बदलाव-दर-बदलाव आते गये। कभी इधर, कभी उधर। नामवर की किताब (कविता के नये प्रतिमान) का दूसरा संस्करण सत्तर के बाद आया। इसलिए मार्क्सवाद की पराजय की चिन्ता स्वाभाविक थी और उसे यूरोपीय मानचित्र पर देखना-समझना भी स्वाभाविक था। यह चिन्ता किसी संजीदा आलोचक की ही हो सकती है। कहीं भारतीय मार्क्सवादी अपने समय की भारतीय परिस्थितियों को समझने में चुक गये, जिस कारण साम्राज्यवाद के ख़िलाफ़ उनका व्यापक आन्दोलन कमज़ोर पड़ा। वे कहते रहे कामरेडों को, तुम बुलन्द हो, बुलन्दियों पर हो लेकिन होता कुछ और रहा। हथियार बनाने की तकनीक समृद्ध होती गयी। वे हथियार कौन थे और वह कौन हैं जो हमारी विरासत में जंग डाल कर पेशकब्ज हो गये।

1932-36 ई. में लीविस की आलोचनात्मक कृतियाँ आयीं, **न्यु बियरिंग्स इन इंग्लिश पोएट्री रिवैल्युएशंस** और 1960 के बाद उनकी **स्क्रुटनी** के चुनिन्दा लेखों का संकलन **ए सेलेक्शन फ्रॉम स्क्रुटनी** भी आया। लीविस किसी कलाकृति को विषय की दृष्टि से नहीं देखते हैं बल्कि उस दबाव को महत्त्व देते हैं जो किसी विषय को कलाकृति में बदल देता है। नामवर नयी कविता के कवि **जगदीश गुप्त** (नयी कविता 1960-61) की परिभाषा उद्धृत करते हैं **कविता सहज आन्तरिक अनुशासन से युक्त अनुभूतिजन्य सघन लयात्मक शब्दार्थ है, जिसमें सह-अनुभूति उत्पन्न करने की यथेष्ट क्षमता निहित रहती है**। 'अनुभूति' मात्र से किसे असहमति होगी लेकिन

जिस आन्तरिक अनुशासन की बात आयी है, वहाँ लीविस की झलक मिलती है **और** अगर **जगदीश गुप्त** का काव्य-संकलन **कवितान्तर** की लम्बी भूमिका पढ़ ली जाये तो इलियट को पुनर्जीवित करने का प्रयास भी है वहाँ। 'कवितान्तर' का तर्क है कि **पहले भी कविता मनुष्य की आन्तरिक एकता को मानकर चलती रही है और आज भी मेरी समझ में उस मूल मान्यता में कोई परिवर्तन नहीं आया है।** फिर आगे मुक्तिबोध की चर्चा है 'संवेदनात्मक ज्ञान' और 'ज्ञानात्मक संवेदना' की। ढाल मुक्तिबोध बने नयी कविता की सार्थकता के लेकिन उन्हें नयी कविता का प्रतिनिधि मानने का आग्रह नहीं है। फिर आग्रह यह भी है कि नयी कविता के नाम पर जो कुछ लिखा जा रहा है, उसमें सबको स्वीकारना मुश्किल है। इसलिए मुक्तिबोध के शब्द उधार लिए गये। ढाल उनका लक्ष्य अपना। नामवर (कविता के नये प्रतिमान) नयी कविता के सन्दर्भ में **अनुभूतियों के परिवर्तित सन्दर्भ** की बात कहते हैं यानि बदलते रागात्मक सम्बन्धों पर नयी कविता का विशेष बल है। एफ.आर. लीविस (थॉट एण्ड इमोशनल क्वालिटी) की आशा है कि **निर्वैयक्तिक कविता वस्तुतः तीव्र व्यक्तिगत अनुभूतियों से ही पैदा होती है** (अनु. रामकीर्ति शुक्ल)। अक्सर इलियट को रोमांटिक रचनाकारों का प्रतिवाद करने वाले आलोचक के रूप में समझा जाता है। इलियट अनुभूतियों के परिष्कार पर बल दे रहे थे। अंग्रेज़ी के विद्वान **प्रो. राजनाथ** (पाश्चात्य काव्यशास्त्र : नयी प्रवृत्तियाँ) इलियट का बचाव इस रूप में करते हैं कि वे अनुभव पर आधारित व्यक्तित्व से बचाव को प्रमुख मानते हैं। सच कहा जाये तो **शेखर : एक जीवनी** उपन्यास की भूमिका में अज्ञेय इसे ही सन्दर्भित भी करते हैं। परन्तु असल चीज़ है अनुभूति के विलयन का जिसे एफ़.आर. लीविस रूपान्तरण मानते हैं। इसलिए इलियट की निर्वैयक्तिकता चाहे उसका लक्ष्य रोमांटिक कविता का विरोध करना ही क्यों न रहा हो, उसकी ढाल रोमांटिक शब्दावली ही है। परम्परावादी समझे जाने वाले इलियट के लिए अपनी परम्परा का महत्त्व वैयक्तिक प्रतिभा के समुन्नत प्रकाशन से है। वे मौलिकता की सामान्य धारणा को नहीं मानते हैं यानि कोई नयी चीज़ देने वाली धारणा। इलियट मानते हैं कि कवि को पूर्वाग्रह से मुक्त होना चाहिए। आश्चर्य यह कि लीविस कला की तकनीक पर बल देने वालों की आलोचना करते हैं। इस दृष्टि से वे रूपवादी नहीं हैं। वे अनुभूति की वैयक्तिकता को ठुकराते हैं, इस रूप में वे रोमांटिक भी नहीं हैं। वे (दी ग्रेट ट्रेडिशन) परस्पर विरोधी अनुभवों के विलयन की बात करते हैं। इस दृष्टि से वे परम्परावादी भी हैं। अब इतने आग्रहों से घिरे लीविस को समीक्षा की नयी दिशा का प्रतिनिधि कहा जा सकता है।

द्वितीय विश्व युद्ध के बाद अपनी पहचान बनाने और खुद के सामाजिक दिखने के द्वैध चरित्र से नया साहित्य एक अर्थ में मनुष्य की पहचान के बदले खुद की पहचान को तय करने में उलझा रहा। इसलिए नामवर मुक्तिबोध की कविता **अँधेरे में** के विश्लेषण में यह लिखते हैं कि **आज के अन्य कवि जहाँ अस्मिता की खोज**

आत्मपरक ढंग से करते हैं, मुक्तिबोध ने उसे अन्दर और बाहर दोनों जगह खोजा है, बल्कि यह कहना अधिक संगत होगा कि मुक्तिबोध की काव्यानुभूति की बनावट ही ऐसी है कि उसमें अन्दर और बाहर के बीच कोई अन्तर नहीं रह जाता। कवि जगदीश गुप्त की लम्बी भूमिका (कवितान्तर) के केन्द्र में भी मुक्तिबोध ही हैं और नामवर जी के **कविता के नये प्रतिमान** के केन्द्र में भी मुक्तिबोध ही हैं। इलियट के केन्द्र में रोमांटिक कवि हैं और लीविस के साहित्य के केन्द्र में इलियट।

इलियट आधुनिक अंग्रेज़ी साहित्य के उन कवियों और आलोचकों में थे जिन्होंने कविता और आलोचना के क्षेत्र में 'परम्पराबोधक' की भूमिका निभाई है। परम्परावादी इलियट 'ट्रेडिशन एण्ड इंडिविड्युअल टैलेंट' में नज़र आते हैं। इलियट ने जॉर्ज अब्राहम ग्रियर्सन के संकलन (मेटाफिजिकल लीरिक्स एण्ड पोएम्स ऑफ दी सेवेंटीथ सेंचुरी) की समीक्षा की। ये रचनाएँ 1920-30 के समय की हैं। 1927 ई. में वे कैथोलिक ईसाई बने। खुद को गर्व से कैथोलिक और रिपब्लिकन कहते थे। वे खुद को 'डेमोक्रेट' नहीं कहते थे। इलियट के साहित्य का एक बड़ा भाग तत्त्ववादी कवियों (मेटाफिजिकल पोएट्स) या कहें कि उन रचनाकारों का हैं जिनके यहाँ तत्त्ववाद की प्रधानता रही है। अध्यात्मवादी होना ही परम्परानिष्ठता है, तो इलियट परम्परावादी थे। रोमांटिक कवि वर्ड्सवर्थ कविता को 'सशक्त अनुभूतियों का निर्बाध तूफान' मानते हैं और इलियट इसे 'संवेग के निर्बाध प्रवाह' से बचाव मानते हैं। थोड़ा और स्पष्ट कहें, 'व्यक्तित्व से बचाव'। व्यक्तित्व से इलियट का तात्पर्य 'अनुभव आश्रित' से है। उनके अनुसार (ट्रेडिशन एण्ड इंडिविड्युअल टैलेंट) किसी कला में कलाकार के व्यक्तित्व का विलोपन अच्छी कला का उदाहरण बन सकता है। वे प्लाटिनम और सल्फ्युरिक एसिड का उदाहरण देते हैं। सल्फ्युरिक एसिड में प्लाटिनम का कोई अंश नहीं रहता, उसी प्रकार कविता में कवि के व्यक्तित्व का कोई अंश नहीं रहना चाहिए, लेखक के मानस का भी नहीं। इलियट मानते हैं (फंक्शन ऑफ क्रिटिसिज़्म) कि कलाकार की कल्पना में एक संसार होता है परन्तु उनका यह भी कहना है कि वह संसार कलाकार से अलग होता है। रोमांटिक कवियों से उनकी असहमति थी। इसका कारण व्यक्तित्व को कला से बिल्कुल अलग मानने का उनका आग्रह था।

कवितान्तर की लम्बी भूमिका में कवि जगदीश गुप्त लिखते हैं **कविता इसलिए रूढ़िगत न होकर व्यक्तिगत हो गयी है, किन्तु जैसा निर्दिष्ट किया जा चुका है कि कवि का व्यक्तित्व स्वयं विस्मृत एवं समाजोन्मुखी होता जा रहा है।** आगे अपनी बात को पुष्ट करने के लिए आचार्य शुक्ल की चर्चा करते हैं। गुप्त जी की कठिनाई है कि वे नयी कविता को स्थापित करने के लिए रोमांटिकता को नहीं छोड़ सकते थे और चूँकि नयी कविता ही असली है, इसलिए नये कवि को शुक्ल जी जैसा आलोचक तो चाहिए ही। हैरत यह कि नयी कविता को स्थापित करने के लिए मुक्तिबोध

की ज़रूरत महसूस नहीं हुई। कविता के मर्म को जानने के लिए रामचन्द्र शुक्ल का स्मरण करना पड़ा। नामवर (कविता के नये प्रतिमान) शुक्ल जी के चिन्तन में भी छायावाद का गहरा प्रभाव देखते हैं और इस दृष्टि से वे हिन्दी के पहले आलोचक हैं जो छायावादोत्तर काव्य-यात्रा में चल रहे कवियों की राजनीति को देख रहे हैं। नयी कविता के केन्द्र में मुक्तिबोध थे, नये कवियों के यहाँ वे हाशिए पर चले गये। नयी कविता का सह-अभिनय छायावाद के साथ हो रहा था, छायावाद हाशिए पर चला गया। तो फिर नयी कविता रह क्या गयी **तुम्हारी देह/मुझको कनक-चम्पे की कली है/दूर ही से/स्मरण में भी गन्ध देती है** (नख-शिख/अज्ञेय)। विरोध रोमांटिक का हो रहा था, रोमांटिक दिखे भी नहीं और 'नयी कविता' बन गयी। नामवर उस राजनीति की पहचान कर रहे हैं, उसे रेखांकित कर रहे हैं। इसलिए लीविस और इलियट की ओर देखते हैं। तीस के दशक के वामपन्थ की राजनीति राष्ट्रीय मुक्ति आन्दोलन में खुद की हिस्सेदारी को तय नहीं कर पा रही थी। महात्मा गाँधी का महत्त्व पी.सी. जोशी को छोड़ कर दूसरे कम्युनिस्ट नेता बिल्कुल नहीं समझ रहे थे। उसी दौर में नास्तिक होने का फैशन भी खूब चला था। आगे की घटना में फैशन वाले नास्तिक ज़्यादा खतरनाक साबित हुए पाँचों वक्त के नमाज़ी के।

छायावादोत्तर काव्य कहीं छायावाद से अलग भी रहा है। यह अलगाव अज्ञेय जी को छोड़कर शेष कवियों के लिए शिल्प मात्र का रहा और फिर हाथ उनके **कलगी बाजरे की** कविता थी। सब को यह अनुभूत होने लगा कि अब अनुभूति को 'नव लय' चाहिए। फलस्वरूप सभी पिछले दरवाज़े से छायावाद पर हमला करने लगे। कहना न होगा कि रामविलास शर्मा भी अज्ञेय को केन्द्र में रखकर नयी कविता की व्याख्या करते हैं। नामवर की व्याख्या के केन्द्र में भी अज्ञेय हैं। परोक्ष ढंग से **भवानी प्रसाद मिश्र** की कविता **गीत फरोश** के बहाने छायावादोत्तर काव्य की एक प्रवृत्ति को रेखांकित करते हैं जिसका असर अस्सी के दशक की कविता पर भी देखा जा सकता है। नामवर जी के अनुसार (कविता के नये प्रतिमान) **इसका कवित्व एक गम्भीर बात को निहायत अगम्भीर ढंग से कहने में है।** यह सन्दर्भ जिस अध्याय में आया है, उसका शीर्षक है **विसंगति और विडम्बना**। यानि अज्ञेय जहाँ सकारात्मक हैं, नयी कविता के अधिकांश कवियों की नज़र से यह लक्षण ओझल हो जाता है। नामवर यहीं नहीं रुकते। वे याद दिलाते हैं कि छायावादी गाम्भीर्य को तोड़ने वाले पहले कवि निराला हैं और वह कविता है **सरोज स्मृति**। यह संयोग ही है कि उनके सम्पादन में ही **आलोचना** (जुलाई-सितम्बर, 2003) में **विनोद कुमार शुक्ल** की कुल आठ कविताएँ छपी हैं। पहली कविता बिना वाचाल हुए दैनिक जीवन में घर कर चुकी विषादमयता को बड़े हल्के ढंग से व्यक्त करती है, **बहुत रह लिया मैं घर में, थक गया/जब पड़ोस में रहकर सुस्ताऊँगा/किसी के बहुत दूर के पड़ोस में** कविता कुछ यों आगे बढ़ती है **बहुत दूर के पड़ोस में पत्नी बेटा-बेटी आयें/बेटी के साथ**

उनकी दोनों बेटियाँ/दस दिन की नातिन को कुछ देर गोद में ले सकूँ। यहाँ दुःख है बेटे के घर बना लेने का। एक ही शहर में दो घर। इसलिए 'दूर पड़ोस' की औपचारिकता में भी कुछ पल के लिए मिठास मिले, अपनी व्यथा को पल भर के लिए भूल जाने का सुख मिले।

एक साल पहले ही मैंने **अभिधा** (मुजफ्फरपुर/बिहार/2013) में उत्तर छायावाद पर लेख लिखा था। तब मुझे उत्तर छायावाद में समन्वय दिखा था। वह समन्वयन तारसप्तक में भी दिखेगा। इस समन्वय को जगदीश गुप्त उसकी उपलब्धि मानते हैं। नयी कविता के दौर में समन्वय कहीं टूटता भी है। मुक्तिबोध की प्रतिबद्धता से इनकार नहीं है, लेकिन अगर समन्वय प्रयोगवाद के अगले सोपान से टूटे, तो क्या समझा जाये इसे? मेरा संकेत **नकेनवाद** (नलिन, केसरी और नरेश) की ओर है। **नलिनविलोचन शर्मा** प्रगतिवादी आन्दोलन की धारा के आलोचक, कवि और कथाकार नहीं थे। नलिन जी की कविता **वसन्त गीत** का ज़िक्र करना चाहूँगा। कवि की शिकायत है कि अब वसन्त विज्ञापन का गुलाम बन गया है **पीतल, पत्थर के पुण्य-पण्य/में मूक रहा : आया वसन्त-/औषधि निर्माता अग्रगण्य-/दाक्षासव/विज्ञापन उदंत**। **उदंत सुभद्रा कुमारी चौहान** की कविता (वीरों का कैसा हो वसन्त) में आया है। इसका शाब्दिक अर्थ 'निकला दाँत' या विशेषण कहें 'बेकहा'। अब यह 'बेकहा' विज्ञापन खुद वसन्त की नहीं सुनता है, बाकी और की क्या सुनेगा। नलिन जी की इस कविता में विराम चिह्नों का खूब प्रयोग हुआ है। यह उनके 'नकेन के प्रपद्य' की सीमा है। इस सीमा को छोड़ दिया जाये, या नलिन जी कविता की एक सीमा मान लिया जाये, तो बाकी यह कविता आगत समय का पूर्वाभास दे रही है। नलिन जी प्रयोगवाद के आगे के कवि हैं, खुद नलिन के 'नकेन' के कविगण भी मानते रहे। समन्वय के भीतर से ही एक असन्तुष्ट की आवाज़ आ रही थी। प्रयोगवाद के भीतर जो उथल-पुथल चल रही थी, नामवर उसे सीधे रेखांकित नहीं करते। इसे इस रूप में समझना चाहिए 'तार सप्तक' के भीतर मुक्तिबोध और भवानी प्रसाद मिश्र ही दो ऐसे कवि रहे जिनकी वैचारिक प्रतिबद्धता सन्देहास्पद नहीं थी। पचास के दशक में इसका असर उस समय की नयी पीढ़ी पर ज़रूर पड़ा। इसलिए समन्वय ही सही, इसके भीतर से एक प्रगतिशील धारा आगे बही, उसके नायक मुक्तिबोध थे न कि अज्ञेय। इस मानक की पहचान ज़रूरी है ताकि उस पीढ़ी में अपने समय के साहित्य को लेकर भ्रम मिट सके। यह काम उस समय के किसी आलोचक ने नहीं किया सिवाय नामवर के। इसलिए 'प्रतिमान' का महत्त्व है, उसके जाँचने-परखने का महत्त्व है। **एकान्त श्रीवास्तव** की कविता **इस संसार की जलवायु में** (आलोचना) नयी सदी के पहले साल यानि 2000 ई. की कविता है। कविता इस नतीजे से शुरू होती है पेड़ों का कटना और पतझड़ की शुरुआत, वह भी वसन्त के मौसम में, **वसन्त**

में भी/कुछ टूट-टूट कर गिरता रहता है/पीले पत्तों की तरह लगातार/आरा मशीन में धीरे-धीरे कटता जाता है/सरई का फूलों भरा पेड़। इन पंक्तियों में तथ्यपरकता है। वसन्त का मौसम और आरा मशीन के बेमेल में खलनायकत्व है जिसकी अनुभूति होती भी है, लेकिन कवि के शब्दों में, **ओ मेरे समय/तेरे ललाट पर/विजय के पाँवों में लिपटी है पराजय की धूल।** आगे कविता थोड़ी कमज़ोर दिखती है, पुनरावृत्ति। परन्तु इस दुहराव से उभर रहे व्यंग्य में दुहरावपन की कमज़ोरी दब जाती है। आरा मशीन के सामने वह दबा-सहमा है। कछुआ अपनी पीठ पर धरती को धारण किये है। अब समुद्र से उसकी उम्मीद व्यर्थ हो जा रही है **समुद्र पीछे खिसक रहा है/पीछे खिसक रहा है कच्छप/अपनी पीठ पर धरती को धारण किये।** समुद्र को अपने अस्तित्व की चिन्ता है। आरा मशीन तकनीकी विकास का प्रतीक है जो वसन्त को निगलता जा रहा है। अब मौसम के हिसाब से कुछ भी चलने वाला नहीं है। अब जो मशीन चाहेगी, वही होगा। मौसम मनुष्य का गुलाम बना हुआ है। कविता की चित्रात्मकता में अपने समय का व्यंग्य तो है ही। समुद्र का पीछे खिसकना और वसन्त में पतझड़ की शुरुआत, दोनों घटनाएँ एक साथ हो रही हैं। समुद्र के सूखने पर पेड़ कटेंगे ही, पतझड़ आयेगा ही। तकनीकी विकास के इस युग में मनुष्य इस सत्य से वाक़िफ़ है। फिर भी, वह इस स्थिति के आगे निरीह बना हुआ है या यह भी कह सकते हैं कि वह ज़्यादा चालाक दिख रहा है। वह वसन्त के लिए आरा मशीन से समझौता नहीं कर सकता है। मनुष्य के अस्तित्व के आगे इतना बड़ा खतरा पहले कभी नहीं आया था। गुलामी के दिनों में नदी और तालाब सार्वजनिक थे। अब उस पर भी मिल्कियत चलने लगी है। इसलिए कवि एकान्त को विजय में पराजय की गन्ध मिल रही है। यह चर्चा रही है और पहले भी थी कि मशीन आदमी को मनुष्य बनाती है। वह जातिवाद और सम्प्रदायवाद की बीमारियों से मुक्त होती है। एक नये विश्व बन्धुत्व में उसका प्रवेश होता है। अब के दौर में मशीन ही मनुष्य का खलनायक बनी हुई है। पचास साल पहले तक भी वसन्त चीखता नहीं था। अब उसकी पहचान ही नहीं रह गयी है। कब वसन्त आता है और कब चला जाता है, किसी को पता नहीं। आये दिन मौसम का विचित्र खेल देखने को मिलता है, होली के मौसम में बारिश और चिलचिलाती धूप में गरज रहा बादल।

2000 ई. में ही **बद्री नारायण** की कविता (मौत मुकर्रर किया गया) **उद्‌भावना** के 'कविताांक' में छपी है। पत्रिका के मुख पृष्ठ का शीर्षक ही है **सदी के अन्त में कविता।** इस के बावत उस अंक के अतिथि सम्पादक विजय कुमार ने लिखा है **कवि हतप्रभ है। वह ज़मीन की पर्त पर कान लगाये आने वाले मौसम को पढ़ना चाहता है। कभी हैरानी और कभी परेशानी में वह पिछले समयों की ओर ताकता है। एक चीज़ से दूसरी चीज़ को, एक दुनिया से दूसरी दुनिया को कौन सा धागा**

जोड़ रहा है? आलोचक विजय कुमार के इस सम्पादकीय में समय की निरंकुशता और कवि का अकेलापन दोनों दो छोर पर स्थित हैं। नयी सदी में संसार में बन्धुत्व बढ़ाने की नसीहत खूब दी जा रही है। सारा संसार ग्लोबल हो रहा है। तब भी मनुष्य निरीह बना हुआ है। कवि के हाथ में शब्दों का हथियार तो है, फिर भी, वह विराट अकेलेपन से घिरा हुआ है। कभी नयी कविता को जीवन की अस्वीकृति के रूप में देखा गया था। कभी छायावाद के आलोचक 'निजता' को रहस्य भावना के रूप में देखते थे। क्या समझा जाये नयी सदी की कविता को? इतना ज़रूर है कि नयी सदी में कविता से वही उम्मीद नहीं की जा सकती जो कभी की जाती थी बरसों-बरस पहले। तब कवि सम्मेलन का समय था। कविता तब भी छपकर काग़ज़ पर आती थी और आज भी आ रही है। बदलाव यह कि पहले कविता में एक कौल था, एक उद्‌बोधन था। अब नयी सदी की कविता में न वह पुकार है और न वह उद्‌बोधन। एक तड़प ज़रूर है और वह मामूली नहीं है। कई बार वह तड़प आस्था जगाती है और कई बार मौन हो जाती है। नयी सदी में ही **अशोक कुमार पांडेय** की दो कविताएँ (2007) छपी हैं। उनमें तड़प भी है और आस्था का स्वर भी। **बिल्कुल अलौकिक नहीं है यह दृश्य/काम कर रही हैं/औरतें खेतों में/खेतों में उपस्थित हैं/हर जगह कविता में शब्द की तरह** (बोलता हुआ वह)। अलौकिक कहीं माना जा रहा है। खेत अलौकिक हो जायेंगे। बिला जायेगी धरती की मिट्टी, यह अहसास अलौकिक नहीं है। बिल्कुल महसूस हो रहा है। अट्टालिकाओं की ऊँचाई आसमान में छेद कर रही है। ऐसे में धरती का क्या होगा? इसलिए अशोक के यहाँ 'अलौकिक' शब्द में एक आस्था छुपी है जो बरबस जोर मारती है। लोग अक्सर यह कहते सुने जाते हैं कि समय बदलेगा, हवा बदलेगी और एक दिन मौसम हमारे साथ होगा। कल तक वसन्त मुग्धकारी था। अब कवि उसकी मादकता को पाने के लिए बेचैन है। एक तड़प है उसमें, लेकिन सुसंगति का अभाव है। एक वह स्वस्फूर्त जागता है। फिर वह चुक जाता है। अपने देश में कई आन्दोलन स्वतः स्फूर्त हुए हैं बल्कि हो रहे हैं। कवि की जो तड़प है, वह अक्सर पीछे की ओर भी जाती है। अशोक कुमार पांडेय अपनी दूसरी कविता में कहते हैं **कुआर की/सुई-सी चुभती धूप में/कलम की कुशलता से/हँसिया चलाती/सिहरते कातिक में/नयी फसल की/तैयारी करती/अगहनी सहेजती/माघ-पूस की/भयावह रातों में/खाली होनी डेहरी/और जवान होते खेत अगोरती**। भरोसा अब भी कलम पर है संदिग्धताओं के बीच। यह आस्था निश्चय ही आदर योग्य है। नयी पीढ़ी में स्वतः स्फूर्त आन्दोलन करने का जज़्बा है। उसकी सृजन शक्ति में वह परमाणु है। उसे अपनी कलम पर भरोसा है।

वसन्त की मादकता छिन गयी है। मनुष्य और वसन्त के बीच कोसों की दूरी आ गयी है। आखिर क्या करे मनुष्य? नयी सदी की कविता में सरसों के लहलहाते

खेत, पक्षियों का कलरव और जेठ की दुपहरी के आने की आहट कुछ कह रही है। एक संदेश तो है कि कवि और उसका समाज केवल वर्तमान में नहीं जी रहा है। कविता अपनी विरासत में ताक-झाँक कर रही है। ऐसा इस कारण भी हो सकता है कि इस सिस्टम में बार-बार अपने सामने देखने का संदेश दिया जाता रहा है, क्योंकि उत्पादन बढ़ाने का मामला है। पीछे देखने का मतलब है अपने मक़सद में शिथिलता, जो वर्तमान व्यवस्था के लिए बिल्कुल अरुचिकर है। **उद्‌भावना** की परिचर्चा (2000 ई.) में कवि **केदारनाथ सिंह** को शिकायत समकालीन कविता का अतीत के साथ रिश्ते के शिथिल होने को लेकर है। कवि केदार चन्दबरदाई से लेकर भारतेन्दु तक का स्मरण करते हैं। इसी परिचर्चा में एक हिदायत भी देते हैं, आज को, **आत्मालोचना की प्रक्रिया से गुजरना होगा**। समकालीन कविता के दूसरे आलोचक प्रभात त्रिपाठी आज की कविता को परम्परा से अलग नहीं मानते हैं। शर्त भी रखते हैं कविता के पारखियों के लिए **रूपाकारों की बहुलता**, यानि आज कविता के जितने रूप आकार ले रहे हैं जीवन्त हो रहे हैं, आज की कविता को उनके बीच देखना होगा। तब परम्परा और आज की कविता के ठोस सम्बन्ध का पता चलेगा। उसी परिचर्चा में यह स्वीकारते हैं कि समकालीन कविता में **भावना की गहराई और अन्तर्निहित करुणा** कमतर है निराला और मुक्तिबोध की तुलना में। आज की कविता से जो शिकायत केदार जी को है, वही प्रभात त्रिपाठी की भी है। दुविधा है कविता के समकालीन आलोचकों की। वे खुद अपने भीतर आत्मालोचन से गुजरने को तैयार नहीं हैं। केदार नये दौर के कवि नहीं हैं। पचास के दशक से कविता लिख रहे हैं। उन्होंने प्रयोगवाद का दौर देखा है, वे सप्तक के कवियों में एक महत्त्वपूर्ण हस्ताक्षर रहे हैं। आठवें और नौवें दशक के कुछेक कवियों में परम्परा का बोध है लेकिन इनकार ज़्यादा है, कहें इससे ज़्यादा आक्रोश है। **देवी प्रसाद मिश्र** की कविता (गठबन्धन) भी 2000 के समय की है। इस कविता को उनके पहले की कविता (राष्ट्र निर्माण की राजनीति) से मिलाकर देखने पर अपनी परम्परा के हासिलात को लेकर कवि के आक्रोश का पता चलता है। कवि के अनुसार पचासवें साल का गणतन्त्र रिपोर्ट और आँकड़े के सिवा कुछ नहीं है। इसका कारण उनकी दूसरी कविता (गठबन्धन) में आया है। जो आज़ादी मिली है, उसमें नौकरशाह, मिल मालिक, कार्पोरेट, उद्योगपति और राजनीतिज्ञों का गठजोड़ है जिसका कुल निचोड़ है, **अन्ततः सारी मुश्किलें जनता के साथ/जनता के सम्बन्ध में आती थीं**। आज़ादी मिलने के बाद भी गठजोड़ बना रहा और इसके लिए आम जनता को जिम्मेवार समझा गया। नब्बे दशक के बाद से अविश्वसनीयता ज़रूर आयी थी राजनैतिक दलों को लेकर, समाचार माध्यमों को लेकर, कभी-कभी खुद को लेकर भी। नयी सदी में पूर्व की खामोशी टूटती ज़रूर है। एक दौर में अपनी परम्पराओं को परखने की आदत बीती सदी में कमज़ोर पड़ी है। इसका एक कारण अपने समय की दिनचर्या

को अन्तिम मान लेना है यानि केवल वर्तमान के साथ चलने की नयी आदत। इस कारण आत्मप्रशंसा से लबरेज कवि अपनी परम्परा की ओर मुड़कर क्यों देखें? लाख मीडिया की साख हिल गयी हो लेकिन एक मानी में उसकी जीत हुई है, वह अपने समय के लेखकों को समय से काटकर अपने पन्नों और अपने पर्दे पर चिपकाने में कामयाब हुआ है। देवी प्रसाद मिश्र अपनी कविता में एक नये गठजोड़ का खुलासा करते हैं नौकरशाही, कार्पोरेट, उद्योगपति और राजनीतिज्ञों का गठजोड़। परम्परा से कट जाने का परिणाम महज समाज के अन्तर्विरोध को लाने में ही कविता-कहानी का लक्ष्य समझा गया है। बीती सदी में नायकत्व खलनायकत्व से विस्थापित हुआ है। दूसरा कारण है मनुष्य का तकनीक के लिए गुलाम होना। पहले के वैज्ञानिक और तकनीकी विकास में गुलामी की मानसिकता कई कारणों से शिथिल पड़ती थी।

घर में अत्याधुनिक उपकरण हैं लेकिन भगवान गणेश भी हैं। धार्मिक रूढ़िवाद ज़रूर है यहाँ, जो अब तकनीकी विकास में मददगार हो रहे हैं। अब तरह-तरह के वैज्ञानिक यन्त्रों में भगवान गणेश फिट हो रहे हैं या किये जा रहे हैं। न्यूनतम पारिवारिक मूल्य हर उत्सव में अपनी साझेदारी निभाने से पीछे नहीं रहा था। अब उत्सव भी तकनीक का गुलाम हो चला है। हाथों से रची जा रही कल्पना तकनीकी उपकरणों में कैद हो चुकी है। फेसबुक लेखक बनने का शौक पूरा कर दे रहा है। इसलिए नयी सदी की पीढ़ी के सामने दुविधा की स्थिति बनी हुई है। आगे उसे तकनीक की गुलामी दिखती है और पीछे अपनी ही परम्परा का भंजक रूप। उसे पेड़ की छाँव की तलाश है और पेड़ कट रहे हैं। उसे न्याय की चाहत है और जो किसी और को मिल जाता है। उसे न्यूनतम मूल्यों की तलाश है, कहीं ठहराव मिले उसकी ज़िन्दगी को। वे पूर्वसंचित सारे मूल्य एकबारगी में ढह चुके होते हैं। आठवें दशक से नयी सदी के आने तक छोटी यात्रा में बदलाव का कुछ निचोड़ शम्भु बादल की इस कविता में आया है, **पलटू बाबू की बात करते हो;/लोअर कोर्ट ने फाँसी की सजा दी/हाईकोर्ट में बरकरार/सुप्रीम कोर्ट ने बेल दिया** फिर आगे कवि कहता है **ये राज्यवादी हैं/बड़े लीडर हैं।** कविता में निहित संवाद गद्य-शैली में प्रकट हुआ है। पूरी कविता में 'लोकतन्त्र' कहीं नहीं आया है। आये हैं तो केवल पलटू बाबू। पलटू बाबू राज्य में आस्था रखते हैं। वे गहरे हिन्दुत्ववादी हैं, पटने-पटाने वाले पलटू बाबू ही लोकतन्त्र हैं। न कहीं लोकतन्त्र की स्तुति है और न कहीं उपहास। सधे नाटक के सूत्रधार के रूप में पलटू बाबू ही लोकतन्त्र के प्रतीक बने हुए हैं। उनसे लोकतन्त्र आबाद होता है, परवान चढ़ता है। लोकतन्त्र के भीतर पलटू बाबू कुछ यों बैठे हैं कि उनका चेहरा न दिखे, लोकतन्त्र दिखे बदले में। बाकी विधायिका, न्यायपालिका, कार्यपालिका सब उनकी मुट्ठी में। कविता नयी सदी के उत्तरार्द्ध (2009) की है। इस कविता में निहित व्यंग्य पूर्व की खामोशी को तोड़ता है। शायद संकेत नये विश्वास की ओर हो। दुविधा के बीच सुषुप्त बीज अंकुरित होने को हैं।

लोकतन्त्र केवल 'दिख' क्यों रहा है? निश्चय ही पिछले पचास वर्षों की होड़ में लोकतान्त्रिक शक्तियाँ पराजित हुई हैं। विकसित देशों की राजनीति कामयाब हुई है। उनका अर्थतन्त्र मज़बूत हुआ है। 'न्यूनतम सरकार अधिकतम शासन' की लहर तेज़ हुई है। 1776 ई.(आदम स्मिथ) की यह चर्चा तीन सौ वर्षों बाद अपना रंग जमा चुकी है। लोकतन्त्र के 'दिखने' को ही अच्छा समझा गया है। प्रश्न है, ऐसा हुआ क्यों? साठ के दशक से चल रही वैचारिक लड़ाई में जीत विकसित देशों की हुई। वाम टुकड़ों में बँटा। ठोस और लोकोन्मुखी वैचारिक ज़मीन होने के बावजूद ऐसा क्यों हुआ? विचारहीन विजयी हुए और उर्वशील विचारधारा पराजित हुई। इसकी पूर्व-भूमिका या कहें, बीज रूप साठ के दशक में अंकुरित होने लगा था।

कहीं-कहीं कविता स्थिति-वर्णन के बीच से अनकहे अंकुरण का संकेत देती है। कवयित्री **आकांक्षा पारे** (एक टुकड़ा आसमान/2010) के संकलन की एक कविता है **घर**। सड़क के किनारे रंगीन रोशनियों के बीच कहीं कोई कोना है जिसे आज की व्यवस्था देखकर भी अनजान बनी रहती है। निरंतर वर्तमान में जीने और वर्तमान में ही सोचने की नसीहत दी जाती रही है। सड़क के किनारे भी एक 'वर्तमान' है **कल की फ़िक्र किये बिना/वे जीते हैं आज/कभी अतिक्रमण/कभी सौन्दर्यीकरण/कभी बिना कारण/उजाड़ दिये जाते हैं वे**। अब इस वर्तमान को आकांक्षा एक जीवन्त शब्द-चित्र लिए उकेरती हैं। इस छोटे वर्णन में दृश्य इकहरा है। अप्रत्यक्षतः पाठक रोशनी से नहाए उस शहर का अनुमान करता रहा है। कविता उस ब्यौरे के चित्र को न देकर एक तरह से पाठक को खुला छोड़ देती है। जैसा सोचे पाठक। एक दूसरी स्थिति के चित्रण का स्पष्ट संकेत है रोशनी में नहायी सड़क की दूसरी तरफ भी पाठक देखें। न केवल देखे, उसे महसूस करें। संकेत का एक पक्ष जो शम्भु बादल में आया है, उसके ठीक प्रतिकूल दूसरा पक्ष आकांक्षा पारे की इस छोटी कविता में है। बादल अभिधा में कुछ कह रहे हैं। सीधे में कुछ मारक और नीम-सा स्वाद है बादल की अभिधा में। आकांक्षा रेखांकन में अपनी बात कह रही हैं। दो-चार रेखाओं के बीच तंग जगह लेकिन कसा व्यंग्य।

ख़ामोशी से संवाद या अतिक्रमण

एक वाकया पहले हुआ और दूसरा अब हो रहा है। आज़ादी मिली थी, तब सन्नाटा दिखा अब उसके मिलने के सालों-साल गुजर गये, अब भी सन्नाटा है और उसे भेदने की कोई शक्ति दिख भी नहीं रही है। विस्फोट की बात और। सन्नाटा क्यों? यह सवाल ज़्यादा कुरेदता है मन को। नवें दशक के बाद एक पूर्वाभास छायावादी संस्कार का हो रहा था। आश्चर्य नहीं कि नयी सदी की प्रकृतिपरक कविताओं में कोई उसकी छवि देख ले। यह बात सिद्ध प्राय हो चुकी है कि प्रयोगवादियों और नयी कविता के चहेतों में बीज के बतौर छायावाद के ही संस्कार थे। आज अगर किसी को उसी के पल्लवन-पुष्पन का इन्तज़ार हो तो क्या आश्चर्य! राजनीति में अलग-अलग दरीचों से विरोध की आवाज़ बुलन्द होती रही है। एक युवा आलोचक **भरत प्रसाद** समकालीन कविता में मुद्दों की विविधता देखते हैं, लेकिन ये मुद्दे संवेदित नहीं कर पाते हैं (वसुधा/2007)। बातचीत समकालीन कविता के प्रतिनिधि कवि **नरेश सक्सेना** से हो रही थी जो अभी के दौर को शहरी कविता का युग मानते हैं। अपनी कविता **दिखाना** की व्याख्या करते हुए नरेश आज के आदमी की पीड़ा को बिल्कुल निजी मानते हैं। निजपन इतना ज़्यादा कि खुद के लिए और खुद को ही सजने-सँवरने की चिन्ता से मुक्त नहीं हो सका है आज का आदमी। नयी कविता में आयी निजता और निपट अनुभव की बनी साख अब भी मौजूद है। इसलिए नरेश के यहाँ चाँद और चाँदनी ज़्यादा हिंसक हैं। चाँदनी मछलियों को तड़पते देखना चाहती है। मछलियाँ बर्फ के नीचे दब जायें और दबी ही रहें, यह चाँदनी को प्रिय है। छायावादी संस्कार में चाँदनी इतनी निठुर और हिंसक हो ही नहीं सकती थी। एक बात ज़रूर है कि छायावाद के दौर के मानवीय मूल्यों की ओर ताक-झाँक ज़रूर हो रही है। नयी सदी पूर्व की पेचीदगी से उबर ज़रूर रही है। अब लोग विरोध की राजनीति की चालाकी भी समझने लगे हैं। अलग-अलग हलकों से आ रही एक ही आवाज़ भी बेअसर ही समझी जायेगी। आज़ादी मिलने के बाद के लम्बे समय में आदमी इतना लाचार कभी नहीं रहा जहाँ उसे कोई विकल्प ही नहीं सूझ रहा है।

इस विकट घड़ी में शायद महत्त्व केवल निजता का रह गया हो। कौन अपनी

निजता कितनी बचा पाता है? इस बावत लेन-देन की समझदारी बढ़ी है। रिश्तों में इसका अनुपात बढ़ा है। नयी सदी में, कह लें कि इस सदी की कविता में इस निजता के खतरे का अहसास है। इसके साथ अनुभव की निर्वैयक्तिकता को भी चुनौती मिलने लगी है। तब भी आत्मकथाएँ ज़्यादा विश्वसनीय लगने लगी हैं। क्या समझा जाये, अनुभूति की सार्वभौमिकता की जगह उसकी निपट और ईमानदार अभिव्यक्ति की चाहत। युवा कवयित्री **ज्योति चावला** की कविता (समझदारों की दुनिया में माँएँ मूर्ख होती हैं/परिचय/बनारस/2012) कथात्मक दिनचर्या लिए निजता में छुपे निर्वैयक्ति स्वभाव का अनुभव कराती है। 'माँ' की निजता में बहन है, भाई है, बेटा-बेटी समेत, पराये-अपराये सभी हैं। वह कुछ देते समय आगे-पीछे नहीं देखती है, **कभी शॉल, कभी साड़ी और कभी-कभी/रुपये पैसे तक/देते हुए भूल जाती है वह कि/कितने जतन से जुटाया था उसने यह सब/और पल भर में देकर हो गयी/फिर से खाली हाथ** वर्तमान में माँ मूर्ख समझी जा रही है, क्योंकि उसकी निजता में सारा संसार समाया हुआ है। बेटे-बेटियों की चाहत है कि उसके निजीपन में उनके अलावा दूसरा कोई न रहे। कोई माँ का प्यार बाँट नहीं सके। ग़ौर करें कि जिसे इलियट पूर्वाग्रह से मुक्त अनुभवों की निर्वैयक्तिकता कहते हैं, नयी पीढ़ी की कविता उसे झटका देकर हाशिए पर रखती है। झटके की 'चीख' शायद कोई सह नहीं सके। ज्योति चावला की इस कविता में अनुभव का एक संसार बिल्कुल ज़ाहिर है, दूसरा संसार नेपथ्य में है। यहाँ पूर्वाग्रह नहीं है, निपट निजता से टकराव है, निजता की चाहत लिए।

माध्यम की विश्वसनीयता के सन्दिग्ध हो जाने के समय से नये दशक की कविता आकार लेती है। यह दूसरी घटना जो हुई है, यह मन को ज़्यादा दुविधा में डालती है। अब क्या होगा, इस चिन्ता से हम घिरते चले जा रहे हैं। विकल्प के रास्ते बन्द हैं या कहें बन्द हो चुके हैं। तब भी ऐसे समय में दुनिया के सबसे बड़े लोकतन्त्र का आश्वासन भी मिल रहा है। घटनाएँ तेज़ी से घट रही हैं। वह आईने में पलभर के लिए ठहरती नहीं हैं। असंगतियाँ बेहिसाब बढ़ रही हैं। दुनिया क्रूरतम ऊँचाई को छू रही है और कविता संवादी समय को तलाश रही है। आखिर किससे संवाद करें? कैसे संवाद करें? संवादहीनता की स्थिति न भी हो, तो सन्नाटे का माहौल विगत दशक की मुख्य धारा में रहा है। बहस हो सकती है इस पर। शायद कोई यह कहे कि दुनाली का मुँह आसमान की ओर है, सत्ता बदलने की बात है। मन बहल जाये इससे, बड़ी बात होगी यह।

विकल्प न मिले तो आखिर होगा क्या? कविता कभी चाँदनी को याद करती है। पछिया, पुरवैया, मलयानिल जैसे शब्द समकालीनता में खपे नहीं हैं। कविता में एक आवाज़ है पीछे देखने की, उसे समझने की, पूर्व संचित से किसी ऐसे रेशे को ले लेने की जो कहीं से ठोस विकल्प साबित हो सके।

श्रीप्रकाश शुक्ल के कविता संकलन के फ्लेप पर कवि **केदारनाथ सिंह** के बोल हैं कि यह दूसरा काव्य संकलन 'बोली बात' पहले संकलन (जहाँ सब शहर नहीं होता) 'के नाम से ध्वनित होने वाली भाव-भूमि और दृष्टि-भंगिमा का ही अगला सोपान है।' जो दृष्टि है वह उनकी एक साथ की चार-पाँच कविताओं से समझा जा सकता है। उनके यहाँ उनकी धरती के बिला जाने का दर्द है जिसे केवल एक कविता से नहीं समझा जा सकता है **पूँछ पूँछ, मखरौरी, परती ज़मीन, अपना गाँव,** इन कविताओं में एक कॉमन सच आकार ले रहा है अपनी ही ज़मीन से खुद के बेदखल होने का। एक कविता है 'परती ज़मीन' जो शुरू होती है एक खास अनुभव से जो विशिष्ट भी है और सर्वमान्य भी। हर की इच्छा एक ज़मीन खरीदने की होती है। बेची गयी, खरीदी गयी, सपाट हुई, बिल्कुल खल्वट हुई लेकिन कुदरत की बेअदबी देखिए जिसे मनुष्य बेअदबी कहेगा, **पर पता नहीं कब उग आया एक कनैल का पेड़/धतूरे का फूल/नीम की टहनी**। धतूरा उगेगा, कनैल फूलेगा। धरती को चाहे जितना सपाट बना दो। कथाकार पंकज बिष्ट की पत्रिका **समयान्तर** के सम्पादकीय का शीर्षक ही है, **दैवी आपदा का दानवीय सच**। सन्दर्भ उत्तराखण्ड की त्रासदी का है। इसके ब्यौरे में न जा कर केवल इतना ही कहना है कि मनुष्य की दैविक सोच में दानवीय सच छुपा हुआ है। पहले मनुष्य इतना खोटा कभी नहीं था। यों कहें कि उसके छोटेपन में भी कोई दैविक सोच थी। आज की कविता में असली कवि को पहचान पाना थोड़ा मुश्किल है। उसके वेश इतने बदल गये हैं कि जहाँ वह खुद को इलाहाबाद की धरती पर अपने सामने की अट्टालिका पर प्रहार करने का दावा करता है, खुद को उसका नायक बताता है, वहीं उसके तन्त्र से धतूरे से उलट मीठी गन्ध आती है जो चीनी-लपेटी (सुगर कोटेड) है, अवसाद से भरी। चर्चित कवि मदन कश्यप एक कविता (आदिवासी) में कहते हैं **और हमारी बेचैन आकांक्षाओं के साथ-साथ हमारा/आयतन भी बढ़ रहा है/तुम तो कुछ घटो रास्ते से हटो**। कविता **आदिवासी** शीर्षक से **अभिधा** (मुजफ्फरपुर) में छपी है। घटने की बात आदिवासियों की हो रही है। असल बात उस खोटे मनुष्य की है जिसका डिमांड है हटने का। विज्ञान की भाषा में आयतन वस्तु के जगह छेकने को कहते हैं यानि जो वस्तु जितनी जगह छेकती है, वही आयतन है। मनुष्य कह रहा है, आज का मनुष्य कह रहा है, हटो, जगह हमारी है। पहले जगह किसी की नहीं थी, सबै भूमि गोपाल की लेकिन अब वही मनुष्य एक बित्ता के आयतन को बढ़ाकर एक हाथ की माँग कर रहा है। **मदन कश्यप** की कविता आदिवासी समुदाय की घटती आबादी को लेकर है। कविता में वर्तमान समाज के अन्तर्विरोध का एक ही पक्ष आया है। एक अन्तर्विरोध आदिवासी समाज के भीतर का है जहाँ उसकी अभिजात ताकत उन्हीं शक्तियों से हाथ मिला रही है जिसे मनुष्य के 'खोटा' होने में गर्व है। **मदन**

कश्यप की इस कविता में विचार के दफ़न होने की बात आयी है **तुम्हारी भाषा अब गन्दी हो गयी है/उसमें विचार आ गये हैं/तुम्हारी संस्कृति पथभ्रष्ट हो गयी है/उसमें हथियार आ गये हैं**। विचार के ख़िलाफ़ बह रहे मौसम में विमर्श क्यों हो रहे हैं, स्त्री विमर्श, दलित विमर्श। ये विमर्शकार कहीं बड़ी शक्तियों से भी हाथ मिला रहे हैं। **मदन कश्यप** का इशारा उस ओर भी है ऐसा मानने में थोड़ा संकोच हो रहा है। कविता किसी तरह की आदिवासियत से मुक्त है, फिर भी, उस समाज के अन्दरूनी अन्तर्विरोध को नहीं देख पाती है। बात उस खोटे मनुष्य की हो रही थी जिसे मदन की भाषा संक्षिप्त बिम्बों में समेटती है। कभी-कभी ये बिम्ब प्रतीक भी लगते हैं और 'आयतन' शब्द के भीतर कमज़ोर कलेजे का एक चालाक मनुष्य बैठा है जो हथियार से डरता है और होमियोपैथ की मीठी गोली खिलाकर कुनैन का काम कर जाता है। विचार के अन्त हो जाने की घोषणावाले इस युग में खोटे मनुष्य के भीतर एक चालाक गीदड़ भी बैठा है। अभिधा (मुजफ्फरपुर/अक्तूबर, 2013) में ही **बल्ली सिंह चीमा** की कई ग़जलें छपी हैं, **गुहार है अपना पक्ष तय करने की, तय करो किस ओर हो तुम तय करो किस ओर हो।/आदमी के पक्ष में हो या आदमखोर हो**। गज़ल **तय करो किस ओर हो** शीर्षक से छपी है। इस ग़ज़ल में विराम-चिह्नों का प्रयोग लगभग नहीं हुआ है। लगता है जैसे एक सुर में ग़जल कही गयी हो। खास बात है पक्षधरता की। चीमा विगत दशक के महत्त्वपूर्ण हस्ताक्षर हैं। पक्षधरता की आवाज़ विगत के दरवाज़े से आ रही है। पहले कविता में मनुष्य जितनी बड़ी-बड़ी बातें करता था, अब वही मनुष्य बिल्कुल ठिंगना हो चला है, थोड़ा चालाक भी। पक्षधरता की बुलन्द आवाज़ में एक सच यह निहित है, ठिंगने और चालाक हो रहे मनुष्य को पहचानने का सच।

विगत दशकों की हिन्दी कविता में मनुष्य के दिनोंदिन छोटे होते चले जाने की जितनी भी चर्चा हुई हो, उस मनुष्य को सामाजिक बनाने की ओर हस्तक्षेप नये दशक की कविता में ही ध्वनित होता है। नये दशक के आदमी की कठिनाई सही दिशा के चुनाव की है। विगत दशकों में यह सम्भावना थी। कोई सीमा रही उनकी कि वे उसका अतिक्रमण नहीं कर सके। यों एक सीधा समीकरण विगत दशकों के महत्त्वपूर्ण कवि **वरवर राव** देते हैं (कारपोरेट लूट के दौर में हाशिया/समयान्तर/फरवरी 2012)। सामन्तवाद के विरुद्ध संघर्ष, फिर उपनिवेशवाद, फिर मार्केट, फिर अलगावबोध एक सीधा, बिल्कुल सरल शब्दावली, फिर भी, कुछ कठिन। इसलिए आगे **वरवर** लिखते हैं बाहरी शत्रु दिखता नहीं। काश, यही चार शब्द लेख के बिल्कुल शुरू में होते तो देशी उद्योग के विदेशी साझे की बात खुलकर सामने आती। आज जिसे साम्राज्यवाद से अलंकृत करते हैं, वह राष्ट्रीय पूँजीपति के चरित्र को हजम कर खड़ा हुआ है। बड़े औद्योगिक घराने हारवर्ड के बिजनेस स्कूल में दान देते हैं।

चैरिटेबुल होने का सुख कमाते हैं। एक नाम है जिन्दल स्कूल ऑफ गवर्नमेंट एण्ड पब्लिक पॉलिसी, यहाँ पब्लिक और प्राइवेट का पार्टनरशिप नेहरू जी की मिश्रित अर्थव्यवस्था वाला नहीं है। अब जोर इस पर है कि विकासशील देश अपनी पूँजी, अपने श्रम को निर्यात करें, एवज में जो उन्हें मिलेगा, वह सबके सामने है। नये दशक की कविता में यह सच केवल उजागर ही नहीं हुआ है, बल्कि इसे निरस्त करने की बूँदा-बाँदी भी है। उसकी खनक बहुत सर्वव्यापी नहीं है, लेकिन कुछ है। यह अन्तर्राष्ट्रीय पूँजीपति वर्ग एक परिस्थिति में पूँजी के राष्ट्रीय चरित्र को डपोर लेता है। **ब्ला.ई. लेनिन** का एक छोटा-सा लेख 1921 का है (रूस में वर्ग शक्तियों का सन्तुलन)। लेख का निष्कर्ष है कि रूस के पूँजीपतियों ने विदेशों में अपना वर्ग संगठन बरकरार रखा है जहाँ पूँजीवादी तथा समाजवादी (निम्न पूँजीवादी) पार्टियों के अपने अखबार हैं और अन्तर्राष्ट्रीय पूँजीपति वर्ग के साथ उनके अनेक सम्बन्ध हैं। लेनिन की यह टिप्पणी ऐसे समय में आयी जब दुनिया की दूसरी ताकतें सोवियत संघ की सत्ता को नष्ट करने में लगी थीं।

सुल्तान अहमद विगत दशकों के ऐसे हस्ताक्षर हैं जिनके यहाँ दुनिया की होड़ का खुला चित्र मिलता है। उनके पहले संकलन **उठी हुई बाँहों का समुद्र** (1989) है। संकलन की एक कविता (आदमी और प्रेत) आगे की राजनैतिक अवसाद को प्रकट करती है। 1991 का वर्ष प्रगति की दुनिया में मुनाफ़ा बढ़ाने का शुरुआती बिन्दु रहा है। सुल्तान अहमद की कविता भी शुरू होती है उस आदमी से जो जमीन को फोड़ कर खनिज लूटने में लगा है। कविता का दर्द है, **वे सारे खनिज का अधिकांश/बारूद में बदल देते हैं/सारी फसल का अधिकांश/बेरहमी से कुचल देते हैं/क्योंकि वे प्रेत हैं**। इस कविता में 'होड़' का दर्शन आत्मवाद की नियति तक ले जाता है। एक प्रेत दूसरे प्रेत से आगे बढ़ने की चाहत में बारूद के सर्वोच्च शिखर पर बैठ जाता है और फिर दूसरे को शान्ति का पाठ पढ़ाता है। बारूद का शिखर फसलों की कुर्बानी से तैयार हुआ है जहाँ एक सत्ता खूब हँस रही है और बाकी सारे गुलाम भी हँस रहे हैं। सुल्तान उन प्रेतों की दिख रही कोशिश में छुपी साजिश की बोली पहचानते हैं। **विज्ञापन की भाषा में/ गड्डमड्ड हो गयी है/आम फहम की भाषाएँ**। कविता केवल उस स्थिति को दर्शा रही है जो प्रेतों से पैदा हुई हैं और आदमी बिल्कुल मौन उन स्थितियों को देख रहा है। इस कविता के आर-पार देखने पर यह ज़रूर अनुभव होता है कि नयी कविता के दौर से लेकर आठवें दशक तक में आदमी इतना मौन कभी नहीं हुआ था। एक जगह सुल्तान लिखते हैं, **प्रेतों की इस लड़ाई में/प्रेत कभी मरेंगे नहीं**। खुली घोषणा है कविता की, आदमी उन्हें भस्म नहीं करेगा। इसके आगे प्रेतों की साजिश का खुलासा है। यह कविता अंधकार की कविता नहीं है। साठ और सत्तर के दशक में हथियारों की होड़ के साथ विचारों की स्वतन्त्रता की डुगडुगी खूब पिटी थी। तब की युवा पीढ़ी में 'फ्री थिंकिंग' का

अजीब जोश था। आगे के दौर में समकालीनता के आगे एक स्थिति ज़रूर आयी विकल्प के ध्वस्त हो जाने की स्थिति। बारूद का धुआँ इतना फैला कि दुनिया कहने लगी जो है उसे स्वीकार करो। बाकी आगे की सोचो नहीं, समझ लो, यही सच है। ऐसी शान्ति कहाँ मिलेगी? बारूद से पैदा होने वाली शान्ति। सुकून उसी के पास है जिसके पास कई टनों का बम हो। फसल के लिए दुनिया के आगे हाथ पसरे हुए हों। इसलिए मनुष्य जो खोटा हुआ है, ठिंगना दिख रहा है।

जो बात पहले कही गयी है, पूर्व की ओर देखनेवाली बात, उसका कारण मनुष्य की इतनी बड़ी दुनिया के साथ एकाकार होने की लालसा है। अब एक ऐसा मनुष्य आया है, जिसके घर बिना काम के कोई नहीं आता है जिसके घर पेड़-पौधों की मुस्कान नहीं दिखती है और जो खुद में बेसाख्ता उलझा हुआ और अपने ही अहं में डूबा हुआ है। कहीं और किसी दिशा में उसे कोई रोशनी दिख जाती है, वह झटके से दौड़ पड़ता है। कोई साथ हो उसका, कोई सहारा हो उसका। हाल ही में छपी **गोविन्द माथुर** की कविता (कौवे/वागर्थ/2013) का दर्द यही है। तीन किस्तों में छपी यह कविता शहर के बढ़ते हाथ-पाँव के आगे निष्प्राण हो चुके कौवों की पीड़ा को उसकी औकात बता रही है, **इन दिनों शहर में/कहीं बहुत दूर/निकल गये हैं कौवे/अब किसी घर की/मुण्डेर पर नहीं सुनाई देती/काँव...काँव...।** कहीं बहुत दूर से निहित व्यंग्य शहरीकरण के सामने एक सवाल खड़ा किये है। **गोविन्द माथुर** की इस कविता की पहली किस्त की दस्तक है कौवे की अनुपयोगिता, **पिया का संदेशा लाने पर/कौवे को लालच देती थीं/सोने की चोंच मढ़ाने का।** कौवे की चोंच सोने की हो, काँव-काँव में सोना पा लिया का आह्लाद ही प्रकट होता हो। बाज़ार में सोना चढ़ता-उतरता है और कौवे की चोंच का सोनापा हो जाने पर उसकी खुशी का ठिकाना न रहे। कविता की दूसरी किस्त में कौवे के गुणों की चर्चा है, **कौवे की चतुराई से/चकित थे बच्चे।** फिर आगे उसकी चतुराई का दृष्टान्त है, **किस तरह बर्तन के/पेंदे में पड़े पानी को/कंकड़ डालकर/सतह पर ले आया था/प्यासा कौआ।** इसमें गुण से ज़्यादा कौवे की कोशिश है। उसकी कोशिश में श्रम का पहला पाठ छुपा है। अभी की दुनिया में श्रम की उपयोगिता घटी है। कौवा उस पाठ की याद दिला रहा है। आदमी जिसे कब का भूल चुका है। इसलिए कविता की तीसरी किस्त में फिर चोखा व्यंग्य है, **पके हुए चावल एक दौने में/कलश के मुँह पर रखकर/हम प्रतीक्षा कर रहे थे/कौवे के आने की।** दृश्य श्मशान का है। हिन्दू रीति के अनुसार कौवे को खुद का बना हुआ चावल खिलाया जाता है। मनुष्य की नज़र में पहले कभी कौवा महत्त्वपूर्ण था। आज के शहर ने इस विश्वास का भी अपहरण कर लिया है। अब कौवे कभी-कभी आते हैं। पहले की तरह न उसकी वह हिम्मत दिखती है, न उसकी कोशिश झलकती है। वह आदमी की तरह ही छोटा हो चुका है। अस्तित्वविहीन हो चुका है। आदमी की औकात जब कुछ नहीं रह गयी थी, तब कौवा उसे श्रम का

पाठ दे रहा था। अब तो कौवे की औकात ही नहीं रह गयी है। आदमी इसलिए ठिंगना दिख रहा है, उसके आस-पास हरा-पीला उससे रूठ चुका है। रहे आदमी अपने मोबाइल को ही साथी समझकर।

गोविन्द माथुर की कविता में एक गठा हुआ कथानक है। कविता में कवि नहीं है। कविता में मनुष्य की क्रूरता बड़ी सघनता से प्रकट हुई है। कविता के भीतर आया दृश्य कहीं भी हिंसक हो रहे मनुष्य को विषय नहीं बनाता है। कविता केवल कौवे को लेकर चिन्तित है। उस चिन्ता के हाशिए पर धोखे से ही सही, मनुष्य आ गया है। कविता उसे उसकी हैसियत बता रही है। बढ़ते शहर ने उसे इस लायक भी नहीं छोड़ा है कि कौवे उसकी मुण्डेर पर आयें, उससे संवाद करें। देखिए, अन्तर कितना बड़ा है, शहर आदमी को नया पाठ दे रहा है, ऐसी दुनिया का पाठ जिसमें श्रम की कोई कीमत नहीं है। जो पाठ कौवे ने दिया था, उससे बिल्कुल अलग पाठ। बेकहा कौवा पाठ देता रहा था। अब जब मुण्डेर पर ही कौवा नहीं आता है, तो पाठ कौन देगा? शहर को नया पाठ चाहिए, सो उसने खोज लिया है। कौवे से रोशनी आती थी। कौवे से दूर-दूर का संदेशा आता था। कौवा था कि चंचलता थी। हवा में खनक थी। पहले जहाँ कविता में अनगिनत शोर थे फिर शोर के पीछे छुपी खामोशी कविता में सार्वजनिक हो रही थी। वजह थी, माध्यमों की साजिश के कारण या अन्य कारण से उनके भरोसे का टूटना। पहले 'कौवे' पर भरोसा था, वह संवाद लायेगा, ले जायेगा। अब उसका आना दुर्लभ हो गया है। अब बचा कौन जो हमारे संवाद को ले जाये, ले आये। **गोविन्द माथुर** के यहाँ एक मनुष्य छुपा है, केवल अपने लिए सोचने वाला मनुष्य। कौवे से संवाद करने वाली उसकी उत्सुकता बिल्कुल सेकेण्डरी है। अगर ऐसा कौवा मिल जाये जो केवल संवाद लाने-ले जाने का काम करे। किसी से कुछ बोले-बतिआए नहीं, मनुष्य को इससे कोई एतराज नहीं होगा। वह बखूबी उस कौवे को दाना देगा अपने अधिकार में उसे कर लेगा।

यों ही नहीं **अमरजीत राम** के यहाँ कौवा मोक्ष के भारतीय दर्शन के पर उड़ा रहा है **चोटिल पंख उड़े कहँ कागा/छूटा गगन चले अब भागा/मोक्ष चाह की है अभिलाषा** (व्यथा कौवे की/परिचय/वाराणसी 2013)। कौवा इस संसार को समझ गया है। कौवे की भाषा में संसार का अर्थ है—लेने की कला का पारखी। उसका विश्वास देने में नहीं है। कौवे ने दिया काफी-कुछ है, लेने की बारी आयी तो संसार कर गया चतुराई। इसलिए कौवे का मोक्ष स्वभाववश नहीं है। भारतीय दर्शन के खेल को भी समझ रहा है। मोक्ष को लेकर उसकी अनुभूति मदारी के खेल जैसी है जो आवाज़ का जादू दिखाकर पैसा वसूल कर लेता है। कौवा जोर देकर कहता है **बच्चों के हाथों की रोटी/अब तो सपना ही हो जाई**। इस कविता में लय परम्परागत छन्द का अतिक्रमण भी करती है। वर्णिक छन्द भी है और मात्रिक छन्द भी, मिलावट और

अच्छी मिलावट है। इस 'लय' में विलासी मिजाज नहीं है। 'लय' मनुष्य के जीवन की संगी है। हर चीज़ के भीतर एक लय होती है। पानी की लय है, बाढ़ की लय है। प्रसिद्ध संगीतकार कोरलेंको के उपन्यास 'अंधासंगीतज्ञ' रूसी भाषा का चर्चित उपन्यास रहा है। उपन्यास का नायक जन्मान्ध है। उसका मामा उसे प्रशिक्षित करता है। नदी, पहाड़ों पर ले जाकर झरना और लहर की लय का फर्क बताता है। जीवन में यह लय यों ही नहीं आयी है। संघर्ष से आयी है। एक डिब्बे में चने की दाल हो, दूसरे में मूँग और तीसरे में राहर। डिब्बे को हिलाने पर तीनों की अलग-अलग ध्वनियाँ फूटेंगी। जहाँ जीवन-संघर्षों से निकलने वाली लय कविता की संगिनि बने, वहाँ कविता नया अर्थ देती है। इस छोटी कविता में कौवा मज़बूत विपक्ष है। यह पहल गोविन्द जी के कौवे से आगे की है। दोनों कविताओं का समन्वय यह संदेश भी कहीं दे रहा है कि विपक्ष धीरे-धीरे अपने 'पर' फैला रहा है। गोविन्द और अमरजीत जैसे कवि छायावाद के अतिक्रमण की कविता लिख रहे हैं। छायावाद में विरोध का स्वर खुद को साकार करने के बतौर उभरा था। यहाँ सार्वजनिकता से एकाकार होने का स्वर है। विपक्ष में खड़ा एक कौवा हज़ार की ताकत रखता है। यह हज़ार अपनी मुट्ठी खोलेगा, हवा का रुख़ बदल जायेगा। इसलिए कौवा मोक्ष के पथ पर जाने का तर्क देता है। जहाँ नीम, बबूल, पीपल न हों, केवल बिजली के खंभें हों, वहाँ रहना क्या? कई धार्मिक ग्रन्थों में स्वर्ग की कल्पना हरे-भरे बाग के रूप में हुई है। संसार ने कौवे से वह बाग छीन लिया है, इसलिए मोक्ष है, एक मजबूरी है, संसार से मुक्ति पाने की।

श्रीप्रकाश शुक्ल और गोविन्द माथुर नब्बे के बाद के कवि हैं, ज्योति चावला नयी सदी के पहले दशक की कवयित्री हैं ओर अमरजीत राम नयी सदी के दूसरे दशक के। दशकों का अन्तर दो कारणों से महत्त्वपूर्ण हो गया है। एक कारण है कि नब्बे के बाद की कविताओं को खामोशी (राजेश जोशी/एक कवि की दूसरी नोटबुक/2010) की संज्ञा भी मिली है। **राजेश जोशी** सत्तर से नब्बे के दशक के महत्त्वपूर्ण कवि हैं। सत्तर का दशक आन्दोलन का दौर था। नब्बे के बाद आयी खामोशी के पीछे हमारी दिनचर्या का अधिकाधिक व्यावसायिक होना एक बड़ा कारण था। राजेश मीडिया के प्रति बढ़ती अविश्वसनीयता को देख रहे हैं। विद्रोह के बाद बढ़ती हुई अविश्वसनीयता के उस दौर से आज तक की कविता से एक कॉमन प्रश्न उठता है, क्या छायावाद की पुनरावृत्ति सम्भव है? ग्रामीण संस्पर्श से जुड़ाव रखने वाले श्रीप्रकाश शुक्ल या दूसरे दशक के कवि अमरजीत राम आदि की रचनाओं से गुजरते हुए यह सवाल और महत्त्वपूर्ण हो जाता है। दूसरा कारण है कि पिछले तीन दशकों में भाषा में बड़ा बदलाव आया है। राजनीति के योद्धा वक्तव्य देने लगे हैं और जिनसे विरोध या प्रतिपक्ष का आभास होता है, अहसास नहीं। डर लगता है कि कहीं विपक्ष सत्ता से संवाद कर रहा हो और जनता खामोश बन बैठी

हो। अब जनता के अखबार का पहला पन्ना भी नसीहत देने लगा है, **लाइफ बॉय है जहाँ/तन्दुरुस्ती है वहाँ** या कुछ। ऐसे में और कहें ऐसे ही समय में सत्ता को भी कुछ 'लिक्खाड़' चाहिए और 'विपक्ष' को भी। इसलिए श्रीप्रकाश शुक्ल के दशक और बिल्कुल ताजा समय में भी 'आज की कविता' से अभिप्राय पहले की अपेक्षा अधिक प्रश्नवाचक हो गया है। कहें, कविता 'बोलती' है या 'कहती' है? सरल उत्तर होगा कि एकार्थी कविता बोलती है, जबकि वह एकार्थी होती नहीं है, बोलती ज़्यादा है, बड़बोलापन है वहाँ, बहुअर्थी कविता धीरे-धीरे अपना पट खोलती है, इसलिए वह कहती ज़्यादा है।

छायावाद के दौर की खास बात थी मूक से भी संवाद। 'जुही की कली' से पवन मलयानिल संवाद करे, उसकी छाया पिछले तीन दशकों की कविताओं में है। कवि केदारनाथ सिंह युवा आलोचक वेंकटेश से बातचीत (वाक/नयी दिल्ली/20) में प्रसाद के काव्य **आँसू** के दो बार लिखे जाने की सूचना देते हैं। पहली बार **आँसू** की पंक्तियाँ ज़्यादा खुली हुई थीं, ज़्यादा शृंगारिक थीं। दूसरी बार में उसकी पंक्तियाँ रहस्यवादी रहीं। वहाँ रहस्यवाद का रंग अधिक गहरा था। आधुनिक समय में रीतिकालीन पर्दा तो नहीं था, लेकिन स्थितियाँ इतनी परिपक्व भी नहीं हुई थीं कि कवि सीधे तौर पर अपनी प्रेमिका से बात कर सके। सुना जाता है कि किसी गाँव में थाना पुलिस के पहुँचने पर हड़कम्प मच जाता था। इतने बँधे समाज में आत्म-प्रसार की इच्छा स्वाभाविक थी। उसी साक्षात्कार में कवि **केदार** स्पष्ट करते हैं कि रीतिकाल के कई कवि प्रशंसा करते हुए भी अपने मन की बात कह देते थे। तारीफ में कविता बोलती है, वह ज़्यादा आत्म कथात्मक होती है। उससे थोड़ा निर्वैयक्तिक होने पर कविता कुछ कहने लगती है। 'कहने' और 'बोलने' का फर्क है 'बोलने' में झूठ छुपा है, 'कहने' में सच निहित है। नब्बे के दशक में भी खामोशी थी जो आज भी है। प्रश्न है आज की कविता उसे किस सीमा तक तोड़ती है और जहाँ तोड़ती है, वहाँ कविता एकार्थी नहीं होती बल्कि यों कहें कि वह आत्मकथात्मक नहीं होती। वहाँ आत्म-प्रसार निहित है और इस अर्थ में वह छायावाद के यथार्थ से मुकर नहीं सकती है। बार-बार भारत को दुनिया का सबसे बड़ा लोकतन्त्र कहा जा रहा है, लेकिन इसी लोकतन्त्र में आम-जन की हत्या भी हो रही है। इस यथार्थ से अलग होना रहस्यवादी होना ही होगा। परन्तु इस यथार्थ की अभिधात्मक अभिव्यक्ति भी कविता को निर्वैयक्तिकता और आत्म-प्रसार से ज़्यादा आत्मकथात्मकता की ओर ले जाती है। पूँजी की इस होड़ में कविता कहीं तो खड़ी होगी।

नयी सदी के दूसरे दशक में पुराने भी हैं और नये भी। इस अन्तर को समझने की ज़रूरत है। जो पुराने हैं, वे अपने समय के विद्रोह के साक्षी हैं यानि उनके

व्यक्तित्व में अपने ज़माने के विद्रोह के बीज थे। कह सकते हैं कि **श्रीप्रकाश शुक्ल** में ग्रामीण संस्पर्श हैं जो नये हैं, वे कटी डाली की तरह हैं, उनके सामने एक दुविधा है जिसे **वसन्त त्रिपाठी** के इन शब्दों (वाक/20) से समझा जा सकता है **तुम मनुष्यता से कई दर्जे नीचे गिरकर/मनुष्यता के बारे में बातें कर रहे हो** (नागरिक समाज), अपने किस्म की यह अनोखी मनुष्यता वसन्त की दूसरी कविता (व्यक्तित्व) में परिभाषित होती है, **व्यक्तित्व अब एक हीनतर कला मूल्य है/ बाज़ार में तभी बिकता है/जब विवादास्पद हो/या बाज़ार की माँग के अनुरूप संघर्षशील**। पहली कविता में प्रश्न है और दूसरी में वर्तमान की आहट। दूसरी कविता (व्यक्तित्व) सीधी रेखा में चलती हुई भी वक्रता लिए है। महत्त्व उसका है जो क्रिकेट में सैकड़ा बनाता है जो लॉनटेनिस में अपनी सर्विस के लिए मशहूर है और जो अपनी कहानी और कविता में खूबसूरत बिम्बों की रचना करता है। ये सभी ऊँचाई के लोग हैं बाकी व्यक्तित्वविहीन हैं, क्योंकि इनसे न बाज़ार बनता है और न बिगड़ता है। बाज़ार को भला-बुरा कहने वाले झण्डा लहरा रहे हैं, तब भी धरती बिल्कुल सपाट है। इतनी बड़ी त्रासदी ब्रिटिश ज़माने में नहीं रही। यह अलग प्रश्न है कि हाल की पीढ़ी इस त्रासद स्थिति की कितनी गहराई तक पहचान कर पा रही है।

जो पीड़ा **श्रीप्रकाश शुक्ल** के यहाँ है, धरती के बिला जाने की पीड़ा; उसके उलट पाठक अपने विगत को याद कर सकता है। कभी **केदारनाथ अग्रवाल** का संकलन 'धरती' नाम से आया था। वहाँ धरती के साथ का सुख था, यह धरती कितना देती है। अब धरती ही नहीं है। उसके नहीं होने की पीड़ा समकालीन कविता में यत्र-तत्र महसूस होती है। बिल्कुल नये-से-नये कवियों की शिकायत मौसम से है, अपने समय की आबो-हवा से है। वह केवल शिकायत करता है। उसको मौन हो रहे आदमी से शिकायत है। जैसे-जैसे आदमी ठिंगना होता जा रहा है, वह शिकायती भी होता जा रहा है। श्रम की घटती कीमत के इस दौर का लोकतन्त्र केवल चुप रहने की सीख दे रहा है। देखते जाओ, विकास दर कैसे बढ़ रही है? दुनिया का सबसे बड़ा लोकतन्त्र जिसको सौदागर कह लें, हमलावर कह दें, दुनिया को मानना ही पड़ेगा, क्योंकि सबसे बड़ा लोकतन्त्र कह रहा है। नहीं मानने पर वह जायेगा कहाँ? इस लोकतन्त्र में मनुष्य के आगे कोई विकल्प नहीं रह गया है। कोई खुलकर इसे कह देता है, तो कोई चोरी-छुपे कहता है। नये कवियों में वह ठिठकन है जो किसी विकल्प के नहीं होने के कारण है। उसे अफसोस है कि धरती पहले की तरह अब साथ नहीं दे रही है। अनजाने में भी कोई साथी मिल जाता। उसे उस दीवानगी की तलाश है। बिल्कुल पहले की तरह कविता एक दिशा में जाती हुई हज़ार पंख नहीं खोलती है। हज़ार दिशाओं में कविता जाती है, कहीं से कोई रोशनी मिल जाये।

समय का फर्क ज़रूर है। छायावाद के दौर में राज और अन्दरूनी सामन्ती व्यवस्था दोनों से ही लड़ाई जारी थी। आज के समय में एक दौर का राष्ट्रीय पूँजीपति वर्ग जो ब्रिटिश राज के ख़िलाफ़ था, अब वह विदेशी पूँजी पर पूँजीपतियों के साथ ताल-मेल में लगा हुआ था। इसलिए नये कवियों कह लें नयी पीढ़ी की उलझन ज्यादा बढ़ी है। विशेषकर किसी समय राष्ट्रीय आन्दोलन को नेतृत्व देने वाला मध्य वर्ग अमेरिका और इंगलैंड की ओर ताक रहा है। इस कारण नब्बे के दशक में एक सन्नाटा ज़रूर पसरा था। नयी पीढ़ी में इससे लड़ने की क़ूवत तो थी जो आज भी है। परन्तु लड़ाई का पानीपत एक हो तब तो। इस ओर आगे के दौर में 'विमर्शकारों' को सफलता मिली है। दलित, आदिवासी, हरिजन के एक मंच पर आने पर किसान और मज़दूर के मोर्चे को मज़बूती मिलती जो अब तक हुआ नहीं। उस दशक के एक महत्त्वपूर्ण कवि सुल्तान अहमद अपनी एक कविता (हो सकता है/इतिहास बोध/इलाहाबाद/1996) में लिखते हैं, हो सकता है/यह भी हो सकता है/विस्मृति-सी/स्मृति बन जाये। पूरी कविता एक रंगमंच की तरह सामने आती है बिल्कुल तर्क के साथ, न उसी के हाथों में/वे हथियार हैं/जिनसे पृथ्वी सुलग उठती है। फिर कविता सन्देह के घेरे में, दर्शक के भीतर सन्देह है। वह अपना समाधान सेनापति से पूछता है लेकिन सेनापति तटस्थ। कवि का सवाल है, **किसलिए चलता रहा नाटक?/क्यों बने रहे हम दर्शक/इसे यहाँ से/सैनिकों हटो**। सवाल नाटक के उद्देश्य को लेकर भी है। आखिर रचना किसलिए और किसके लिए लिखी जा रही है? कौन किसके साथ है और कब किसके साथ हो जायेगा, मंच पर कभी इसका आभास मात्र होगा और कभी वह भी नहीं। नाटक और दर्शक के बहाने यह प्रश्न नब्बे दशक में एक बार फिर उठ खड़ा हुआ है, लिखना क्यों और किसके लिए?

वर्तमान व्यवस्था में विरोध का कोई स्वरूप ही नहीं उभरा है। कौन विरोध में है, कौन पक्ष में और किस के पास विकल्प है इस व्यवस्था का, यह आम जनता के सामने बिल्कुल स्पष्ट नहीं है। लोकतन्त्र का लोक एक दिशा की तलाश में दाएँ-बाएँ-सीधे भटक रहा है। इस भटकन की घड़ी में उसे कभी बरसात दिखती है तो कभी कड़कती धूप की चमक महसूस होती है। ऐसे समय में वह सब को याद करता है। समकालीन कविता में प्रकृति कई बार बेतरतीब भी आती है। कई कवि ऐसे हैं जिनके यहाँ कविता गद्य के अनुशासन को भंग कर महज इतना ही कह पाती है कि छोटे शहर का आसमान छोटा है। कौवे नहीं हैं। परिन्दे गायब हैं। सुकून नहीं है। मानो ये किसी नेता का सार्वजनिक बयान हो। किसी कविता संकलन में गद्य का कखग मिले और उसी संकलन में कई अच्छी कविताएँ भी हों, ऐसे में फिर वही दिशाहीनता वाली स्थिति आ जाती है। समकालीनता एक दिशा की खोज में खामोशी को तोड़ने का अहसास कराती है। ऐसा कहा जा सकता

है। किसी को बिल्कुल पूर्व में लौटने का भान हो सकता है। यों भी चर्चा है कि आज का समय अपने पूर्व की ओर लौट रहा है। कई यह भी कहते हैं कि अंग्रेज़ों का भारत आज से कहीं बेहतर था। कोई अपनी कौम में बेहतरी देख रहा है तो कोई मन्दिरों के निर्माण को लोकतन्त्र का मसीहा समझ ले रहा है। एक समय में राजनैतिक स्थिरता ऐसी आयी है कि किसी को कोई रोशनी नहीं मिल रही है। ऐसी स्थिरता खोजे नहीं मिलेगी। ऐसी राजनीति खोजे नहीं मिलेगी कि विरोध का मौसम भी वही कहता है जो पक्ष की हवा कह रही है। साम्राज्यवाद कमज़ोर पड़ा है, ऐसा माननेवालों को सोचना होगा कि कमज़ोर पड़ने की स्थिति में पूँजी के अन्तर्राष्ट्रीय मानचित्र पर हथियाने की होड़ नहीं लगी रहती। विकासशील देशों में जनता की माँग पर चीज़ों के दाम न घटते हैं और न बढ़ते हैं। घटाव-बढ़ाव का जिम्मा कॉरपोरेट ने ले रखा है। आखिर वह सावन आये कब, उसके खेतों पर कॉरपोरेट का कब्ज़ा है। नये दशक के एक युवा कवि **शिरोमणि महतो** के **इस साल का सावन** (भारत का भूगोल) में सावन का सौन्दर्य है बिल्कुल सर्द पड़ चुका सावन, खामोश सावन, **मानो बँध गये हों मोरनी के पंख/और अकड़ने लगे हैं उसके पाँव/सील गया हो कोकिला का कण्ठ/और गुम है-दादुरों की टर्र-टर्र/सूख रहे नदी-नाले/धरती की नसों में/उबल नहीं रहा लोहू! यह शिरोमणि** की इस कविता का अन्तिम हिस्सा है। इसके पहले कविता चौंकाती है सावन की धूप की चर्चा कर के। अब इस सावन में ओस की बूँद नहीं है, इस सावन में जेठ की धूप खिल रही है। इस सावन में वह सब कुछ हो रहा है जो कॉरपोरेट चाह रहा है। नव उदारवाद का लक्षण है सरकार का कमज़ोर पड़ना, निजी क्षेत्र को बढ़ावा। इन कारणों से श्रम का महत्त्व घटता है। इसलिए शिरोमणि के यहाँ सावन बिल्कुल जेठ हो चुका है। मोरनी के पंख जेठ से बँधे हैं। अब उसे सावन याद नहीं आते हैं। **श्रीप्रकाश शुक्ल** के यहाँ बच्चों के मैदान बंजर हो चुके हैं, **गोविन्द माथुर** के यहाँ शहर से कौवे गायब हैं और **शिरोमणि महतो** के यहाँ मौसम ही धोखेबाज हो चुका है। आज की कविता में प्रकृति-विलाप की ऐसी सरणी बिल्कुल विगत दशक की कविता में भी नहीं मिलती है। छायावाद के दौर में लूट थमी नहीं थी लेकिन वहाँ प्रकृति के सौन्दर्य को याद कर कविगण अपने संसाधन की महत्ता बता रहे थे। देश आन्दोलित था। बार-बार प्रकृति के सौन्दर्य को बुलाकर कविगण लूटने वालों को यह बता रहे थे कि दुर्दशा का असली कारण प्रकृति का दोहन है। आज की कविता में प्रकृति विलाप कर रही है। कोई आन्दोलन नहीं हो रहा है। अब विलाप के अलावा रास्ता क्या है? छिटफुट विद्रोह हो रहे हैं और कहीं-कहीं कॉरपोरेट वाले ही विद्रोह को हवा दे देते हैं। विमर्श के इस युग में कॉरपोरेट भी दलित को लेकर विमर्श कर रहा है। स्त्री को लेकर विमर्श कर रहा है। इस पीड़ा से गुजरती हुई आज की कविता का मुख्य सवाल है इस विलाप से टकराने का? कैसे टकराएँ वह? आज की कविता में पलायन भले न हो, पीड़ित

हृदय में कहीं-कहीं चिंगारी मिल जाती है। श्रीप्रकाश पूरी तरह खामोशी नहीं तोड़ते हैं। प्रकृति के अतीत को याद कर अपने समय की खामोशी को आवाज़ देते हैं। यह बात सुल्तान अहमद के यहाँ भी है। गोविन्द माथुर के यहाँ भी है। पहले घर बसाते हैं, फिर कविता करते हैं।

हम आस लगाये रहें कि देशी पूँजीपति वर्ग कॉरपोरेट दुनिया के ख़िलाफ़ जायेगा। वह अपनी प्राकृतिक सम्पदा को पहचानेगा। पूर्व का इतिहास कुछ ऐसा ही कह रहा है। देशी पूँजीपति वर्ग विदेशी पूँजी-निवेश को लेकर चिन्तित था। अब भी उसकी सकारात्मक भूमिका है। परन्तु यह क्या कि देश की सम्पदा कोई और ले जा रहा है और उसके साथ खुद को देशी कहनेवाले भी शामिल हैं। इस व्यापक गठजोड़ के ख़िलाफ़ जिस एकता की ज़रूरत है, वह कमज़ोर पड़ी है। साम्राज्यवाद मज़बूत हुआ है। यह क्षेत्रीय दलों की नैतिकता में शामिल हो चुका है। अब राष्ट्रीयता के साथ बल्कि उसके समानान्तर उप-राष्ट्रीयता चल रही है। इसलिए क्षेत्रीय राजनीति पर जोर है। क्षेत्र के विकास के लिए लूटतन्त्र के ख़िलाफ़ एकजुट होने की ज़रूरत अनदेखा हो चुकी है। उप-राष्ट्रीयता की हवा से लूटतन्त्र को बढ़ावा मिल रहा है। लोग अपनी पहचान के लिए लड़ते रहें, लूटने वाले मजे लेते रहें। जिसे नव उदारवाद कहा जाता है, उसकी पहली शर्त है, बाज़ार को सरकार से ऊपर समझना, इस कारण या कहें इसके लिए श्रम को कम कीमत पर आँकना। इसलिए नयी तकनीक पर जोर है। नयी तकनीक नयी ऊर्जा लेकर आ रही है। उसे पुराने संसाधन को सलाम करना होगा। व्यवस्था का जोर परम्परागत ऊर्जा को बचाने और उसे विकसित करने की ओर नहीं है। पुरानी ऊर्जा से शहरी अभिजात का भला नहीं है। अब नयी औद्योगिक क्रान्ति आयी है। नये की तलाश में पुरानी लीक से हटने की सारी कवायद चल रही है।

आज की कविता में बढ़ते शहरीकरण को लेकर एक उजास खामोशी है। खामोशी किसी मसले के हल में व्याप्त होने पर उम्मीद लगती है, लेकिन परिस्थिति पलट कर नाउम्मीदी ही दिलाये, ऐसे में खामोशी निरुत्तरित ही समझी जायेगी। जब शहरों से अंग्रेज़ी के रोमांटिक कवियों को भी रुलाई आ रही थी, तब एक पूरा माहौल उनके विरुद्ध खड़ा था और कविगण को कविता के आगे विज्ञान का खतरा महसूस हो रहा था। कम-से-कम ऐसा विलाप भारतीय कविता में नहीं आया। इस दृष्टि से भारतीय कविता यूरोप की तुलना में अधिक आशावादी हो वह सामन्ती संस्कार को तोड़ रही थी। वह दौर भी शहरीकरण का था। शहरी मध्य वर्ग की छटपटी कह रही थी, 'द्रुत झरो, जीर्ण शीर्ण।' अब जिस तेजी से शहरीकरण हो रहा है, खेतों को उजाड़ कर हो रहा है, उससे एक नया समीकरण आया है, खेतों के मालिक अपनी पूँजी को स्थानांतरित कर रहे हैं। अब खेती में लगा श्रम बेमानी लगने लगा है। जो शहर पनप रहे हैं, वे पूँजी को एकाधिकार में तबदील करने में प्रयासरत हैं। एक

मॉल होना चाहिए जिसमें हर ज़रूरत पूरी हो जाये। कविता में आयी खामोशी कुछ निरुत्तरित भी है और कुछ चुपचाप सह लेने भर की भी है। उनके यहाँ विद्रोह का 'चुप-चुप' स्वर भी मिल सकता है और सब कुछ लुटाकर वापसी की कोशिश भी। **सुशील कुमार** (ढूँठ होते पहाड़) के यहाँ सर्वमान्य बिम्ब के बावजूद कविता में अपने अतीत के प्रति आक्रोश है, वर्तमान को लेकर दुविधा है, किसे सच मानें? 'भेड़िये' का बिम्ब कोई नया नहीं है। असल चीज़ है यहाँ कि मार दुतरफा पड़ रही है। **भेड़िए पहाड़ की भाषा बोलते हैं और पहाड़ की देह नोंचते भी हैं, पहाड़ की भाषा में बोलते/पहाड़ियों के ढंग को ढोंग-से सहते हुए/'भेड़िये'-/अपने नुकीले पंजों से पहाड़ की देह नोचते हैं।** वर्तमान शहरीकरण की खास बात है, वह पहले बिल्कुल मुनाफे से सौदे में दिखता है, वादा करता है, एक लाख का पैकेज, पाँच लाख का पैकेज, फिर हमला कर देता है। **सुशील कुमार** के ही संकलन (तुम्हारे शब्दों से अलग) में शहर की आत्मा को कुरेदती कविताओं में सन्नाटा पसर जाने का दर्द है **भीड़ की आपाधापी में**, सुनो/**गौर से.../गहरे सन्नाटे का/जंगल पसरा होता है।** (इस शहर में रोज)/सुशील के यहाँ 'चुप्पी' और 'सन्नाटे' में कहीं छोटा और कहीं बड़ा फलक मिलता है और सब का सारांश उनकी एक कविता (बाज़ार और कविता) की कुछ पंक्तियों में सिमट गया है **इसलिए आजकल ज़्यादातर चुप रहकर/वह/एक ऐसी लिपि...ऐसी भाषा/के ईजाद में जुटा है/जो आदमी को फाँस कर उसे/केवल/एक ग्राहक-आदमी बना दे, तभी तो/उसने उन कविताओं की/मियाद भी मुकर्रर कर दी है/जो बाज़ार के बीजगणित से बाहर है/ और आदमी को ऐसी कविताई से/दूर रहने की ताकीद भी की है।** उनकी कविताओं में राजनीति उछाल लेती है और शुरू से आखीर तक वह उछाल बनी रहती है। एक खुली राजनीति चलती है वहाँ। यह समकालीन कविता का एक ट्रेंड है। पहले के दौर में खुली या खुलेपन वाली कविता लिखी जाती रही है, कविता में बिम्ब-संरचना कमज़ोर या सुस्त नहीं होती थी। माखनलाल चतुर्वेदी की **चाह नहीं मैं सुर बाला के गहनों में गूँथा जाऊँ** और सुभद्रा कुमारी चौहान की कविता **वीरों का कैसा हो वसन्त** की राजनीति बिल्कुल खुली है, कहीं दुराव-छुपाव नहीं है। इसके साथ बिम्ब-रचना भी बहुत सघन है। पुराने बिम्बों को लेकर उसके प्रचलित अर्थ को तोड़ने का काम उन कवियों ने किया है। जिसकी कुछ सम्भावना गोविन्द माथुर में भी है, श्रीप्रकाश शुक्ल में भी। यह सोचना होगा, समझना होगा, कविता की राजनीति या राजनीति की कविता आखिर है क्या? कई कवि उसकी यथातथ्यता (फैक्चुअलिटी) को ही कविता समझे बैठे हैं। दोनों स्थितियों में जमीन में कुछ तो धड़कन हो, कुछ फिसलन हो। राजनीति की कविता खुद को दुहराती भी है, वह बात सुशील कुमार समेत कई कवियों के यहाँ है बल्कि **अरुण कमल** रेखांकित भी करते हैं 'किंचित अतिरिक्त प्रयोग के बावजूद इनकी कविताएँ (सुशील)।' खामोशी में जो आक्रोश है, वह आज की कविता में भारी अनुपात में है, इसलिए वहाँ भी दुहराव भी

है। कई बार दुहराव खटकता है, क्योंकि पाठक को शुरू से आखीर तक कविता में केवल आक्रोश ही मिलता है। सुशील कुमार के यहाँ आक्रोश सधे ढंग से फूटता है। अभिव्यक्ति का यही विशेषण कविता के प्रति कवि की बढ़ती आस्था को दर्शाता है। ऐसे ही समय में लगता है कि कविता कोई अलख जगाने वाली है और उस अर्थ में वह खामोशी का अतिक्रमण भी करती है। सुशील की एक अच्छी कविता है **तमस साये**। पूरी कविता में तकनीक की भाषा की बाजारियत सामने आयी है और एक माँग है भाषा बदलने की माँग। जो भाषा नयी तकनीकी दे रही है, चमक-दमक वाली भाषा, उसे पुरानी भाषा से टक्कर देना नामुमकिन है। यह समझ केवल एक कवि की नहीं है बल्कि कहा जाये कि आज की समकालीनता नयी भाषा की माँग को लेकर भी चल रही है। जो खुरदुरापन है, यत्र-तत्र आक्रोश और उसकी पुनरावृत्ति और आक्रोश को विश्वसनीय बताने के लिए यथातथ्यता पर जोर। ऐसा इस कारण है कि जन-साधारण के लिए वर्तमान समय की पेचीदगी धीरे-धीरे समझ में आ रही है। प्रगतिशील समझे जाने वाले राजनैतिक दलों के पिछले बीस सालों का इतिहास यही दर्शाता है कि पहले जिन परिवर्तनों को वे स्वीकारते रहे हैं, आगे चलकर उसे नकार भी देते हैं। दोनों स्थितियों में वे तर्क बड़ा अचूक देते हैं। मुश्किल होता है उसे बिल्कुल निरस्त कर देना। घर-परिवार में एक जनश्रुति प्रचलित है, 'सुनो सब की, करो अपनी।' लोकतन्त्र दिखना चाहिए। होना नहीं चाहिए। अपनी तरह और अपनी इच्छा से करने में सहमति और असहमति दोनों हैं और इससे भी बड़ी बात है सबके सुनने की औपचारिकता का निर्वाह। असल है निर्वाह। सम्बन्धों का निर्वाह होना है, औपचारिकता का निर्वाह होना है। वर्तमान संदेश है कि प्रेम का निर्वाह भी होता है। तभी मेंहदी हसन की गायकी कह गयी 'आ तू मुझे छोड़ के आने के लिए आ/रंजिश ही सही ग़म ही भुलाने के लिए आ।'

सुल्तान अहमद (उठी हुई बाँहों का समुद्र) को कविता से इस्पाती उम्मीद है। उम्मीद बँधी और पक्की है। बँधी इस अर्थ में जहाँ निकलने का रास्ता भी न हो, वहाँ भी कविता की आवाज़ फूटेगी। वह अपनी छोटी-सी जगह में भी अपना हक पूरा करेगी। उम्मीद इतनी कि समय की हर आँधी उसके आगे पस्त हो जायेगी, **लोहे के भीषणतम/जबड़ों के बीच/वे ही खड़े हैं अडिग/जंग लगे लोहे से/घाव खाकर, रगड़ाकर/उनकी ही आत्माएँ/पवित्र द्युतिमान हैं** (वे, सूर्य और तुम)। इस में सहन शक्ति भी है और मार करने की ताकत भी। पूरी कविता में वे और तुम की गरिमा मौजूद है। एक जगह **तुम** की सीमा बतायी गयी है। उसने फ्यूज़्ड बल्बों को महासूर्य मान रखा था। सम्बोधन उस पीढ़ी की ओर भी है जो अपने पुराने नायकों में ही सब कुछ तलाश कर रही है। बिल्कुल जवान हो रही पीढ़ी तो अपने पुराने नायकों को भी भुला चुकी है। नयी कविता में पहचान का संकट

था। तब की जवान हो रही पीढ़ी अपनी ही पहचान को लेकर अफरा-तफरी मचा रही थी। आज जो पीढ़ी जवान हो रही है, उसे केवल 'निर्वाह' की चिन्ता है, 'अच्छा निर्वाह'। खामोशी नये नायकों के न होने या अब तक उनके नवजात होने के कारण भी है। वर्तमान के नायक उस पीढ़ी से उम्मीद लगाये हैं। राजनीति के खिलाड़ी अक्सर नयी पीढ़ी में खुद को तलाशते हैं। लोकतन्त्र युवाओं को देख रहा है। युवा पीढ़ी को एक दुविधा है वर्तमान नायकों के चुके रहने के बाद कौन होगा? रोशनी मिलेगी कहाँ से? 'अप्प दीपो भव' की कूवत पैदा करने की हिम्मत एक बड़ा जोखिम है। कवि सुल्तान कह रहे हैं कि इस खामोशी में भी खुद के भीतर कहीं कुछ है जो लोहे के जबड़ों के बीच अपने लिए जगह बनाने में लगा है। कविता में एक सर्वनाम 'तुम' जीर्ण-शीर्ण भी है। कविता इस 'तुम' के अँधेरे से बाहर आना चाह रही थी। एक सर्वनाम 'वे' जो अपनी ताकत का अहसास करा रहा है। 'तुम' की सीमा बेपर्द हो और 'वे' का सच उजागर हो, तभी कवि को भरोसा है **ढेर सारी बाँहें/एक हो जायेंगी/उठी हुई बाँहों का समुद्र लहरायेगा/ तुम्हारी ये बाँहें/अंधकार के अगणित/आक्रामक बाणों की/दिशाएँ पलट देंगी।** फिर कविता में आगे 'तुम्हारी' सर्वनाम की शक्ति का विस्तार है। अक्सर संज्ञा के बदले सर्वनाम ही प्रतिस्थापित होता है और वह संज्ञा को ही सम्बोधित होता है। परन्तु यहाँ सर्वनाम संज्ञा से अलग अपनी हैसियत बता रहा है। सर्वनाम को संज्ञा के पस्त हो जाने का अहसास है। अब वह संज्ञा के आश्रित नहीं है। इसलिए अब राजनैतिक दलों को युवा पीढ़ी में कुछ दिख रहा है। पहले की तरह वह आश्रित नहीं है। अब वह पीढ़ी खुद को लोहे के जबड़ों से मुक्त करने के लिए बेचैन है। सर्वनाम के भीतर एक नयी संज्ञा जन्म ले रही है।

जो दौर खामोशी का था और जो अब भी है, उन दो के बीच अगर केवल 'व्यवस्थित' होने वाली बात होती, तो बिल्कुल ताजा कविताओं, खास कर **सुल्तान अहमद** के यहाँ हाशिए को केन्द्रित करने की चिन्ता नहीं होती। जहाँ सर्वनाम संज्ञा को प्रतिस्थापित कर दे, उस जोश की ज़रूरत स्वतन्त्रता के पहले के दौर की थी, इसलिए देशभक्ति के साहित्य से वह दौर प्रतीकित भी हो रहा था। उसे जोश नहीं तो उस होश की ज़रूरत है, जो नयी पीढ़ी की सीमा और उसकी दुविधा को भी समझे। कई युवा कथाकार 'दो संस्कारों के बीच की बारीक फाँक में फँसा अपनी पहचान के संकट' के रूप में वर्तमान पीढ़ी को देखते है। **चरण सिंह अमी** (परिकथा/ सितम्बर-अक्तूबर 2013) के ही ये शब्द हैं। संकट केवल पूरब और पश्चिम का नहीं है। क्या ऐसा नहीं लगता कि पूँजी के अन्तर्राष्ट्रीय स्वभाव के बदलते रूप ने पूरब और पश्चिम की दूरी मिटा दी है। वहाँ सवाल पूँजी के विभिन्न स्रोतों को हड़पने के लिए अलग-अलग इलाकों के अभिजातों के एक जगह जमा होने का है। पूँजी कहीं से भी कोई 'बटोर' कर लाये, आना चाहिए। नयी पूँजी कह रही है, श्रम की

समय-सीमा से कोई समझौता नहीं होगा। बहुत कठिन दौर है यह। नयी पूँजी का संदेश है, दुनिया के हर देश की संस्कृति को एक होना है।

यह भूल हम लगातार कर रहे हैं, तकनीकी विकास को सामाजिक कट्टरपन्थ का जवाब मान लेने की। युवा पीढ़ी के सामने तकनीकी विकास ने कोई विकल्प नहीं रखा है। जो है उसे स्वीकार कर लो। यथातथ्यता अपेक्षतया बढ़ी है, क्योंकि तकनीकी विकास जिनके कब्ज़े में है, उसका लक्ष्य विज्ञान को चेतना से अलग कर तकनीक को देखने का है। तभी वे यह समझा सकते हैं कि विज्ञान की दुनिया, दुनिया पर राज करने वालों से अलग है। तुम विज्ञान पढ़ो, राजनीति भूल जाओ। जब संसार में मैनुअल टाईपराइटर था, मुण्डेर पर कौवे आते थे, जब कम्प्यूटर आया, कौवे बिला गये। आखिर ये कौवे गये कहाँ? कौवे उत्पादन बढ़ाने के साधन नहीं हैं। इसलिए वे कहीं बिला गये। समाज में वही ज़िन्दा रहेगा, जो उत्पादन बढ़ाएगा। बाकी हाशिए पर रहेंगे। कवि श्रीप्रकाश शुक्ल अपनी पत्रिका परिचय के सम्पादकीय (पहचान का जनतन्त्र) में सामाजिक पूँजी की बात करते हैं। वे लिखते हैं, "साहित्य हमारे बौद्धिक क्रियाकलाप को पीढ़ियों तक संवेदनशील बनाता हुआ प्रवाहित होता रहता है।" **सामाजिक पूँजी** यह खास शब्द हमारी युवा पीढ़ी में बहुत रंग नहीं ला पा रहा है। पिछले दशकों में मौजूद खामोशी का अतिक्रमण कट्टरपन्थ को व्यापक रूप देने की कोशिश में हुआ है। कारण यह कि सामाजिक पूँजी समाज की विरासत नहीं रह गयी है। वहाँ जगह-जगह से छेद किया जा रहा है। युवा पीढ़ी में 'समाज' शब्द से असन्तोष हो रहा है। क्या होगा, पति, पत्नी और बच्चे एक साथ रह लेंगे! क्या होगा पति-पत्नी ही केवल रहेंगे और क्या होगा जब पत्नी ही रहेगी! **गोविन्द माथुर** की कविता में 'कौआ' सामाजिक शिष्टाचार का भी प्रतीक नहीं रह गया है। **अमरजीत राम** के यहाँ कौवे की ज़हनियत कह रही है, **द्वापर, त्रेता, सतयुग, बीता/ और कलयुग ने पग-पग चेता/अब कहँ भाग्य हमारा भाई/छूटा साथ गयी रसमलाई।** अब पश्चिम से लड़ने और पूरब के साथ चलने का मौसम नहीं है। वह तो एक दौर था जब पश्चिमी संसार की धारा से चुक रहे लोग पूरब की आध्यात्मिकता को यों गले लगाते थे कि मानो अब उन्हें मोक्ष ही मिल गया हो। पूर्व और पश्चिम दोनों जगह जन-आन्दोलन आध्यात्मिकता के ख़िलाफ़ हुआ है। भारत की वर्तमान पीढ़ी में सद्वृत्तियों के ख़िलाफ़ आकर्षण बढ़ा है। इसका कारण एक खास तरह की दुविधा का पैदा होना है। दुविधा इस कारण है कि लगातार पिछले कई वर्षों से श्रम करने का संदेश मिल रहा है। सरकार कहती है, कठिन समय है, उत्पादन बढ़ाना होगा। श्रम करनेवाला आम नागरिक के सामने उसके उद्देश्य उत्पादन का वितरण और उसमें उसकी हिस्सेदारी का पता नहीं है। इस कारण पैदा हो रही दुविधा उसे प्रतिगामी शक्ति की ओर ठेल रही है। क्या यह आश्चर्य नहीं है कि आज युवा पीढ़ी का एक बड़ा गिरोह कट्टरपन्थ की ओर बढ़ रहा है? आज वह बुनियादपरस्ती

की नयी परिभाषा गढ़ रहा है। हाल ही में पुणे के डॉ. नरेन्द्र दाभोलकर की हत्या हुई। इसके पहले पाँच सामाजिक कार्यकर्ताओं की हत्या हो चुकी थी। दुखद पक्ष यह है कि पुणे के एक समाचार पत्र **सनातन प्रभात** ने लिखा **वन गेट्स, व्हाट वन डीजर्व्स**। दाभोलकर अध्यात्म और अमानवीय सामाजिक आचार के ख़िलाफ़ लड़ रहे थे। जिन्हें दाभोलकर के अभियान से सख़्त परहेज था या रहा है, वे किसी गुरु-पिता या गुरु-माता की शरण में अपने देवी-देवताओं का 'इस्तेमाल' करते हैं। धार्मिक तानाशाही बढ़ी है। जहाँ इच्छा हो, मन्दिर बना लें, जहाँ इच्छा हो, दुर्गा पूजा के लिए चंदा तहसील कर लें। धार्मिक अनुष्ठान आमदनी के प्रमुख स्रोत बन चुके हैं। बेरोजगारी बढ़ने के साथ आय का यह साधन फलेगा-फूलेगा। वर्तमान व्यवस्था सामाजिक सुरक्षा और विकास के तमाम सार्वजनिक स्रोतों से मुँह मोड़ रही है। ऐसे में धार्मिक अराजकता बढ़ेगी।

गद्य की कला और नामवर का संसार

वाचकता गद्य का संस्कार है। संस्कार इसलिए कि वाणी के कच्चेपन से गुजरकर गद्य की आत्मा लिपिबद्ध हो जाती है। इसका सम्बन्ध लिखने की सामग्री से तो है, लेकिन केवल माध्यम के रूप में नहीं। कलम और उँगलियों के बीच कल्पना मचलती रहती है खुद को बयाँ करने के लिए। वाचकता में बेबाकी प्रधान होती है। लिखने में भी वैसा होना चाहिए। कोई कह सकता है कि बोलने की अदा पर लगाम लगाने का काम गद्य का होता है। गद्य बेबाक होने के साथ-साथ अनुशासन की पाठशाला भी है। कभी नामवर जी कहा करते थे कि 'मैं कहना चाहता हूँ' इसका क्या मतलब? आप तो खुद कह ही रहे हैं। बोलने में अक्सर 'कहने का तात्पर्य' 'मतलब यह है,' 'मेरा मानना है' ऐसे जुमले खूब प्रयुक्त होते हैं। लिखते समय ऐसे जुमलों से बचने की ज़रूरत है। यह गद्य का अनुशासन ही है जो 'बेफिजूल' को 'फिजूल' लिखने का रास्ता दिखाता है। कहते हैं कि अनुशासन में रहना बड़ा कष्टदायी होता है। गद्य की तंमीज है, रहना है, मेरे दायरे में रहो, वरना कुछ और लिखकर अपने मन की प्यास मिटा लो।

अच्छा गद्य कहाँ अपने पंख पसारता है, जहाँ गद्यकार वाचकता से लेखन में रूपान्तरित होता है। यहीं गद्यकार अपनी आलोचना का मक़सद तय करता है, अपने या दूसरों के लिए। उदारता और विश्व दृष्टि का पक्ष भी तय होता है। कुछ हद तक ये बातें सही भी हैं। लिखने और बोलने में अन्तर तो है ही। बोलने में तात्कालिकता और कई बार भावावेश भी होता है। वाचकता भी देश, काल या कहें कि समय-समय से प्रभावित होती है। बालकृष्ण भट्ट (ग्रामीण भाषा/जुलाई, 1885) ने लिखा है कि कुछ कायस्थ महाशय अपने घर में मातृभाषा बोलते हैं लेकिन बाहर फ़ारसी मिली उर्दू बोलते हैं। उनका इशारा ब्रिटिश राज की सेवा कर रहे नौकरशाहों की ओर है। जहाँ वाचकता भी अंकगणितीय हो, वहाँ लिखने और बोलने में बहुत कम दूरी रह जाती है। ऐसे गद्यकार बड़े सन्तुलित होते हैं और चालाकियों से दूर भी। द्विवेदी युग में गद्य के वाचन और लेखन में निकटता की बात होती थी। इसके मक़सद के आगे सामान्य जनता थी। जनता के दिल-ओ-दिमाग में गद्यकार के विचार

सम्प्रेषित हो सके। अच्छे गद्यकार के लिए यह ज़रूरी है कि वह अपने वर्तमान और आगे की पीढ़ी के लिए आधारभूत संरचना तैयार करे। क्या छूट गया पहले और अब, उसे लेकर चले। इसलिए गद्यकार की विश्व दृष्टि गद्य के अनुशासन को तय करती है। गद्य में वाचकता के बीज अंकुरित होते हैं। अक्षरों में वाचकता नेपथ्य में चली जाती है। मानस में एक ही बात रह जाती है, कैसे अभिव्यक्त करें इसे? गद्य के अनुशासन में यह हिम्मत साफ़-साफ़ दिखती है? कथाकार अरुण प्रकाश (गद्य की पहचान/ 2012) कहते हैं व्यक्तिगत प्रसंग के बहाने सार्वजनिक प्रसंग। ये चर्चा अनौपचारिक निबन्ध के सिलसिले में हुई है। यह चर्चा भी एक पत्रकार और लेखक के सन्दर्भ में आयी है जिसकी स्मृति बहुत धारदार थी, प्रभाष जोशी। अरुण प्रकाश जी के विश्लेषण में एक बात आयी है, कहें उसका आशय आया है, गद्य में आयी अनौपचारिकता तथ्य और दृष्टिपरक होती है। पत्रकार का अधिकांश गद्य अनौपचारिक ही होता है। उसमें पहले सुनी-कही जाने वाली वाचालता होती है जो परिष्कृत होकर गद्य में आती है।

नामवर आज के समय को व्याख्या और विमर्श का समय मानते हैं। 1974 में **आलोचना** के समानान्तर व्याख्या-विश्लेषण की चर्चा (हिन्दी का गद्य पर्व/2011) नामवर से शुरू हुई थी। उनका एक सम्पादकीय (हिन्दी साहित्य के पच्चीस वर्ष) **आलोचना पत्रिका** के 1974 के जनवरी-मार्च का है। यह पूरा सम्पादकीय बड़े सुकून से लिखे गये गद्यकार का है जिसमें अज्ञेय से लेकर श्रीकान्त वर्मा और रघुवीर सहाय के काव्य-संकलन का समय के साथ विवरण है। इस सम्पादकीय का गद्य सुलझा और तथ्यों से भरा-पड़ा है। गद्य में एक रवानगी है। वह इस अर्थ में कि इसके एक टुकड़े को दूसरे से अलग कर पढ़ने पर तार टूट सकता है। लिखने के आवेग में लय के साथ-साथ भावावेश भी होता है जो कई बार गद्यकार को पीछे की ओर खींचता है। वह वस्तुनिष्ठता से खुद की ओर लौटता है। यह सम्पादकीय इस बीमारी से मुक्त है। 'कहना चाहता हूँ' 'कहनेवाला हूँ' 'यह कहूँ' ऐसे जुमले गद्य को कमज़ोर करते हैं और वहाँ गद्यकार नितान्त वैयक्तिक हो जाता है। इस गद्य में हमला करने की नीयत नहीं है। गद्य का एक दूसरा उदाहरण (हिन्दी नवजागरण की समस्याएँ/आलोचना/1986) है जिसमें तथ्य के साथ दृष्टिकोण सम्पादकीय के प्रारम्भ में ही खिल उठता है। और फादर अलेक्जेंडर डफ के जरिए एक दृष्टि यह आती है कि यहाँ भारत में यूरोपीय रिनेसाँ से मिलता-जुलता घटित हो रहा है। पुनः उसमें जो तथ्य आये हैं, बंकिमचन्द्र से लेकर बाँग्ला कविता तक, उसके केन्द्र में एक दृष्टि है, नवजागरण और बंगाल को समझने की दृष्टि। नामवर खुद ऐसी बात नहीं कहते, उनके द्वारा जुटाये गये तथ्य बोल रहे हैं। बिल्कुल सुलझा, तथ्यपरक और एक दृष्टि लिए हुए इस गद्य की पहचान बन गयी है अपने भीतर को अपने समय के परिवेश में देखना। आवेग में लिखना गद्य को कमज़ोर बनाता है। यह कुछ-कुछ कविता

और गद्य के बीच का पड़ाव है जहाँ ठहरकर गद्यकार को तय करना होता है, वह आवेगजनित होकर लिखे या उसे अपने आस-पास की दुनिया में खोजे। कवि के जिम्मे भी यही काम है। कविता महज आवेग नहीं है। गद्य जिस तीव्रता से आवेग को रोकता है, उसे पहचानते हुए कोई इसे गद्यकार का तिकड़म कह सकता है। कहते हैं कि शोधपरक लेख में पक्ष-विपक्ष के सारे तर्क होने चाहिए। पाठक के सामने सब कुछ परोस दें। पाठक पर छोड़ दें चयन करने का अधिकार। मैं ऐसा नहीं मानता। गद्य पाठक को बाँधता है। सोचो ज़रूर लेकिन यहाँ से। नवजागरण पर विचार करो, यहाँ तक मामला ठीक है लेकिन बंगाल चिन्तन-मनन में कहीं रहेगा ही। इसलिए नामवर लिखते हैं, **बंगाल से हिन्दी नवजागरण को अलगाते समय यह न भूलना चाहिए कि भारतेन्दु का सीधा सम्पर्क ईश्वरचन्द्र विद्या सागर, केशवचन्द्र सेन, बंकिमचन्द्र, राजेन्द्रलाल मित्र और सुरेन्द्रनाथ बनर्जी से था।** अब बात आयी कि हिन्दी नवजागरण पर बंगाल का असर ज़्यादा था या 1857 के प्रथम स्वतन्त्रता-संग्राम का? फिर यह प्रश्न उठाते हैं नामवर, **हिन्दी प्रदेश के नवजागरण के सम्मुख यह बहुत गम्भीर प्रश्न है कि यहाँ का नवजागरण हिन्दू और मुस्लिम दो धाराओं में क्यों विभक्त हो गया**? नामवर 1857 के विरोधियों की पाँत में नहीं थे। इसकी 150वीं जयन्ती के अवसर पर **वसुधा** (भोपाल) का विशेषांक निकालने का प्रस्ताव उनका और दिवंगत कमला प्रसाद जी का था। कमला प्रसाद जी प्रधान सम्पादक थे और मैं अतिथि सम्पादक था। अगस्त, 1932 ई. में जवाहरलाल नेहरू (विश्व इतिहास की झलक) पुनर्जागरण पर सोच रहे थे। केन्द्र में यूरोप का पुनर्जागरण था। उनकी विचार-यात्रा में इटली महत्त्वपूर्ण है, इतालवी भाषा के दो महान लेखकों दाँते और पेर्क के साथ अन्य की चर्चा है। वहाँ इंगलैंड गौण है। नवजागरण चाहे हिन्दी प्रदेश में आया हो पहले या बंगाल में, यूरोप से लेकर एशिया तक पिछले तीन सौ वर्षों का समय नवजागरण का है जिसमें एक प्रकार की 'विश्व-दृष्टि' का निर्माण होता है। हिन्दी नवजागरण कहने से या बंगाल में नवजागरण केन्द्रित करने पर हिन्दी और अहिन्दी भाषी के सम्बन्ध की परम्परा गौण पड़ सकती है। गौर करें, हिन्दी के तीन आलोचकों के यहाँ 'पुनर्जागरण' अलग-अलग विशेषण लिए आया है, रामविलास और नामवर जी के यहाँ इसका पर्यायवाची शब्द 'नवजागरण' है और शम्भुनाथ जी के यहाँ 'पुनर्जागरण'। रामविलास जी का जोर हिन्दी प्रदेश के नवजागरण पर है। नामवर जी का जोर 'भारतीय पुनर्जागरण' और शम्भुनाथ जी का 'राष्ट्रीय पुनर्जागरण' पर। बंगाल पुनर्जागरण के नेता हिन्दी भाषी प्रदेश के नेताओं के निरन्तर सम्पर्क में थे। इसलिए नवजागरण या पुनर्जागरण का केन्द्र चाहे बंगाल हो या हिन्दी प्रदेश हो, यह उभार पूरे देश में था। एक सूत धागे के रूप में पूरे देश में फैला था जो अन्दर से सामन्ती प्रथाओं और ब्रिटिश साम्राज्यवाद का जवाब था। शम्भुनाथ जिसे राष्ट्रीय पुनर्जागरण कहते हैं, वह मूलतः वर्तमान में उसी परम्परा को देख रहे हैं। **उनकी**

टिप्पणी है, इसलिए साम्राज्यवाद-विरोध है भी तो यह फिलहाल एक राजनीतिक कर्मकाण्ड बना हुआ है। शम्भुनाथ विकल्प देख रहे हैं राष्ट्रीय पुनर्जागरण के रूप में। जनता विकल्प को अमली रूप देने के लिए बेचैन है और हिन्दी प्रदेश के नेता उसे केवल यह कहकर फुसला रहे हैं कि केवल धर्मनिरपेक्षता का मन्त्रोच्चार करो, बाकी विदेशी पूँजी को आने दो, रोको नहीं। इसलिए नामवर जी का दबाव भारतीय नवजागरण पर है। उसी उपअध्याय (विकल्प है राष्ट्रीय पुनर्जागरण) में शम्भुनाथ रामविलास शर्मा के विचारों को सन्दर्भित करते हुए आज की मुख्य समस्या को रेखांकित करते हैं। उन्हीं के शब्द हैं, **जनता को ताकत देने के लिए हिन्दी सहित सभी राष्ट्रीय भाषाओं का सशक्तिकरण।** अभिप्राय भारत के समस्त राज्यों को एक सूत्र में बाँधने वाली आवाज़ साम्राज्यवाद का विरोध है। ऐसा करते समय उस 'राजनैतिक कर्मकाण्ड' होने से बचना है। इससे भारत के कई राज्यों में ऊँचाई चढ़ रहे अलगाववादी ताकतों को सीधा झटका मिलेगा। जो उपराष्ट्रवाद की बात करते हैं, छोटे राज्यों की कल्पना कर इसे बढ़ावा देते हैं, उनकी कल्पना ध्वस्त होगी। हिन्दी और अहिन्दी प्रदेशों का नवजागरण ही विदेशी पूँजीनिवेश के ख़िलाफ़ सशक्त हथियार बन सकेगा। 19वीं शती के पुनर्जागरण की खास बात यही थी। प्रार्थना समाज से लेकर आर्य समाज और ब्रह्म समाज तक के बीच गहरे संवाद की स्थिति बनी थी। आज उसे ही पुनर्जीवित करने की आवश्यकता है।

मेरे इलाके (सीतामढ़ी/बिहार) में एक गाँव है गँवली, कहते हैं वहाँ कोई गांगुली जी आये थे। बहुत बड़े ज़मींदार थे। उन्हीं की उपाधि का अपभ्रंश शब्द बना, **गँवली**। इसके आस-पास के इलाके में 1886 ई. में **ब्रह्म समाज** की स्थापना हुई थी। सीतामढ़ी के एक बड़े कारोबारी और बौद्ध साहित्य के अध्येता **रामशरण अग्रवाल** बताते हैं, जिन्होंने ब्रह्म समाज का गठन किया था, वे ग़ैर बंगाली थे, जाति के कायस्थ थे **रंग बिहारी** उनकी पत्नी सत्यजित राय के परिवार में ट्यूटर थीं। **ब्रह्म समाज** के विचारों के प्रसार के लिए उनकी पत्नी ने गाँव में एक स्कूल भी खोला। ग़ौर करें, 19वीं सदी के अस्सी के दशक में एक अनुमण्डल में ब्रह्म समाज का गठन कुछ संकेत करता है।

रामशरण जी पुरातत्त्व के भी अध्येता हैं। वैशाली की खुदाई का अच्छा अध्ययन किया है। सीतामढ़ी उनके बड़े दादा आये थे। वे रीगा चीनी मिल के व्यवसायी थे। वहाँ अंग्रेज़ अधिकारियों के मनोरंजन के लिए शेक्सपीयर के नाटक भी खेले जाते थे। इस ब्यौरे से यह ज़रूर ज्ञात होता है कि बंगाल का नवजागरण हिन्दी प्रदेश में भी फैला। इसी प्रदेश में **आर्य समाज** का भी व्यापक प्रसार हुआ। 1880 के कुछ समय बाद पटना के दानापुर में आर्य समाज का गठन हुआ। 1895 ई. में राँची में आर्य समाज का गठन हुआ। उसी दौर में हजारीबाग में **ब्रह्म समाज** की स्थापना हुई। यह

वह दौर था जब बिहार को बंगाल प्रेसिडेंसी से अलग करने का आन्दोलन भी शुरू ही हुआ था। इसलिए सूत्र बताते हैं कि नवजागरण कई इलाकों में अपने तरीके से आया। इसका यह अभिप्राय नहीं कि हिन्दी प्रदेश की अपनी कोई ज़मीन नहीं थी नवजागरण की। नामवर सिंह ने लिखा है (हिन्दी प्रदेश का संकट : वैश्विक परिप्रेक्ष्य/2002) कि 19वीं सदी का नवजागरण अधूरा रह गया। राजनैतिक प्रश्न और राजनैतिक स्वाधीनता मुख्य प्रश्न बन गये। इसी सिलसिले में वे महात्मा गाँधी के रचनात्मक कार्यक्रम (चर्खा इत्यादि) को याद करते हैं। महात्मा गाँधी वामपंथियों से ज़्यादा दूरदर्शी थे। वामपन्थी सीधे वर्ग-संघर्ष की बात करते रहे। जिन इलाकों (बंगाल, केरल) में सामाजिक सुधार आन्दोलन तेज रहा, वहाँ की स्थिति हिन्दी प्रदेश से बेहतर रही है।

नवजागरण के इस महत्त्वपूर्ण पक्ष को अनदेखा नहीं किया जा सकता। केवल हिन्दी प्रदेश के नवजागरण का खतरा है। 1857 ई. में एकजुटता बढ़ी। उसके पीछे सामाजिक असंगतियाँ भी थीं, छुआछूत, बाल विवाह इत्यादि। इसके रहते '57 का संग्राम जीता नहीं जा सकता था। उसकी असफलता का एक कारण यह था। नामवर जी का यह शोधपरक सम्पादकीय शोध और तथ्य के सही सम्बन्ध को बिठाने का नतीज़ा है। कोई आवश्यक नहीं अच्छे गद्य में सभी प्रकार के तथ्यों को शामिल कर लिया जाये। ऐसा होने पर गद्य अनावश्यक दबाव में आकर दम तोड़ देगा। जिस विमर्श की चर्चा हुई है, उसकी बहुत बड़ी सीमा है तथ्य परोसने की उसकी जल्दबाजी। वहाँ गद्यकार बिल्कुल वैयक्तिक होकर सामने आता है। मानो वही अकेला ज्ञान परोसने का 'हीरो' है। फलस्वरूप गद्य की गरिमा को एक परम्परा में न देख पाने की पीड़ा गद्यकार को बेचैन करती रहती है। गद्य हमारे अकेलेपन को बखूबी तोड़ता है। गद्य कविता की तुलना में अधिक फैलाव माँगता है। फैलाव के बीच कसावट की माँग बड़ी हो जाती है। बिना चार-दीवारी के आँगन कैसा? इसलिए गद्य का दोहरापन है, आँगन भी हो और उसे बाँधने वाली दीवारें भी।

परम्परा से सिंचित गद्य में तथ्यों के बीच से अपने लिए कुछ निकाल लेने की कला जादूगर के समान होती है। नामवर जी ने (मित्र संवाद और गद्य की विलुप्त होती कला/2000 ई.) एक जगह लिखा है, **गालिब के पत्रों के गद्य की तारीफ इसलिए खास तौर से की जाती है कि उसमें बातचीत का बेतकल्लुफ़ लहज़ा है और इस नाते वह किताबी और औपचारिक भाषा की जकड़बन्दी से बचा रह गया है।** उसी के आगे उन्होंने लिखा है, **जिसे हम गद्य कहते हैं, अथवा गद्य के रूप में जानते हैं, वह बोलचाल का काफी सँवरा हुआ रूप है, अपने सर्वोत्तम रूप में वह भले ही बोलचाल के मुहावरे और लबो-लहजे पर खड़ा होने पर अपने व्याकरण और शब्द-सम्पदा में एक हद तक कटा-छँटा और गढ़ा हुआ होता है।**

'वाचकता का एक लक्षण नितान्त लोकतान्त्रिक है और गद्य ही वह विधा है

जिसकी दहलीज से लोकतन्त्र का आग़ाज हुआ है। जो उसे बड़बोलेपन में लेते हैं, वे गद्य के इस लोकतान्त्रिक मिज़ाज पर हमला करते हैं। नामवर के गद्य में बोलने का एक खास परिष्कृत रूप आया है। इस अर्थ में कि वहाँ संवाद की गुंजाइश भी है और विरोधी पर हमला भी। खास इस मानी में भी है कि उनका गद्य अपने पाठकों के भीतर की वैयक्तिकता को तोड़ता है। हम हैं, इसलिए दुनिया है, ऐसा सोचने वाले के लिए गद्य में जगह नहीं बन सकती है। गद्य साझा मंच देता है। नामवर जी का गद्य संवाद से परिष्कृत हुआ है। बाद में प्रकाशित उनके लेखों के संकलन से गद्यकार की स्मरणशक्ति का पता चलता है। **अजित राय** के साथ एक संवाद, **मैं भी इस देश में उर्दू की तरह रहता हूँ, वसुधा** (भोपाल) के किसी अंक में यह संवाद छपा। अब इस गद्यांश में जिगर मुरादाबादी और निदा फाज़ली के कवितांश के शेर हैं। कहीं विराम नहीं। बोलने की रौ में कहीं पुनरावृत्ति नहीं। आसानी से इस लेख के केन्द्रबिन्दु को खोजा जा सकता है। मुख्य केन्द्रबिन्दु स्वयं नामवर जी के शब्दों में, **आज हुआ यह कि धीरे-धीरे हिन्दी रचनाकार संस्कृतनिष्ठता से हटे हैं और उर्दू रचनाकार फारसियत से हटे हैं। दोनों भाषाओं के रचनाकारों ने खुद को आम बोलचाल की ज़बान से जोड़ा। जो काम राजनीतिज्ञ नहीं कर सके, वह रचनाकारों ने कर दिखाया**। इसी सिलसिले में जिगर मुरादाबादी का शेर आया है (उनका जो काम है वो अहले सियासत जाने/मेरा पैगाम मुहब्बत है, जहाँ तक पहुँचे)। वाचकता गणितीय हो, बिल्कुल संक्षिप्त और असर ऐसा कि श्रोता घण्टों तक मानी लगाता रहे, इस किस्म के वाचक आम तौर पर जटिल माने जाते हैं। नामवर गणितीय सूत्र का प्रयोग करते हैं लेकिन वहीं तक, जहाँ तक भाव या विचार पूरी मुखरता से सामने आ सके। इन्द्रियजनित भावों को तुरन्त प्रकट कर देना एक वाचकी लक्षण है। उसे कुछ तथ्यों के साथ पहाड़े की तरह सजा कर कह देना वाचकी लक्षण का सर्वोत्तम रूप है। वहाँ पुनरावृत्ति का खतरा नहीं रह जाता है।

हिन्दी का गद्य केवल एक भाषा का गद्य नहीं है। उसकी तह से गुजरते हुए हमें इतनी तरह की अलग-अलग धाराएँ मिलती हैं कि कोई एक धारा में अपना वैशिष्ट्य स्थापित कर सकता है। गद्य की ऐसी प्रकृति शायद किसी भाषा की रही हो। किसी गद्यकार का पहला दायित्व गद्य की गहराई में जाना होता है और यह हिम्मत का काम है, खासकर हिन्दी के गद्य के सन्दर्भ में। कारण यह कि हिन्दी के इलाके की विविधता और उसकी समरसता अक्सर परेशान करती है। एक मशहूर उक्ति है विविधता में समरसता। नामवर पहले आलोचक हैं जो हिन्दी के गद्य की वर्तमान सीमा को रेखांकित करते है। सीमा है कि हम खुद को भारतीय भी कहते हैं, खुद को भारतीयता से जोड़ते हैं, भारतीय साहित्य की बात करते हैं। परन्तु यथार्थ में हमारे भीतर, हमारी आत्मा में भेद के बीज अंकुरित हो रहे हैं। **राही मासूम रज़ा** की एक कविता (मेरा नाम मुसलमानों जैसा है/मुझको कत्ल करो और मेरे घर में

आग लगा दो/लेकिन मेरी रग-रग में गंगा का पानी दौड़ रहा है) का उद्धरण देते हुए नामवर लिखते हैं, **भारतीयता की पहचान करते समय उस लहू में फर्क धीरे-धीरे मिट नहीं जाता, बल्कि लहू में फर्क दिखायी पड़ने लगता है** (हमारी साहित्यिक परम्परा और भारतीयता की सही पहचान)। यह व्याख्यान 1991 का है, मार्च महीने का। व्याख्यान के गद्य में एक बड़ी चालाकी छुपी है, सीधे हमला न करने की चालाकी। धीरे-धीरे बात खुले तो भारतीयता का असली रूप सामने आये। नामवर जी का यह व्याख्यान इन शब्दों से विराम लेता है **शायद यह पदार्थमयता हमें हमारी भारतीयता को और शायद हमारी साहित्यिक परम्परा को परिभाषित करने की एक दिशा दे सके।** सन्दर्भ रवीन्द्रनाथ टैगोर का है जिनके अनुसार मनुष्य असल में पृथ्वी से जुड़ा हुआ है और **पदार्थ की पदार्थमयता साहित्य में विविधता पैदा करती है।** यहाँ अभिप्राय है उस भारतीयता से जिसकी एक पहचान बन गयी है, प्राचीनता की ओर वापसी। सब कुछ हमारे पास था, अब भी है लेकिन हम कभी जागे नहीं हैं। भारतीयता का सोच दुष्परिणाम भी दे गया है। 1947 के पहले भारत का बँटवारा हुआ। उस समय भी भारतीयता का सोच मौजूद था और आज के समय में तो एक-दो क्या कई टुकड़ों में बँट जाने का खतरा तो है ही। इसलिए अखण्ड भारत अपने व्यवहार में **एकता से निःसृत होने वाली अनेकता है।**

कई अध्येता गद्यकार से बहुत उम्मीद रखते हैं। वैसा लिखेगा गद्यकार कि हवा भी थम जायेगी कुछ पल के लिए। यह स्वभाव कविता का नहीं है। निबन्ध विधा पर विचार करते समय सुधीजन इस विधा की ओर भारतेन्दु के झुकाव का कारण तत्कालीन समय के दबाव को मानते हैं। भारतेन्दु के कविता लिखने के प्रसंग को अक्सर भुला दिया जाता है। **काशी की गंगा** उनकी प्रसिद्ध कविता है। ऐसे कई उदाहरण मिलेंगे कविता के जिनमें इस विधा की सीधी प्रतिक्रिया या उसका असर हुआ है। **सुभद्रा कुमारी चौहान** की कविता (वीरों का कैसा हो वसन्त) विश्वसनीय मिसाल है। कहते हैं कि **मैथिलीशरण गुप्त की** रचना **भारत भारती** पढ़कर उस समय की युवा पीढ़ी आन्दोलित हो उठी थी। इसे समय का दबाव कहा जा सकता है या उस दौर के काव्य-लेखन की प्रवृत्ति। कुछ मानते हैं कि एक समय में कविता का वैशिष्ट्य किसी एक प्रवृत्ति से तय नहीं होता है। अगर ऐसा हुआ भी है तो आधुनिक काल को शुक्ल जी 'गद्य काल' क्यों माने? कहीं उनके मन में यह बात रही होगी कि आधुनिक काल की सामाजिक प्रवृत्तियाँ कोई एक दिशा नहीं दिखाती है। स्वदेशी की एक दिशा थी, समाज के दूसरे हिस्सों में अपने तरीके से परिवर्तन हो रहे थे। कुछ इसे ब्रिटिश राज का असर मानते थे और कुछ अपने देश की मिट्टी की उपज। देखना यह भी है कि विधा और सामाजिक विकास का एक-सा सम्बन्ध नहीं होता है। जहाँ भाषा संरचना के स्तर पर तथ्यगत होकर सामने आती है, वहाँ विचार की प्रधानता होती है। इसके लिए निबन्ध विधा से बेहतर कोई दूसरा मंच नहीं

हो सकता है। जहाँ भाषा अपने बहुआयामी अर्थ में आती है, वहाँ शब्द और उसका संयोजन महत्त्वपूर्ण हो जाता है। **वीरों का कैसा हो वसन्त** कविता में कहीं भी नयी पीढ़ी से ऐसा करने और न करने की सलाह नहीं दी गयी है। 'शब्द-चित्र' कुछ ऐसा है कि पाठक या श्रोता को कुछ निर्णय के लिए मजबूर कर देता है। ललित कलाओं में भाषा की भूमिका नहीं होती। इसलिए वहाँ विचार गौण हो जाते हैं। सामाजिक विकास के साथ ही साहित्य और कलाएँ विकसित होती हैं। साहित्य के रूपों में निबन्ध ही एक ऐसी विधा है जहाँ विचार और लेखक बिल्कुल आमने-सामने होते हैं। दूसरी विधाओं को लेकर कई आलोचक उसे इतिहास-लेखन से बिल्कुल भिन्न मानते हैं। अंग्रेज़ी उपन्यास के गम्भीर आलोचक **राल्फ फॉक्स** (उपन्यास और लोक जीवन/1957) ने लिखा है कि उपन्यास के यथार्थ का इतिहास-लेखन से सम्बन्ध नहीं होता है। केवल घटनाओं का रोचक वर्णन करने से उपन्यास नहीं लिखा जा सकता है। फॉक्स गद्य के रूपों का अन्तर समझते थे। इसलिए उपन्यास जैसी जटिल विधा को वे केवल विचारों का संवाहक नहीं मानते थे। उपन्यासकार जिन पात्रों का सृजन करता है, वह पात्र उसका अपना नहीं होता। वह अपनी अनुभूति और कल्पना से उसे अनुप्राणित करता है। फॉक्स यह चर्चा रूसी भाषा के उपन्यासकार दिमित्रोव को लेकर करते हैं। और वे मानते हैं कि दिमित्रोव की कल्पना में जो संसार आया होगा, वह निश्चित रूप से वास्तविक दिमित्रोव से भिन्न रहा होगा। फॉक्स की मानें तो कोई उपन्यासकार महान् इसलिए है कि वह अपनी कल्पना से नयी दुनिया का सृजन करता है। नये पात्रों के साथ जद्दोज़हद करता है।

निबन्ध की संरचना में कल्पना वहीं तक है जब गद्यकार तथ्यों की सजावट करते समय किसी अनुमान पर पहुँचता है। विचारक या विद्वान वाचन-शैली में कल्पना का उपयोग अवश्य करते हैं। उनका दायरा उपन्यास की तरह फैला नहीं होता है। उपन्यास जिस रूप में दृश्य-विधान प्रस्तुत करता है, अगर वह निबन्ध विधा में आ जाये, वाचन में आ जाये, तो ऐसे में वह केवल गद्यकार नहीं होगा, गद्य शिल्पी होगा। विचारों में भी एक प्रकार की दृश्यता होती है। उसे उकेरने की कला पहले वाचन में आती है, फिर लिखने में। यह दृश्यता कभी घटना-सन्दर्भ में छुपी होती है, कभी विचारों की शृंखला में। शुक्ल जी **काव्य : काव्य की साधना** के पहले अवतरण में जो कुछ कहते हैं, उससे मन में एक दृश्य उपस्थित होता है जो **कर्मयोग** और **भावयोग** में विराम लेता है। उनके **काव्य में प्राकृतिक दृश्य** के पहले अवतरण में रूप, शब्द और गन्ध का जैसा उल्लेख है, वह कुछ-कुछ दृश्य जैसा ही है। इस अर्थ में निबन्ध का लेखक या विमर्शकार उपन्यास के करीब होता है। ऐसे स्थलों पर अनुभूति और कल्पना का संयोग दिख जाता है। कई बार विचारों की कड़ियाँ कुछ इस तरह गद्य में निर्मित होती हैं कि पाठक के मन में सहज एक दृश्य बनने लगता है। 'मनुष्य एक सामाजिक प्राणी है' इस विचार से गुजरते

हुए पाठक के मन में कोई समाज तो आता ही है चाहे वह अपने आस-पास का समाज ही क्यों न हो।

यह अक्सर माना जाता है कि गद्य का विकास निबन्ध विधा से हुआ है। नामवर भी (वसुधा अप्रैल-जून, 2002) मानते हैं। कथाकार अरुण प्रकाश से लम्बी बातचीत में वे आख्यानपरक गद्य का महत्त्व दर्शाते हैं। उनके अनुसार नाट्य भाषा और आख्यान भाषा में हिन्दी का गद्य जिस रूप में आया है, उस पर विचार होना चाहिए। और इस विचार करने के क्रम में उर्दू के गद्य को ध्यान में रखना होगा। नामवर के अनुसार **उर्दू में खड़ी बोली गद्य का बड़ा साफ़-सुथरा रूप जितना पहले उर्दू में आया और उसका एक रूप यह भी था कि उर्दू में कविता पहले शुरू हो गयी थी खड़ी बोली की।** यह एक बड़ी वास्तविकता है और इस दृष्टि से हिन्दी का गद्य सामाजिक समन्वय का गद्य रहा है। इसका एक दूसरा महत्त्वपूर्ण पहलू है कि दूसरी भारतीय भाषाओं में गद्य का विकास वहाँ की देशी परम्परा तक ही सीमित रहा। हिन्दी की तुलना में गद्य की दूसरी विधाएँ नाटक और उपन्यास दूसरी भारतीय भाषाओं में पहले आये लेकिन कई कारणों से वे अपने ही इलाके में सिमटे रहे। बंगाल और आंध्र प्रदेश, ये दो अहिन्दी राज्य उर्दू के केन्द्र रहे। परन्तु वहाँ भी गद्य का स्वरूप देशी से ऊपर नहीं उठ सका। प्रेमचन्द का महत्त्व केवल हिन्दी के गद्यकार के रूप में नहीं रहा है। वे उर्दू का गद्य लेकर हिन्दी में आये थे। गद्य का वह रूप बोलचाल के बहुत करीब था। नामवर जी का एक प्रिय शब्द है **बोलता गद्य**। उदाहरण देते हैं महात्मा गाँधी की आत्मकथा का। गुजराती में लिखी उनकी आत्मकथा गद्य की सादगी का उकृष्ट उदाहरण है। हिन्दी में प्रेमचन्द जिस गद्य को लेकर आये, उसका वाक्य-विन्यास समन्वय का था, लोगों को जोड़ने वाला था। उनका शुरुआती उपन्यास है **असरारे मआबिद** (देवस्थान रहस्य), 1902 का उपन्यास है। मेरी समझ से शायद यह हिन्दी का पहला उपन्यास है जिसमें बोलचाल के शब्दों का विन्यास है। उस में ब्रज और अवधी इलाके की छौंक है। एक दोहा है चार पंक्तियों का, जिसका टोन लोक गीत जैसा है या जिसे लोक गीत भी कह सकते हैं, **सास ननद मोहें बरही मारे/सास ननद मोहें बरही मारे/भला का पइहैं मौका जलाई/रँगीले बलम काहे करो चतुराई।** इस उपन्यास में अवध के इलाके का मिज़ाज आया है। छोकरी (स्त्री पात्र) शराब पिलाती हुई कहती है, 'मुँह लगाये डोमनी नाचे ताल-बेताल।' उसके संवाद में अवधी और भोजपुरी का ठेठपन है। वह कहती है, 'इस तरह हथेली पर सरसों नहीं जमायी जाती।' इस छोटे उपन्यास में लोकोक्तियों का अद्भुत प्रयोग मिलता है। परन्तु कोई यह न समझे कि प्रेमचन्द के गद्य का यही रूप उनके उपन्यास साहित्य का आधार बना। वह भी एक आधार था जो अब लगभग विलुप्त प्राय है। एक दूसरा रूप **प्रेमाश्रम** में मिलता है। इस उपन्यास का पहला दृश्य। गाँव के चित्रण में बोलचाल की ठनक है। लखनपुर में परगना के हाकिम की पड़ताल थी। गाँव

में अफरा-तफरी मची थी। कुछ शब्दों में यह पूरा वर्णन आगे के कथा साहित्य का आधार बना। **प्रेमाश्रम** और बेनीपुरी की कहानी **कहीं धूप कहीं छाया** का मिलान कर देखने पर गद्य की आंचलिकता के भीतर सार्वभौमिकता का अहसास होता है। इन दोनों गद्यकारों के यहाँ उर्दू हिन्दी प्रदेश की बोलियों से उपजी भाषा का बोध कराती है। **प्रेमाश्रम** में दुखरन अंग्रेज़ हाकिमों की तारीफ में कहता है, **जैसा उनका अकबाल है, वैसा ही नारायण ने स्वभाव भी दिया है।** इस उपन्यास के पूरे सन्दर्भ में भारतीय सामन्तवाद की धज्जी उड़ी है। उग्र वामपन्थी इसे पढ़कर सुकून पायेंगे, लेकिन अंग्रेज़ों की तारीफ सुनकर शायद बिदकें भी। वे समझें कि प्रेमचन्द का गद्य अपने समाज के भीतर निठल्लों की नौकरशाही का चित्रण कर रहा है। इसके बनिस्बत अंग्रेज़ों को अच्छा मानने की मानसिकता ज़रूर बनी थी। प्रेमचन्द हिन्दी समाज में फैले अन्तर्विरोध को दर्शा रहे हैं। उस दौर के बड़े-बड़े इतिहासकार इसे रेखांकित नहीं कर सके थे।

'आत्मानुभूति' को छायावाद में बहुत महत्त्व मिला है। आत्मानुभूति की बात हो और जयशंकर प्रसाद की चर्चा न हो, इसे पचा पाना बहुत मुश्किल है। नामवर रेखांकित करते हैं, **प्रसाद जी ने इस सत्य को ठोस उदाहरण द्वारा स्पष्ट करने के लिए तुलसी और सूर के वात्सल्य-वर्णन की तुलना की और इस क्षेत्र में सूर की श्रेष्ठता का विश्लेषण करते हुए उन्होंने कहा कि शब्द-विन्यास पटुता तथा कला में किसी प्रकार सूर से कम न होते हुए तुलसी राम के वात्सल्य की वैसी अभिव्यक्ति इसलिए नहीं कर सके कि उनमें उस विषय की आत्मानुभूति की प्रधानता न थी** (छायावादी आलोचना/1953)। उन दिनों और पहले भी प्रसाद जी पर कलावादी होने का आरोप लगता रहा था। प्रयोगवाद की तरफ से यह आरोप ज़्यादा लगा। ऐसा करने पर ही उन्हें एक गलियारा, साफ़-सुथरा, मिलता। नामवर प्रयोगवाद की इस राजनीति को समझ रहे थे। परन्तु ऐसा करने का उद्देश्य प्रसाद के बचाव में निहित नहीं था बल्कि नामवर प्रसाद के निबन्ध **काव्य और कला** का मर्म बताते हैं। प्रसाद जी के इस लेख का असली मुद्दा है अभिव्यक्ति का मर्म खोलना। कहाँ अभिव्यक्ति रूपाकार होती है? कलावादी अभिव्यक्ति को नितांत निजी बताते थे। प्रसाद लिखते हैं, **व्यंजना वस्तुतः अनुभूतिमयी प्रतिभा का स्वयं परिणाम है।** इसे इस अर्थ में लेना चाहिए कि अनुभूति जितनी व्यापक होगी, व्यंजना उतनी ही अर्थ-बहुल और मार्मिक होगी। इसके लिए अलंकार, वक्रोक्ति आदि सम्प्रदायों में विचरण करने का कोई मानी नहीं है। सूरदास की आत्मानुभूति वात्सल्य की गहराई तक थी और सूर के काव्य का यह उद्देश्य भी था। तुलसीदास की आत्मानुभूति के हिस्से में वात्सल्य भी अपने महाकाव्य का एक कारक था। नामवर का यह लेख शोधपरक है। ऐसे लेखों में आमतौर पर गद्य का दायरा सिकुड़ जाता है। वहाँ उसके 'शब्द शिल्पी' होने का

कलात्मक सौन्दर्य अनुभूत नहीं होता है। यहाँ सन्दर्भ, वहाँ सन्दर्भ, पाठक सन्दर्भों के तेज़ आलोक से खुद ही अन्धकारमय होने लगता है। नामवर जी के इस लेख के प्रारम्भ में ही गद्यकार अपना मक़सद बता देता है। मक़सद है छायावादी आलोचना के ऐतिहासिक महत्त्व को रेखांकित करना। इसे पूरा करने के लिए **पल्लव** और **निराला** के लेखों के संकलन का सन्दर्भ आया है। गद्य का सौन्दर्य यथावत रहता है। वह सन्दर्भों की चादर से ढक नहीं जाता है। इसी लेख में निराला के जरिए यह बात आयी है कि हिन्दी का व्यंजन-संगीत संस्कृत से मूलतः भिन्न है। संस्कृत से भिन्नता वर्णों की संगति से लेकर भाव की व्यापकता तक में है।

ध्यातव्य है कि **इतिहास और आलोचना** में संकलित यह निबन्ध 1953 का है। पुस्तकाकार रूप में संकलन 1957 ई. में छपा। पचास के दशक में काव्य-आन्दोलन छोटे अन्तराल से लहरें बदल रहे थे, नयी कविता, नकेनवाद, अकविता और भी अनेक वादों से पाठकों का साक्षात्कार हो रहा था। इन से घबराकर **नन्द दुलारे बाजपेयी** (नयी समीक्षा-प्रणाली) कविता को मापने की पाँचवीं रेखा के रूप में फ्रायडवाद और मार्क्सवाद का उल्लेख कर रहे थे। स्वयं नामवर जी ने छायावादी आलोचना वाले लेख में इस आन्दोलन से उपजे समीक्षकों **नन्द दुलारे बाजपेयी, शान्तिप्रिय द्विवेदी** और **नगेन्द्र** को रखा है। शान्तिप्रिय द्विवेदी जी का चर्चित निबन्ध है 'छायावाद का उत्कर्ष।' महत्त्व की बात है कि द्विवेदी जी पन्त के कवि-व्यक्तित्व को जिस ऊँचाई पर ले जाते हैं, उनके गद्यकार व्यक्तित्व को बिल्कुल खुरदुरे धरातल की अभिव्यक्ति मानते हैं। ये शब्द उन्हीं के हैं, **जिस गद्य भाषा में पन्त नवीन मानवता का विचार दे रहे हैं, उन विचारों में शुष्क मैटर ऑफ फैक्ट तो है, किन्तु कला का फ्लो और फोर्स नहीं**। नामवर अपने लेख (छायावादी आलोचना) में पन्त की समीक्षा में **विश्लेषण-क्षमता** और **सन्तुलन** देखते हैं। वे **पल्लव** की लम्बी भूमिका को कुछ शब्दों में सूत्रबद्ध करते हैं, कविता के लिए 'चित्र भाषा' की आवश्यकता, भाव और भाषा का सामंजस्य, संगीत के स्वाभाविक विकास की समझ इत्यादि। शान्तिप्रिय द्विवेदी के मानस में कहीं **पल्लव** की भूमिका की मौजूदगी तो थी, लेकिन वे गद्यकार के रूप में पन्त को समझने में कहीं चूक जाते हैं। इसका कारण द्विवेदी युग के गद्य का प्रभाव था। इसलिए 'मैटर ऑफ फैक्ट' वाली बात यहाँ आयी है। आश्चर्य यह कि अपने लेख (छायावाद का उत्कर्ष) में द्विवेदी जी द्विवेदी युग की कविता की प्रवृत्तियों पर तो विचार करते हैं, लेकिन उस समय के गद्य को छोड़ देते है। छायावादी कविता और गद्य दोनों पर विचार करते हैं और फिर पन्त के बहाने छायावाद के समय के गद्य को द्विवेदी युग की पुनरावृत्ति ही मान बैठते हैं। नामवर, पन्त और निराला की समीक्षा-प्रणालियों पर विचार करते हुए इस बात पर जोर देते हैं कि उनकी समीक्षा **साहित्य-सृजन के अनुभवों से उत्पन्न हुई है**। समीक्षा को सृजन-कला बताने का साहस उस दौर के कुछेक लेखकों में था। छायावाद के दौर के गद्य को द्विवेदी युग की

पुनरावृत्ति बताने के पीछे एक कारण था, यह विभाजन तय करना कि द्विवेदी युग का गद्य प्रबल था और बाकी निर्बल नहीं तो सामान्य। दूसरा कारण यह बताना था कि शुष्क गद्य की छाप द्विवेदी युग की कविता पर भी थी, यह आग्रह केवल उन्हीं का नहीं था। एक आम धारणा थी, द्विवेदी युग को लेकर थोड़े परिवर्तन के साथ। यह अक्सर सुना जाता था कि द्विवेदी युग-व्याकरण की रोशनी से गद्य को समझने का युग है। छायावाद युग में कविता का परिष्कार हुआ था। गद्य व्याकरण की जंजीरों में ही बँधकर रह गया, ऐसा समझा जा रहा था। नामवर काव्य आन्दोलन के समय के गद्य को भी देख रहे थे। ऐसा कैसे हो सकता है कि कविता को उत्कर्ष देने वाला छायावाद आन्दोलन के दौर में 'आलोचना' विधा महज तथ्यपरक बनकर रह गयी हो। अगर ऐसा ही हुआ है तो छायावाद को कला की दुनिया में कला की रोशनी से देखा जाना चाहिए था। फिर 'नारी-मुक्ति', 'वैयक्तिक स्वतन्त्रता', 'आत्मानुभूति'; इन सब की चर्चा करना व्यर्थ है। लोग यह मान लें कि छायावादी मूलतः कलावादी थे और प्रयोगवादी बौद्धिकवादी। नामवर अपने छायावादी आलोचना वाले लेख में दो बड़ी जिम्मेवारियों को पूरा करते हैं, एक, गद्य और पद्य के सामंजस्य का महत्त्व बताते हैं, दूसरा, छायावादी कवियों के आलोचना-विवेक का सही मूल्यांकन करते हैं। एक, तीसरी जिम्मेवारी को भी वे पूरा करते हैं, आलोचना को सृजन-कला समझने की सिफ़ारिश। गद्यकार केवल विमर्शकार नहीं होता है, वह अपने समय की असंगति का इलाज भी करता है। छायावादी आलोचक भारतेन्दु युग और द्विवेदी युग के गद्य और पद्य की दूरी देख रहे थे। नामवर छायावादी कवियों के आलोचना विवेक में रोमांटिकता को देख रहे थे। वे यह देख रहे थे कि छायावाद के कवि भारतेन्दु से लेकर द्विवेदी युग तक की परम्परा से अलग लीक बनाते हैं जो उस समय की आवश्यकता थी। कविता के इलाके में जिस प्रकार के परिवर्तन हो रहे थे, गद्य का इलाका उससे अछूता नहीं था। नामवर यह भी बता रहे थे कि छायावाद के खालिस आलोचक छायावाद को केवल शिल्पगत आन्दोलन मान रहे थे। ये वे लोग थे जो छायावाद के व्याख्याकार समझे जाते थे। 1957 में नामवर जी की छायावाद वाली किताब आयी थी। इस पर चर्चा आगे।

जब भी अखण्ड भारत की चर्चा होती है, अनेक प्रकार की सरणियों में से किसी एक का चयन करके उसी का कुनबा बनाने की कोशिश होती है। कुनबापरस्ती के दौर में ही निजी और विदेशी पूँजी के निवेश पर चर्चा होने लगती है। इसे लेकर चिन्ता बढ़ जाती है। अखण्ड भारत जब भी जोर मारता है, उसके पीछे कोई विदेशी शक्ति सक्रिय रहती है जिसे हम देख नहीं पाते हैं, समझ नहीं पाते हैं। कृष्ण सिंह के एक लेख (पूँजी की गैस, सत्ता की हवा/समयान्तर/दिसम्बर, 2012) में एक सन्दर्भ रिलायंस कम्पनी के मालिक धीरू भाई अम्बानी का आया है, **उनके एक हाथ में सोने का और दूसरे हाथ में चाँदी का जूता होता है।** सरकारी अफसरों के सेवानिवृत्त

होने के बाद उन्हें नौकरी देने और उनके बाल-बच्चों का करियर बनाने की लुभावनी पेशकश के आगे राज सत्ता भी बौनी बनी रहती है। इसे राज सत्ता का भोलापन नहीं समझना चाहिए। सत्ता अपने ही बनाये कानून की हिफ़ाजत करनेवालों से संचालित भी होती है। सत्ता को भी अपने लेखक चाहिए। अगर उसकी ज़रूरत अपनी कार्यपालिका से पूरी होती है, तो निश्चय ही उसके लिए स्वागतयोग्य है। पहले और अभी के भारत में एक फर्क है। कोई कह सकता है कि स्वतन्त्रता आन्दोलन के पहले अखण्ड भारत की विचारधारा राष्ट्रवाद के पर्यायवाची के रूप में पेश की जा रही थी। बंगाल में ही कई ऐसे नेता थे जो हिन्दूवाद और राष्ट्रवाद को एक समझ रहे थे। उसको चुनौती देने वाली ताकत भी थी जो धीरे-धीरे कमज़ोर पड़ी है। ध्यातव्य है कि पिछले बीस साल के दौर में अखण्ड भारत, हिन्दू भारत और सनातनी भारत बनाने का जोर रहा है। जो भारत बन रहा है, उसे लेकर भारतीय नेताओं की टिप्पणी रही है, कोई विकल्प नहीं है सिवाय विदेशी शक्तियों के आगे हाथ फैलाने के। अखण्ड भारत की हवा चली हुई है। देश का एक बड़ा पूँजीपति खुले तौर पर राज सत्ता और कार्यपालिका को चुनौती दे रहा है। कह लें कि अखण्ड भारत के दौर में लोकतन्त्र कमज़ोर हुआ है। बाज़ार मज़बूत हुआ है। विकास पर मुनाफ़ा हावी रहा है। बहुत पहले **बहुवचन** (वर्धा/जून, 2002) में अर्थशास्त्री **कमल नयन काबरा** का एक लेख छपा था। लेख का निचोड़ था कि वर्तमान में प्रचलित आर्थिक नीतियों का मूल तत्त्व रहा है मुनाफ़ा बढ़ाकर निवेश को मज़बूत करना। एवज में संसाधनों के अभाव पर चर्चा जोरों पर रहती है। गरीब तबका सरकार के परोसे तर्क को समझे और मुनाफ़ा बढ़ाने वाले बाज़ार को छुट्टा छोड़ दे। अर्थशास्त्री काबरा आज के भारत का पेंच खोल रहे हैं। उनके अनुसार आज विदेशी कम्पनियाँ भारत में विद्यमान कम्पनियों को खरीदने या उन्हें अधिगृहीत करने में अधिक रुचि ले रही हैं ताकि बाज़ार पर उनका कब्ज़ा कायम रहे। हिन्दी प्रदेश को लेकर नामवर की चिन्ता जायज़ है। एक ऐसा प्रदेश जो अब तक पूरी तरह से कृषिप्रधान भी नहीं हो सका है, जहाँ कृषि-उद्योग का पर्याप्त विकास नहीं हुआ, वहाँ के बाज़ार पर विदेशियों का कब्ज़ा हो जाना नामुमकिन नहीं है। आलोचक **रविभूषण जी** से एक बातचीत (प्रभात खबर/दीपावली अंक/2002) में वे गन्ना को-ऑपरेटिव न बन पाने पर अफसोस जताते हैं। न कांग्रेस ने इसमें रुचि ली और न बाद के दौर में चरण सिंह इसमें रुचि लिए। पश्चिमी उत्तर प्रदेश में गन्ना उद्योग है। कांग्रेस हो या चरण सिंह का समय हो, यह उद्योग विकसित नहीं हो सका। इसके फलस्वरूप हिन्दी प्रदेश का आधुनिकीकरण व्यापक रूप नहीं ले सका। इसी बातचीत में वे साफ़ तौर से कहते हैं, **हिन्दी प्रदेश के नेता लोहिया और जयप्रकाश नारायण हुए, कम्युनिस्ट नहीं हुए।** लोहिया जी के कारण वर्णवाद को बढ़ावा मिला और जयप्रकाश के कारण सम्प्रदायवाद को। फलस्वरूप हिन्दी प्रदेश

पर जातिवाद और सम्प्रदायवाद दोनों हावी होते चले गये। विदेशी शक्तियों के लिए इससे बढ़िया अवसर कहाँ मिलेगा?

गद्य की भाषा कविता की अपेक्षा अधिक बेबाक होती है। कविता में आयी जटिलता को लेकर आलोचक कठिन शब्दों को जिम्मेवार नहीं मानते हैं। कविता की संश्लिष्टता शब्दों की संगति में हैं। गद्य में विचारों के प्रधान होने के कारण असल चीज़ देखी जाती है, गद्यकार की बेबाकी। इसका अभिप्राय जान-बूझकर किसी को आहत करने का नहीं होना चाहिए। स्पष्टता विचारों में होनी चाहिए। किसी का व्यक्तित्व बाहर से चाहे जैसा लगे। वर्णवादी ठीक इसका उल्टा मानते हैं। 'काला ब्राह्मण, गोर चमार' को खतरनाक माना जाता है। यह वर्णवादी सोच है जो कई बार गद्य को प्रभावित कर जाता है। लोहिया एक तरह के वर्णवादी थे और गुरु गोलवलकर दूसरी तरह के। यानि एक वर्ण व्यवस्था के ख़िलाफ़ और दूसरा वर्ण के पक्षधर। बेबाकी दोनों में थी। लोहिया जी भाषा में तद्भवीकरण के हिमायती थे और गोलवलकर तत्समीकरण के। लोहिया अंग्रेज़ी के ख़िलाफ़ लड़े, गोलवलकर संस्कृत के लिए लड़े और दोनों एक जगह मिले। बेबाकी दोनों में थी। किस प्रकार के विचार को आगे बढ़ाना है और किसे पीछे कर देना है, लोहिया जी इसके कुशल कलाकार थे। लोहिया जी के गद्य में तात्कालिक भावुकता है **पहले तय करो सौ में साठ,** फिर देशी उद्योग के विकास पर बात होगी। गोलवलकर भी कहा करते थे, पहले तय करो, हिन्दू या मुस्लिम भारत, फिर विकास की बात करेंगे। विचारों की प्रधानता के कारण अच्छे गद्य को विचारों से विहीन नहीं माना जा सकता है। एक अच्छी कविता के लिए विचारों को कारण मान लेना उसकी प्रकृति में नहीं है। लोहिया की भाषा एक दौर में सीधे-सीधे जनता को अपील करती थी। उसका कारण था भाषा में एक प्रकार का जुझारूपन। जुझारूपन से विकल्प की आशा ज़रूर बँधती है। दिक्कत यह है कि कई बार विकल्प की तस्वीर पीछे रह जाती है और ताक़त आगे चली आती है। अंग्रेज़ी के विद्वान महात्मा गाँधी ने कहा, अंग्रेज़ी नहीं चाहिए, आज़ादी के बाद के वर्षों तक हिन्दी के प्रति कई नेताओं का मोह बना रहा था बल्कि कई नेता हिन्दी के अच्छे लेखक भी थे। लोहिया जी अंग्रेज़ी के ख़िलाफ़ आन्दोलन चलाये, उनके समय में आन्दोलन चला भी। परन्तु उनके जाने के बाद आन्दोलन प्रतिगामी रूप ले लिया। कारण कि लोहिया हिन्दी भाषा को साम्राज्यवाद विरोधी ढाल के रूप में नहीं देख रहे थे। गाँधी उसे अपने राजनैतिक मक़सद को पूरा करने का एक मात्र माध्यम मान रहे थे। मुझे स्मरण है कि लोहिया जी की मृत्यु के बाद इलाहाबाद की एक विचार गोष्ठी में नामवर जी ने उनके विचारों में लचीलापन होने की बात कही थी। दरअसल वहाँ उनका अभिप्राय विचारों के ढुलमुलेपन से था। लोहिया कहा करते थे कि **जनता पाँच साल इन्तज़ार नहीं करती है**। पहले वे लड़ने की प्रेरणा देते थे, फिर वे 'सौ में साठ' की बात कहते थे। पहले जनता को तैयार

करना फिर उस पर अपने विचार थोपना। गद्य में भाला-बर्छी जैसी रफ़्तार ज़रूर थी। तुरत आन्दोलित करने वाली गति थी। लक्ष्य खतरनाक था। बहुत साफ़ नहीं था। नामवर के गद्य में आन्दोलित करने वाली अफरा-तफरी नहीं है। एक सम्यक और धीरे-धीरे असर करनेवाला दबाव है। **सज्जाद ज़हीर** के बारे में वे कहा करते हैं कि उनकी मद्धिम चाल को देखकर क्रान्ति लाने या करने का जोश मन्द पड़ जाता था। लोग कहते भी थे कि सज्जाद ज़हीर की चाल में चलोगे तो क्रान्ति होने से रही।

नामवर उन गद्यकारों में हैं जिनके यहाँ कोई जल्दबाजी नहीं है, न लिखने में न बोलने में। बेबाकी दोनों में रही है। बिल्कुल **धीरे-धीरे रे मना** वाली स्थिति है। वे गद्य में धीरे-धीरे पैर बढ़ाते हैं। एक बहुत अच्छा सन्दर्भ आलोचक और कवि **भरत यायावर** (नामवर सिंह का आलोचना कर्म : पुनः पाठ) की किताब में आया है। समय 1974, बाँदा **प्रगतिशील लेखक संघ** के सम्मेलन में नामवर जी वामपंथियों की तीखी आलोचना कर गये। **आलोचना** के एक अंक (अप्रैल-जून, 1974) में सम्पादकीय छपा, **प्रगतिशील साहित्य-धारा में अंध लोकवादी रुझान**। ये नामवर जी का ही जुमला है क्रान्तिकारी वामपंथियों के लिए **और कमी भले हो, वाणी में न वीरता कम है, न क्रोध**। भरत यायावर नामवर और रामविलास जी की बहस का सन्दर्भ मात्र देते हैं और अपनी टिप्पणी अपने ही भीतर बासी होने देते हैं। यहाँ एक बात बहुत स्पष्ट है कि रामविलास जी अस्सी के दशक के साम्राज्यवाद को मज़बूत नहीं मानते थे, जबकि नामवर उस समय और आज भी साम्राज्यवाद के ख़िलाफ़ एक बड़े जंग की तैयारी में 'स्वदेशी' को महत्त्व देते हैं। इसलिए वे महात्मा गाँधी को बार-बार याद करते हैं। गाँधी बाज़ार के ख़िलाफ़ नहीं थे। वे मुनाफ़ाखोरी के वर्चस्व को तोड़ना चाहते थे। यह वर्चस्व साम्राज्यवाद का एक बड़ा हिस्सा था। वर्चस्व तोड़ना आसान नहीं होता है। सबकी साझेदारी भी हो और न्यूनतम मतभेदों को दरकिनार करने की कोशिश भी। इसी दृष्टि के हिमायती नामवर के गद्य में मंथर गति है जो अचानक कभी विस्फोट भी कर सकती है, उचित समय और मौसम को देखकर। हाल के दिनों में युवा कथाकार **शर्मीला बोहरा जालान** की एक उक्ति का स्मरण (वागर्थ/2014) हो आया, **स्मार्ट लेखन की कोशिश है, जिसका परिणाम रोमांचक और गुदगुदाने वाला साहित्य भी है**। जालान आज के समय के लेखन को रेखांकित कर रही हैं। नामवर के गद्य में एक बुलन्दी है जो नारेबाजी और 'स्मार्ट' से दूर है। गद्य की इस स्थिति में भावुकता प्रधान नहीं रह जाती है। वाक्य-संरचना भी कुछ-कुछ इसी तरह बन जाती है। इकहरापन होता है वहाँ। वाक्य में 'ऐसा भी हो सकता है' के भार से गद्यकार के स्व-निर्णय का पता नहीं चल पाता। यह भी सही और वह भी सही, के बीच पूरा गद्य लटक जाता है। गद्य-कला वहाँ खिलती है जहाँ लेखक संवाद 'क्रिएट' करता है, जहाँ पाठक के मन में तुरत कोई सवाल पैदा होने लगता है। ऐसा ही गद्य-लेखक तथ्य और दृष्टि की सही मिलावट कर पाता

है। एक-दो उदाहरणों से इसकी पुष्टि की जा सकती है। नामवर दैनिक अखबार **सहारा समय** में स्तंभ लिखा (2003) करते थे। एक आलेख **वो इन्तज़ार था उसका** (16 अगस्त) की प्रारम्भिक पंक्ति नयी पीढ़ी को सवाल और चिन्ता दोनों से घेर लेती है, **पन्द्रह अगस्त के बारे में सोचता हूँ तो सबसे पहले वही याद आता है कि उस ऐतिहासिक अवसर पर गाँधी जी दिल्ली में नहीं थे। क्यों नहीं थे गाँधी जी**? यह सवाल कई सवाल पैदा कर जाता है। पहला, क्या गाँधी जी 15 अगस्त के दिन को लेकर पूरी तरह असन्तुष्ट थे? दूसरा, ऐसा क्या हुआ उस दिन, कि राष्ट्रपिता ही इतने बड़े जश्न से गायब थे? तीसरा, बाकी नेताओं को इसकी सुध थी क्या? इसी तरह के अनेक सवाल उठने लगते हैं। यहाँ नामवर का गद्य कविता के टोन में संवाद कर रहा है। फिर आगे इस स्तंभ लेख में आया **राज धर्म** कटाक्षपूर्ण है और नये सवालों का केन्द्र भी। **स्तंभ लेखन** और **व्यंग्य लेखन** में थोड़ा ही अन्तर रहता है। दोनों के आकार तंग होते हैं। दोनों की आत्मा में व्यंग्य ही प्रधान होता है। भारतेन्दु के प्रहसन (वसन्त पूजा) में एक उक्ति है जिसमें **देवता** की अनुप्रास छटा में व्यंग्य खिल उठता है, **पूषा देवता मूशा देवता ईशा देवता झूठा देवता मीठा देवता गोदेवता के भक्षकों के देवता**। कहते हैं कि अनुप्रास की छटा शब्दों में होती है। बात भी सही है। परन्तु वह शब्द-सौन्दर्य तभी दिखता है जब उसमें रमणीय अर्थ हो। भारतेन्दु के इस गद्य में 'टोन' मदारी जैसा है, लक्ष्यार्थ उससे बिल्कुल भिन्न और अपने ही द्वारा क्रिएट किये गये टोन को ध्वस्त कर नये अर्थ-संसार की ओर ले जाने वाला है। अब हर कौम के लोग आपस में लड़ते रहे। इस पूरी पंक्ति में कहीं अर्द्धविराम (कौमा) नहीं है। जैसे, कोई मदारी एक सुर में कई शब्दों का उच्चारण कर जाता है। इस पंक्ति को एक रौ में पढ़ने पर दृश्य और श्रव्य काव्य का भेद भी मिटने लगता है। कहीं-कहीं गद्य में व्यंग्य की नाजुकी पाठकों के बन्द कपाट खोल देती है। 'मैं भी इस देश में उर्दू की तरह रहता हूँ' मैं ही उनके शब्द हैं **एक ज़माने में प्रगतिशील लेखक संघ, जनवादी लेखक संघ और जन संस्कृति मंच जैसी मुख्य धारा के तीनों लेखक संगठनों की सामूहिक गोष्ठियों में हिन्दी के साथ-साथ उर्दू के लेखक भी शामिल होते रहे हैं**। समझिए तो प्रहार शुरू में ही हैं। एक ही विचारधारा के तीन लेखक संगठन क्यों? आगे फिर चर्चा है हिन्दी और उर्दू के लेखकों के बीच रिश्ते को लेकर। परन्तु ऊपर तीन लेखक संगठनों का ज़िक्र एक नया संदेश भी दे जाता है कि एक ही विचारधारा के तीन धड़े होने का असर भाषाओं के रिश्ते पर भी पड़ेगा। फिर आगे उर्दू के बहाने (शिकवा और जवाब-ए-शिकवा), नामवर 1980 को याद करते हैं जिस आठवें दशक में इस्लामिक कट्टरता भी पूरे उठान पर थी और हिन्दू धर्म की कट्टरता भी। भाषाओं की दुनिया में भी कट्टरता काम करती रही है। नामवर जी के अनुसार उर्दू और मुसलमान के सम्बन्ध से आज की तारीख में इनकार नहीं किया जा सकता है।

एक प्रश्न है, साहित्य को समझने के लिए 'आलोचना' को क्यों पढ़े पाठक? क्यों न कोई पाठक नामवर के साहित्य को पढ़ने से बेहतर छायावादी कवियों को ही पढ़ ले। फिर नामवर हों, या रामविलास उनके साहित्य को पढ़ना क्यों ज़रूरी है? चूँकि आलोचना गद्य का ही एक रूप है, कहानी और उपन्यास से बिल्कुल अलग, फिर पाठक गद्य को ही क्यों पढ़ें? एक समय के पाठकों ने यह अहसास भी कराया है कि उनके लिए कहानी और उपन्यास पढ़ना समय काटने जैसा है, टाइम पास। चिनिया बदाम के छिलके हटाने, दानों में नमक लगाने और मुँह में डालने और चबाने तक में काफी समय निकल जाता है। आलोचना का इतिहास भी दरअसल कविता का इतिहास है। कहानी और उपन्यास के लिए बाद में जगह बनी। श्रीप्रकाश शुक्ल, अक्सर कहते हैं कि कविता का इतिहास हज़ारों साल पुराना है। इसलिए आलोचना भी उसी के गर्भ से आयी है। कहानियाँ शुद्ध रूप से व्यावसायिक भी होती हैं। किसी दौर में लोग कर्नल रंजीत के उपन्यास पढ़ा करते थे, गुलशन नंदा और कुशवाहाकांत को पढ़ते थे। कम-से-कम कविता सस्ते और गम्भीर होने का बोध नहीं कराती है। बात में दम है और इससे एक अभिप्राय यह भी निकला कि आलोचना का भवन गम्भीर साहित्य से बनता है। मिट्टी के गिलावे की दीवार उसे पसन्द नहीं। एक दूसरा प्रश्न उठता है, किसी भाषा में 'आलोचना' न हो, गद्य का यह रूप न हो, तो उस भाषा के साहित्य का क्या बिगड़ जाता है? हिन्दी में कहानी का विकास बहुत बाद में हुआ। उससे क्या भारतेन्दु के साहित्य का वजन घट गया? ये सवाल किसी एक आलोचक के लिए ही नहीं है या मेरा मक़सद किसी एक को महत्त्वपूर्ण बताने का नहीं है। आलोचना का विवेक एक तरह से पाठक का भी विवेक होता है। नामवर अपने 'क्लास रूम नोट्स' (वसुधा/अप्रैल-जून, 2002) में रोमानिया के विचारक **लूसिएँ गोल्डमान** की विस्तार से चर्चा करते हुए उनकी इस बात को रेखांकित करते हैं कि किसी कृति की अन्तर्वस्तु का विश्लेषण ज़रूरी नहीं है बल्कि ज़रूरी है अन्तर्वस्तु के रूप का विश्लेषण। उदाहरण के साथ समझें तो भारतीय किसानों की दुर्दशा जानने के लिए प्रेमचन्द के 'गोदान' का अध्ययन ज़रूरी नहीं है। गोल्डमान 'फार्म ऑफ कंटेंट' पर जोर देते हैं। नामवर जी के अनुसार यहाँ 'फार्म' का अर्थ है, किसी साहित्यिक कृति की मानसिक सरणियों का अध्ययन। यही वह गली है जहाँ से कोई साहित्यिक कृति का जन्म होता है। प्रत्येक अन्तर्वस्तु एक निश्चित रूप नहीं कहें, व्यवस्था में प्रकट होती है। उस अन्तर्वस्तु का विश्लेषण केवल विषय और शिल्प का विश्लेषण नहीं है। लूसिएँ गोल्डमान साहित्य के समाजशास्त्रीय अध्ययन पर जोर देते रहे हैं। उनकी शब्दावली में समाजशास्त्रीयता से अभिप्राय सामाजिक सम्बन्धों के अध्ययन का नहीं है, बल्कि मूल अभिप्राय बिल्कुल कच्चे 'फॉर्म' में किसी रचना के परिपक्व होने तक की आवश्यकता क्या रही है, इसका विश्लेषण होना चाहिए। जैसे, प्रेमचन्द का उपन्यास 'सेवासदन' 1915 में ही क्यों आया और फिर स्वदेशी आन्दोलन (1921)

के कुछ साल पहले ही क्यों? इसका विश्लेषण करने पर कई चीज़ें सामने आयेंगी। मसलन, गाँधी जी और प्रेमचन्द, संयुक्त परिवार और प्रेमचन्द, भारतीय सामन्तवाद और प्रेमचन्द। इस दृष्टि से गोल्डमान साहित्य को समझने की नयी दिशा देते हैं। नामवर जी ने इसी कारण अपने विभाग के पाठ्यक्रम में 'साहित्य का समाजशास्त्र' विषय को रखा। ऐसा करना केवल प्रयोग नहीं था। लूसिएँ गोल्डमान की अन्तर्वस्तु के फॉर्म की नयी व्याख्या साहित्य की सामाजिक आलोचना में एक आयाम ज़रूर जोड़ती है। गोल्डमान समाज विज्ञान की दुनिया में नवोदित मानव विज्ञान के समय पैदा (1913 ई.) हुए और जब मानव विज्ञान और समाजशास्त्र पूरी ऊँचाई पर था, तब उनकी मृत्यु (1970) हुई। इस पूरे समय में सामाजिक विज्ञान ब्रिटिश राज के पोषण के लिए भी काम करता रहा। कम-से-कम भारत में मानव विज्ञान का विकास ब्रिटिश बाज़ार को समृद्ध करने के लिए ही हुआ। शुरुआती दौर में भारत के ब्रिटिश विद्वान किसी जिला, राज्य और जातियों के मेनुअल बुक तैयार करने में लगे थे। इसलिए गोल्डमान फॉर्म को रचना की अन्तर्वस्तु का हिस्सा मानते हैं जो किसी रचनाकार की रचना प्रक्रिया को समझने की कोशिश है। इसका यह अभिप्राय नहीं है कि रचनाकार की मानसिक बुनावट का अध्ययन ही केवल कर लिया जाये जिस पक्ष पर अंग्रेज़ी के प्रसिद्ध आलोचक आई.ए. रिचर्ड्स का दबाव रहा है। मैं जब स्वयं नामवर की कक्षा (ज.ने.वि.) में व्याख्यान सुन रहा था, तभी मेरे मन में रिचर्ड्स अचानक आ गये। सोचा कि कुछ पूछूँ, हिम्मत नहीं हुई। गोल्डमान को पढ़ा नहीं था। फिर मन में हुआ कि जो छूट गया है, उसे उसी विभाग के दूसरे प्राध्यापक और आलोचक मैनेजर पांडेय से समझ लूँगा। पांडेय जी ने गोल्डमान की रचना का अनुवाद किया था। गोल्डमान ने अंग्रेज़ी के उपन्यासकारों का अध्ययन खास तरीके से किया। 19वीं शती के कथा साहित्य में नायक की गरिमा थी। वह असर हिन्दी के कथा साहित्य में भी रहा। इसी आधार पर कहानी के रचना विधान की व्याख्या हुई। गोल्डमान उसे दूसरे तरीके से देखते हैं। वे उपन्यास की सामाजिक संरचना और अपने समय की सामाजिक संरचना में रचनाधर्मिता खोजते हैं। गोल्डमान के तय मानकों पर देखें, आखिर 'गोदान' का अन्त ट्रेजिक ही क्यों होता है? द्वितीय विश्व युद्ध की सम्भावना थी। पूरा यूरोप भयंकर मन्दी की चपेट में था। क्या इस पूरे सन्दर्भ से भारत का किसान अछूता रहा? गोल्डमान अन्तर्वस्तु का विश्लेषण रचना के भीतर से करने पर जोर देते हैं। तीस के दशक में हिन्दी साहित्य में आयी यान्त्रिकता इस कारण थी कि आलोचक रचना की सामाजिक और राजनैतिक परिस्थितियों का विश्लेषण करके अपना दायित्व निभाते रहे थे। वह समय वर्ण व्यवस्था को लेकर भारी विरोध का था। इस कारण गोस्वामी तुलसीदास खारिज हुए। आज भी दलित साहित्य के कई मनीषी उसी यान्त्रिकता के शिकार हैं। दूसरा पक्ष है कि कई आलोचक रचना के भीतर जाकर भी उन सामाजिक परिस्थितियों का मूल्यांकन

करने से परहेज करते हैं जिनके कारण वह रचना पाठकों के बीच आयी है। यह भी यान्त्रिकता का दूसरा रूप है। गोल्डमान दोनों अतिवादों से आलोचक को मुक्त होने की बात करते हैं। परन्तु सामाजिक संरचना और रचनाधर्मिता के विश्लेषण में एक खतरा है, दोनों की अलग-अलग व्याख्या का। वामपन्थी रूढ़ता है कि सामाजिक परिस्थितियों के दर्पण में रचना की अन्तर्वस्तु को पूरी तरह उतार दिया जाये। एक दृष्टि से यह सही है, परन्तु व्यवहार में अन्तःसम्बन्ध के बदले दोनों की अलग-अलग व्याख्या हो जाती है। तीस के दशक में एक चर्चा थी कि कहीं साहित्य का इतिहास समाजशास्त्र का इतिहास न बन जाये, संगीत का इतिहास न हो जाये। जाहिर है कि यहाँ महत्त्व इस का है कि आलोचक किसी रचना को किस संवेदना से ग्रहण करता है। मन में पहले से किसी रचनाकार के प्रति उसकी संवेदना को खण्डित करता है। तीस-चालीस के दशक में तुलसीदास को लेकर पूर्वाग्रह था। महज़ इसे लेकर कि वे वर्ण व्यवस्था के घोर समर्थक थे। इसका नतीजा हुआ कि आलोचक उस बड़े रचनाकार के मानवीय पक्ष (ह्यूमन कंसर्न) को भूलते गये। हजारी प्रसाद द्विवेदी ने तुलसी को समन्वय का नायक कहा, इसके पीछे उनकी संवेदना की गहराई झलकती है। यह विचार रामचन्द्र शुक्ल के इतिहास में भी नहीं आया जिनके पूरे चिन्तन के केन्द्र में तुलसीदास थे। सम्भव है कि सामाजिक समरसता को लेकर शुक्ल जी के कुछ पूर्वाग्रह रहे हों। आश्चर्य यह कि जिस महाकवि के साहित्य में पूरे उत्तर भारत की बोलियों की शब्दावली मिल सकती है, जो पूरे समाज में हमेशा पूज्य रहा है, उसे लेकर तीस के दशक के मार्क्सवादी आलोचकों की धारणा बिल्कुल एकपक्षीय थी। वह दौर स्वतन्त्रता आन्दोलन का था। ज़मींदारी प्रथा-उन्मूलन को लेकर आन्दोलन चल रहे थे। वर्ण व्यवस्था के ख़िलाफ़ व्यापक विद्रोह था। मार्क्सवादी आलोचक खुद को इस पृष्ठभूमि से अलग नहीं रख सके।

उपर्युक्त पूर्वाग्रह को दूसरे मार्क्सवादी आलोचक रामविलास शर्मा ने समझा। चालीस के दशक में उनका लेख **गोस्वामी तुलसीदास और मध्यकालीन भारत** (1944) छपा। वे बड़े ठिकाने से अकबर की चालाक राजनीति का विश्लेषण करते हैं। बिखरे हुए हिन्दू सामन्तों को समेटने और अपने पक्ष में करने का काम अकबर के दौर में ही हुआ। शाहजहाँ के समय तक किसानों की दशा बिल्कुल बिगड़ चुकी थी। रामविलास जी ने लिखा है कि उस दौर में वर्ग-संघर्ष दबा रह गया। इसलिए किसी मध्यकालीन कवि से सीधे-सीधे वर्ग-संघर्ष का चित्रण करने की उम्मीद नहीं की जा सकती है। आगे उसी लेख में तुलसी के कई दोहों का उल्लेख है जिनमें किसानों की दुर्दशा का चित्रण हुआ है। हिन्दी में मार्क्सवादी आलोचना की अतिवादिता अपने शुरुआती दौर में ही खण्डित हुई थी जिसका श्रेय रामविलास जी को है। परन्तु खेद है कि वे समन्वयवादी तुलसी को नहीं समझ सके या अगर समझे तो किसी पूर्वाग्रह वश इसकी चर्चा नहीं कर सके। हजारी प्रसाद द्विवेदी मार्क्सवादी नहीं थे, लेकिन

सामाजिक समरसता को समझ रहे थे। इसलिए उन्होंने तुलसी को समन्वय का नायक कहा। यहाँ संवेदना की गहराई नया रूप लेती है। **लूसिएँ गोल्डमान** के महत्त्व से इनकार नहीं किया जा सकता है। संवेदना के कमजोर या पूर्वाग्रह से ग्रसित होने की दशा में साहित्य और सामाजिक परिस्थितियों का इतिहास अलग-अलग हो सकता है। इस खतरे से जिसे इनकार होगा, वह या तो सतही मार्क्सवादी होगा या कलावादी जो भाषा तो मार्क्सवाद की बोलेगा, लेकिन लक्ष्य कलावाद की ओर जाना होगा।

बुनियादी प्रश्न है, आलोचना को कोई किस रूप में लेता है? विमर्श भी आलोचना है, टीका भी आलोचना है 'जेन्दःवेस्ता' में जेन्दः का अर्थ ही है व्याख्या। निश्चय ही अगर **मल्लिनाथ** न होते, तो संस्कृत का दुर्लभ साहित्य पाठकों से दूर ही रहता। लोग भले उन्हें टीकाकार मानें, मैं उन्हें आलोचक की श्रेणी में ही रखूँगा। **पद्‌म सिंह शर्मा** ने बिहारी के पदों की जैसी व्याख्या की, वह आज भी मान्य है। बड़ा काम किया उन्होंने। कमज़ोर और भय में जीने वाला 'मैनेजमेंट' का सहारा लेता है, यह भी खुश रहे, वह भी खुश रहे, इसी सूत्र को लेकर वह चलता है। इसलिए उसके बोलने और लिखने में 'किन्तु', 'परन्तु', 'ऐसा भी होता है' या 'हो सकता है' जैसे लफ़्ज़ कतारबद्ध हो जाते हैं। इससे गद्य का मिज़ाज बिगड़ता है। 'नयी कविता' जिस तरह आन्दोलनबद्ध थी, उसका **परिमल मंच** जिस तरह सक्रिय था, उसको सामने रखकर छायावाद पर लिखना और उस आन्दोलन का सामाजिक महत्त्व बताना हिम्मत भरा कदम था। **नन्द दुलारे वाजपेयी** छायावाद के अनन्य प्रेमी थी। इस आन्दोलन पर उनकी कोई स्वतन्त्र किताब नहीं आयी। **नामवर** छायावाद आन्दोलन के अवसान के काफी बाद आये। इतिहास कुरेदे, परम्परा की तह में गये। छायावाद पर उनकी किताब जिस वर्ष आयी, उसी वर्ष **अज्ञेय जी** का 'तीसरा सप्तक' भी आया, 1957 में। 'नयी कविता' खुद को छायावाद का अगला चरण बता रही थी, कहीं-कहीं छायावाद की प्रतिक्रिया भी। नामवर सिंह **छायावाद** पुस्तक की भूमिका में इस आन्दोलन को 'व्यक्ति-स्वाधीनता' का आन्दोलन मानते हैं जिसे वे **सम्पूर्ण समाज की स्वाधीनता की अभिव्यक्ति** कहते हैं। बात अगर यहीं तक होती, नयी कविता के परिमल को एतराज नहीं होता। अब सम्पूर्ण समाज से जोड़ने की उनकी पहल नयी कविता के लिए बड़ी रुकावट जैसी थी। उस दौर के नामवर विशेष रूप से 'कम्युनिस्ट' कहलाते थे। नयी कविता के हस्ताक्षर भी उन्हें इसी रोशनी में देखने-समझने का अभियान चला रहे थे। उसी पुस्तक में नामवर ने लिखा है कि छायावादी आन्दोलन का असर कहानी, उपन्यास, नाटक सब पर पड़ा है। अब यह खोज का विषय है कि साहित्य के दूसरे रूपों पर 'नयी कविता' के आन्दोलन का कितना असर पड़ा है। 'छायावाद' पुस्तक के बहाने नामवर 'नयी कविता' के धुर विरोधी आलोचक के रूप में आये। जो काम 'आलोचना' करती है या जिसे आलोचना का दायित्व समझना चाहिए, अपने समय से टक्कर लेने और

पूर्वाग्रह को ध्वस्त करने का होता है। ध्यातव्य है कि **परिमल** व्यक्तिगत स्वतन्त्रता के बहाने अपनी स्वतन्त्रता को लेकर अधिक चिन्तित था और नेपथ्य में उनके निशाने पर सोवियत संघ था। इसलिए छायावाद वाली पुस्तक में व्यक्तिगत स्वाधीनता के असली अर्थ को समझा गया है यानि साम्राज्यवाद के विरुद्ध छायावाद के उदय को।

आलोचना की परम्परा केवल व्याख्या और विमर्श के साथ भी कुछ और होती है। ग़ालिब ने जब धर्मोपदेशकों पर हमला किया अपने समय की धार को धता बताकर, उस समय और मैं कहूँ कि आज भी यह हिम्मत ही समझी जायेगी, **वाइज** (उपदेशक) **न तुम पियो न किसी को पिला सको/क्या बात है तुम्हारी शराबे-तहूर की** (स्वर्ग में पी जाने वाली शराब)। यह तो ग़ालिब थे कि किसी ने कुछ न कहा उनसे। एक खत में वे स्वर्ग का मजाक भी उड़ाते हैं। गद्य का मिज़ाज सांसारिक होने पर वह 'कसीदागिरी' हो सकता है। फिर क्यों न कहें कि रीति काल में ही गद्य परवान चढ़ चुका होता। आचार्य रामचन्द्र शुक्ल के लिए उस दौर में बिहारी पर टीका-टिप्पणी करना सहज नहीं था। शुक्ल जी बिहारी के साहित्य में **हाथी दाँत के टुकड़े पर महीन बेलबूटे** देख रहे थे। इस आशय से गुजरने के बाद शुक्ल जी की कविता की समझ भी सामने आ जाती है। काश, उस समय तक प्रयोगवाद आ चुका होता तो शायद शुक्ल जी कलावादी आलोचक की कतार में होते। एक आलोचक का दायित्व केवल हिम्मत दिखाने भर से पूरा नहीं होता। हिम्मत और मक़सद दोनों का सामंजस्य गद्य के असली उद्देश्य को पूरा करता है। गद्य के पास वह कला है, अधिकाधिक लोगों तक पहुँचने की। ऐसा तभी सम्भव है जब आलोचक अपने गद्य-लेखन का लक्ष्य तय करे। हिम्मत अखबारवाले भी करते हैं, किसी मन्त्री-नेता की प्रतिष्ठा को धूमिल करने या उसे बढ़ाने में। इसके बाद फिर अपने ही रास्ते पर चलने लगते हैं। तब तक उन्हें भरपूर विज्ञापन मिल जाता है। यही कारण है कि अब अखबार से लेखक पैदा नहीं हो रहे हैं। लघु पत्रिकाओं से आ रहे हैं लेखक। गद्य का सौन्दर्य अपने समय के मूल्यों की जाँच-परख करने में भी है। नामवर छायावाद का महत्त्व समझ रहे हैं। प्रयोगवादी छायावाद के महत्त्व को जान-बूझकर हाशिए पर रखने की ज़िद किये हुए थे। उनका मक़सद छोटा था बल्कि कहें व्यक्तिवादी। नामवर इस राजनीति को समझ रहे हैं, इस अर्थ में कि साहित्य में चल रहे इस खेल से साम्राज्यवादियों का खंभा मज़बूत होगा। इसलिए व्यक्ति की स्वाधीनता को सामाजिक स्वाधीनता से जोड़ रहे हैं। दरअसल इसी हिम्मत और उद्देश्य की व्यापकता के कारण गद्य अधिकाधिक पाठक तक पहुँचता है। इसलिए यह कहूँ कि आलोचना के विपन्न होने पर किसी भाषा के साहित्य का अध्येता भी कमज़ोर दिल और विवेक वाला होगा। संस्कृत साहित्य की गरिमा इस बात में नहीं है कि इससे कर्मकाण्ड को बढ़ावा मिला या इससे ज्योतिष विद्या जन-जन तक पहुँची। उसकी गरिमा इस एक सच में है कि काव्यशास्त्रियों ने साहित्य को समझने की एक व्यापक दृष्टि दी है। अलंकारवाद लम्बे

समय तक चला लेकिन बाद में जो वाद आये, वक्रोक्ति, ध्वनि इत्यादि अलंकारों का महत्त्व भी इसी में घुल-मिल गया। **भामह** को अलंकार का आचार्य माना जाता है। **भामह** (काव्यालंकार) सारे अलंकारों में वक्रोक्ति की सत्ता से इनकार नहीं करते हैं। इसके अभाव में काव्य का अस्तित्व ही नहीं है। उन्होंने दो शब्दालंकारों और छत्तीस अर्थालंकारों का निरूपण किया है। वे मानते थे कि वक्रोक्ति ही लोकोत्तर आनन्द का कारण है। उसी से कविता में लोकोत्तर भावना आती है। एक दृष्टि में शब्द और अर्थ की लोकोत्तर स्थिति ही वक्रता है। लोकोत्तर का अभिप्राय किसी चमत्कार से नहीं है बल्कि लोक-संस्कार से इतर लक्ष्य जिसमें लोक स्वभाव का समाहार हो, वह काव्य है। पशु-पक्षियों के हाव-भाव, मानव-जगत पर उसके प्रभाव, प्रकृति की दिनचर्या ये सभी काव्य के विषय हैं। भरत मुनि के नाट्य शास्त्र में यह बात आयी है कि काव्य का पाठक और नाटक का दर्शक दूसरों के सुख से सुखी और दुःख से दुःखी होता है। इस अर्थ में काव्य उन्नत अभिव्यक्ति है। वह केवल यथार्थ नहीं है। वह यथार्थ से, अपनी कल्पना से संसार को एक दृष्टि देता है। इसलिए संस्कृत काव्यशास्त्र में औचित्य सिद्धान्त आया। काव्य रस सिद्ध तो है ही, औचित्य को उसका प्राण तत्त्व माना गया। काव्यशास्त्र की उपादेयता का विचारणीय पक्ष है कि विद्वानों ने जन-कल्याण की भावना के प्रयोजन से काव्यशास्त्र की अवधारणाओं का सर्वेक्षण किया, उनका मूल्यांकन किया। यह कहना शायद अतिशयोक्ति होगी कि आधुनिक समाजशास्त्रियों का काम बहुत पहले संस्कृत के काव्यशास्त्रियों ने किया है। परन्तु इसमें सच्चाई है कि काव्यशास्त्र के सिद्धान्त लोक से सृजित हुए हैं। उनमें लोक-भावना है। इसलिए नामवर जी (कविता के नये प्रतिमान) वैयाकरण और आलोचक के दायित्व में कहीं एकता भी देखते हैं, काव्यशास्त्र की धरती भी लोक की धरती है। इस अर्थ में लोक साहित्य की उपादेयता केवल गाथा शब्द में ही निहित है।

कार्ल मार्क्स की जयन्ती पर बोलते हुए (कार्ल मार्क्स और साहित्य/उत्तर शती/पटना/1984) नामवर स्मरण दिलाते हैं कि साहित्य की भाषा में जो सृजनशीलता आती है, वह लोक भाषा से आती है। लोक भाषा का समाज मिहनत करने वालों का होता है। वहाँ अर्थ की चिन्ता के साथ-साथ सृजन की चिन्ता भी होती है। दैनिक जीवन के श्रम से नये रूपक आते हैं, नये प्रतीक आते हैं। उनके सोच से ही पता चलता है बिम्ब, प्रतीक, रूपक का महत्त्व। यही वह सोपान है जिससे शिष्ट साहित्य का निर्माण होता है। लोक साहित्य से ही यह बात रेखांकित होती है कि श्रम ही पूँजी के पुनरुत्थान का आधार है और साहित्य की रचना वहीं से होती है। कार्ल मार्क्स के पहले श्रम की चर्चा होती थी, लेकिन उसे पूँजी का कुल स्रोत नहीं माना जाता था। लोक साहित्य के महत्त्व को पहले के कई विद्वानों ने समझा है। श्रम को

केन्द्रित करते हुए साहित्य का महत्त्व समझना बड़ी बात है। यही वह सेतु है जिसके जरिए लोक और साहित्य के सम्बन्ध को समझा जा सकता है। कविता के इलाके में जितने आन्दोलन हुए छायावाद, प्रगतिवाद, प्रयोगवाद इत्यादि, उनमें छायावाद और प्रगतिवाद की प्रासंगिकता बनी रही है, बाकी सब इतिहास के अक्षर साबित हुए हैं। बाकी में 'लोक' गायब रहा है। साहित्य-रचना के रूप का चयन भी इसी लोक से होता है, श्रम करने वाले लोक से। काव्यशास्त्र का महत्त्व भी इसी अर्थ में है। उसे किसी काव्यशास्त्री ने गढ़ा नहीं है। कहा जाये जनता में प्रचलित मान-मूल्यों के आधार पर उसका सम्पादन किया है। कार्ल मार्क्स पर विचार करते हुए नामवर कहते हैं, सौन्दर्यशास्त्र स्वयं मार्क्सवाद के केन्द्र में है, उसका कोई प्रोडक्ट नहीं है। सौन्दर्य मनुष्य के श्रम में निहित है। मनुष्य की क्षमता असीमित है। वही पूँजी है, उसका श्रम ही पूँजी है। उसी से सौन्दर्य के मूल्यों का निर्माण होता है।

कई बार गद्य की सत्ता को इकतरफा भी लिया जाता है। कुछ तो इस रूप में इसका वर्गीकरण करते हैं सूचनाप्रद और दृष्टिपरक गद्य। विशेषीकरण के इस दौर में 'सूचना' के पहले कोई और संज्ञा या विशेषण लगा दें। इस तरह गद्य के प्रकारों की संख्या को गिन पाना मुश्किल हो जायेगा। ऐसे में पाठक 'विशेषणों' में उलझकर रह जाता है। पूरी समग्रता में गद्य की क्षमता खिलने से रह जाती है। शायद इसी कारण कई लोग गद्य में आसानी से भटकाव भी खोज लेते हैं। यह भी समझ लेते हैं कि भटकने का गुण गद्य का जन्मजात है। 'पूरी समग्रता' के मतलब को समझना होगा। यह साहित्य के किसी भी रूप का अंग है। इसके बिना वह रूप निखर नहीं पायेगा। समग्रता साहित्य की किसी भी विधा का आधार है। गद्य और पद्य की समग्रता एक ही चीज़ नहीं है। एक में विश्लेषण का महत्त्व है, दूसरे में संश्लेषण का। कई बार दोनों एक-दूसरे-के पूरक भी होते हैं। इसलिए साहित्य के हर रूप के लिए गणितीय खाना बनाकर देखने से आलोचना का दायित्व दिशाहीन हो जाता है। समग्रता की पहली शर्त होती है दिशाबद्धता। वाचकता में इस गुण के आ जाने पर वचन और लिखन की दूरी कम होती है और पुराने गद्यकारों की यह बात सही साबित होती है, जैसा बोलना वैसा लिखना। आखिर वे लोग बोलने-लिखने को समान भाव से क्यों देख रहे थे? दरअसल वे लोग समग्र मनुष्य को देख रहे थे। वे समग्र मनुष्य के लिए लड़ रहे थे। हम मनुष्य की कारयित्री प्रतिभा और उसकी सामाजिक भूमिका को परखें और समझें। इसे एक उदाहरण से भी समझा जा सकता है। माखनलाल चतुर्वेदी ने **श्रमोपासक रशिया और धनोपासक इंगलैंड** (1926) शीर्षक से लेख लिखा। उसी समय या कुछ समय बाद माखनलाल जी की कविता (चाह नहीं मैं सुरबाला के गहनों में गूँथा जाऊँ) आयी। यह कविता प्रच्छन्न रूप में श्रम का महत्त्व ही दर्शाती है। देवता कोई श्रम नहीं करते हैं। एक जगह स्थित हैं बरसों बरस से। बरसों से उन पर माल्यार्पण हो रहा है। हमारे शास्त्रों में

श्रम को ही पूजा कहा गया है। यहाँ बिल्कुल उल्टा है। फूल तोड़ने वाला माली और माला गूँथने वाले मालाकार का श्रम पत्थर के देवता पर समर्पित हो जाता है जिससे कोई पुनरुत्पादन नहीं होता है, बल्कि माल्यार्पण होते ही देवता न मालाकार को देखते हैं और न माली को। वह जिस हाल में पहले था, उसी हाल में आज भी है। देवता उसी से माल्यार्पित हो रहे थे। उनके चाहने से इनके हालात बदल सकते थे। परन्तु होता कुछ और है।

माखनलाल जी की यह कविता **पुष्प की अभिलाषा** शीर्षक से 1922 में छपी थी। आठ चरणों की इस कविता के अन्तिम चरण में **फेंक** शब्द कुछ कह रहा है। **उस पथ** में तुम **देना फेंक,** देवताओं पर फूल चढ़ाए जाते हैं और शहीदों पर 'फेंके' जाते हैं। शहीदों को माल्यार्पित होने का शौक नहीं है, लेकिन देवताओं को है। उसी वर्ष उनकी दूसरी कविता **वृक्ष की अभिलाषा** छपी थी। कवि वृक्ष को सम्बोधित आठ चरणों की इस कविता में अपने 'शिखरों' से समय को निरर्थक बर्बाद करने से सावधान कर रहा है। 'शिखर' युवा पीढ़ी का प्रतीक है। घना पेड़ अपने 'शिखरों' से कह रहा है, **कई गुना होकर अर्पित/यह मिट्टी में मिल जाना।** पहली कविता (पुष्प की अभिलाषा) भी 'पुष्प' की ओर सम्बोधित है। कह लें पुष्प की आत्माभिव्यक्ति। फूल खुद देवताओं से ऊब चुका है। लाख चढ़ावा कीजिए, देवता सुनते ही नहीं। शहीद जनता की आवाज़ बुलन्द करने के लिए शहीद हुए। उनकी शहादत समझ में आती है और फूल की भी इच्छा है कि वह समय और समाज को सार्थक बनाने वालों के लिए अर्पित हो। पृष्ठभूमि में युवा पीढ़ी ही है। कुछ ही वर्षों बाद माखनलाल जी खुलकर लिखते हैं, **तेरे कन्धों लहरावे, प्रतिभा की खेती/तेरे हाथों चले नाव, जग-संकट खेती** (उठ ओ युग की अमर साँस/1929)। चतुर्वेदी जी जो बात 1926 में कह रहे थे अपने निबन्ध में, उसके पहले उनकी आवाज़ कविता में प्रतिध्वनित हुई। आगे की कविता में भी उनका यही भाव प्रकट हुआ है। सुभद्रा कुमारी चौहान की कविता **वीरों का कैसा हो वसन्त** कुछ ही वर्षों बाद छपी। 1921 का असहयोग आन्दोलन, 1922 में आन्दोलन की वापसी और उसी वर्ष माखनलाल जी की कविता का आना, फिर 1926 ई. में उनका निबन्ध-प्रकाशन, ये सब मिलाकर देखने पर एक कवि के निरन्तर-सृजन का बोध होता है। जो कविता युवा पीढ़ी को सम्बोधित है, आगे का उनका निबन्ध खुलकर एक दिशा देने का काम कर गया है। इस रूप में एक रचनाकार की लेखन-प्रतिबद्धता का बोध होता है, फिर सामाजिक प्रतिबद्धता का भी। लिखने की सार्थकता का अहसास हर युग की आवश्यकता है। हर युग का लेखक अपने लेखन का उद्देश्य स्पष्ट करता है। यह इसलिए भी ज़रूरी है कि उस समय की पीढ़ी अपने सामाजिक दायित्व को समझे। भटकावों की झाड़ी में हर समय की पीढ़ी उलझती है और आज के दौर में तो लिखने का कारोबार विस्तार फलक पर कब्ज़ा कर गया है, अखबार से लेकर दूरदर्शन तक। 'फेस बुक'

पर हर आदमी लेखक बन गया है जिसकी पहुँच बमुश्किल दो से तीन प्रतिशत तक की आबादी में होती है। माखनलाल जी उनके लिए नहीं लिख रहे थे। ऐसा लेखक तो ब्रिटिश सरकार को भी चाहिए था और उनके पास ऐसे लेखक भी थे। एक लेखक को यह तो तय करना ही होगा, तभी उनके लेखन में समग्रता आयेगी। गद्य हो या पद्‌य, उसके रूप में बेचैन करने वाली भावना होगी।

कार्ल मार्क्स वाले लेख में सूचनाओं का एक छोटा कोषागार है जो सूचना-विशेष से ज़्यादा दृष्टिपरक है। और इसी अर्थ में वह कोष से भिन्न है। इसलिए इस के गद्य की समग्र दृष्टि पाठक के सामने आती है। सूचनाओं में खासा व्यंग्य है। तेईस वर्ष की उम्र (1841 ई.) में मार्क्स शोध कार्य कर रहे थे। उनके शोध का विषय ग्रीक का दर्शन था **एपिकुरुस और देमोक्रुतुस के प्रकृति दर्शनों का अन्तर**। यह चर्चा करते हुए नामवर अपने व्याख्यान में दो बार चुटकी लेते हैं। बड़े स्थिर भाव से कहते है कि अंग्रेज़ी उच्चारण **एस्काइलस** और 'प्रॉमेथ्युस बाउंड' का अंग्रेज़ी उच्चारण प्रॉमिथियस बाउंड है। अब जो उच्चारण अंग्रेज़ करें, उसे ही आदर्श समझा जाये। ग्रीक शहरों का उच्चारण ग्रीक तरीके से होना चाहिए। नामवर 'एस्खिलुस' कहते हैं, वे **'प्रॉमेथ्युस बाउंड'** कहते हैं। साम्राज्यवादी अपना हाव-भाव, रंग रोगन सब-के-सब दूसरे पर लादने के हिमायती होते हैं। हिन्दी वालों में वह प्रवृत्ति नहीं है। फ्रेंच के शब्द Restaurant का हिन्दी उच्चारण बिल्कुल फ्रेंच उच्चारण के अनुकूल है **रेस्तराँ**। हिन्दी में कई शब्द फ़ारसी से आये हैं, फ़ारसी उच्चारण के अनुकूल **ग़ज़ल, खास, दिलकुश** इत्यादि। हिन्दी में प्रचलित चाय और चीनी विदेशी भाषा के शब्द हैं। अपने व्याख्यान में उच्चारण के इस पक्ष पर जोर देने का एक और कारण है। युवक कार्ल मार्क्स दुनिया की महान परम्पराओं का अध्ययन करना चाहते थे। जब मार्क्स शोध कार्य कर रहे थे तब दुनिया के कई हिस्सों पर अंग्रेज़ी राज का बोलबाला था और परम्परावादी होने का दावा भी वे करते रहे थे। मार्क्स अपने शोध कार्य से दुनिया की दूसरी परम्पराओं से पढ़े-लिखे समाज को परिचित कराना चाह रहे थे। उनका जन्म जर्मनी में हुआ। ऐसे देश में जहाँ **हीगेल** और **कांट** जैसे दार्शनिक हुए थे। मार्क्स के समय में ही मैक्समूलर, शापेनहॉवर जैसी महान् प्रतिभाएँ इसी जर्मनी से आयीं। मार्क्स उस समृद्ध परम्परा वाले देश के निवासी थे। वे ग्रीक दर्शन की परम्परा को विश्व के पटल पर लाना चाहते थे। उस देश की परम्परा क्या थी? नामवर अपने व्याख्यान में उसे रेखांकित करते हैं। वहाँ की परम्परा गुलामी से मुक्ति की थी। मार्क्स के शोध प्रबन्ध में एक विवरण आया है। 'प्रॉमेथ्युस' चट्टान से बँधा है। उसे दण्ड दिया गया है। देवताओं के पिता **जेउस** ने अपने सेवक हेरमेस को प्रॉमेथ्युस के पास भेजा। 'हेरमेस' 'प्रॉमेथ्युस' को बहुत तरह से समझाते है। वह किसी तरह अपने राजा से समझौता कर ले। प्रॉमेथ्युस का उत्तर था कि वह देवताओं के पितर की सेवकाई करने से बेहतर इस चट्टान की सेवकाई करना समझता है। परम्पराओं

के अध्ययन में चयन करना होगा। जनता किसकी तरफ है, प्रॉमेथ्युस की तरफ या देवताओं के पितर 'जेउस' की तरफ?

मार्क्स की पत्नी **जेनी** मार्क्स स्वयं भी अच्छी लेखिका थीं। उनके छोटे-बड़े आलेख जर्मन भाषा की पत्रिका **न्यूज़पेपर फ्रैंकफार्ट ज़ीतँ एण्ड हंदेलब्लाट** (FRANKFURTR ZEITUNG AND HANDELSBLATT/नवम्बर 1875, अप्रैल 1876-मई 1877) में छपे थे। ये आलेख **ऑन लिट्रेचर एण्ड आर्ट** (मास्को/1976) में संकलित हैं। मार्क्स के करीबी दोस्त भी जेनी द्वारा लिखे आलेखों से अवगत थे। फिर जेनी के ये सारे आलेख कहीं गुम हो चुके थे। जर्मन डेमोक्रेटिक रिपब्लिक के इतिहासकारों के प्रयास से ये आलेख पुनः प्रकाशित हुए। 1876 का उनका लिखा एक छोटा-सा लेख है (शेक्सपीरियन स्टडीज़ इन इंगलैंड)। लेखिका **जेनी** इंगलैंड में गठित **शेक्सपीरियन सोसायटी** की विस्तार से चर्चा करती हैं। आश्चर्य है कि इंगलैंड के इस महान लेखक की स्मृति में गठित सोसायटी की शाखा आयरलैंड स्कॉटलैंड से लेकर उत्तरी अमेरिका तक फैली हुई थी। ऐसा विश्वास है कि बिहार के सीतामढ़ी अनुमण्डल (जिला, मुजफ्फरपुर) के रीगा अंचल में भी शेक्सपीरियन क्लब (लगभग 1880-85) था। वहाँ के चीनी मिल के अंग्रेज़ अफसर शेक्सपीयर के नाटकों का आनन्द लेते थे।

नामवर जी के उस व्याख्यान में ग्रीक शब्दों के अंग्रेज़ी रंग के उच्चारण पर छींटाकशी हुई है। दूसरे देश की परम्परा की रक्षा लोकतान्त्रिक विश्व में ही सम्भव है। साम्राज्यवाद अपनी परम्परा को याद करता है, दूसरे देश की परम्परा को अपनी ही सन्तान के रूप में देखता है। इसलिए भारतीय अंग्रेज़ी में 'अवध' **औध** हो गया, 'गंगा' **दी गैंगेज** हो गया। कार्ल मार्क्स की पत्नी शेक्सपीयर को याद करती हैं। इस बहाने वे इंगलैंड की समृद्ध परम्परा पर नज़र डालती हैं। यही उनकी विश्व दृष्टि थी। नामवर अपने व्याख्यान में कहते हैं **प्रॉमेथ्युस स्वयं देवता था, जिसने आग चुरायी थी, जो आग देवताओं के पास थी।** इस साहित्य-चर्चा के बाद मार्क्स की एक और महत्त्वपूर्ण **कृति आर्थिक और दार्शनिक पांडुलिपियाँ** (1844) की उपलब्धि को केन्द्र में रखते हुए नामवर के इस व्याख्यान का निष्कर्ष है कि मूल आधार श्रम है। श्रम के आधार पर ही उत्पादन, उसकी प्रक्रिया, उसकी शक्तियाँ और उसके विकास का आकलन करते हुए पूरे मनुष्य के इतिहास का निर्माण हुआ है। मान लीजिए कि इस व्याख्यान के पहले भाग में श्रम और मनुष्य के इतिहास की चर्चा होती, तब क्या होता? आम श्रोता व्याख्याकार को 'कम्युनिस्ट' समझकर खारिज़ कर देते। यह चर्चा होती कि नामवर 'कम्युनिस्ट' हैं, 'कम्युनिस्ट एंग्ल' से अपनी बात कह गये। जितना पढ़ा है, उतना बक दिया इस कम्युनिस्ट ने। ऐसे में व्याख्यान का उल्टा असर हो सकता था। दूसरी बात, साहित्य की चर्चा पहले हुई इस व्याख्यान में, राजनीति और अर्थ की चर्चा बाद में। मार्क्स स्वयं बड़े साहित्यकार थे। तभी तो ग्रीक दार्शनिकों पर

शोध कार्य किया। मार्क्सवादी शब्दावली में साहित्य भले ही अधिरचना का प्रतिफल हो, लेकिन वही भविष्यद्रष्टा होता है, क्योंकि साहित्यकार भविष्य की दुनिया का निर्माण करता है। प्रॉमेथ्युस की चर्चा कर नामवर यह बतलाना चाहते हैं कि मनुष्य के स्वभाव में गुलामी से मुक्ति की भावना मौजूद है, यानि मनुष्य अच्छा होना चाहता है। राजनीति विज्ञान के कुछ विद्वान मनुष्य को स्वार्थी समझते रहे हैं। नामवर बिना नाम लिए उन पर हमला करते हैं। सामने बैठे श्रोता-समाज को उनका संदेश है कि तुम हो तो अच्छे लेकिन समाज के कुछ लोग तुम्हारी प्रतिभा, तुम्हारी मिहनत को 'डपोर' लेते हैं। नामवर शुरू में ही मार्क्सवाद के तीन स्रोत का उल्लेख करते हैं, जर्मन दर्शन, ब्रिटिश अर्थशास्त्र और फ्रेंच समाजवाद। इसके जरिए मार्क्सवाद के बुनियादी सूत्र की तह में जाना ज़रूरी है। वाचक इनकी चर्चा करते ही हैं, उस प्रक्रिया की खोज वह करता है जिससे मार्क्सवाद के बुनियादी सूत्र सामने आये हैं। नामवर ऐसा क्यों सोचते हैं? इसका उत्तर कार्ल मार्क्स और फ्रॉंज मेहरिंग के पत्रचार में मिलेगा। उसी व्याख्यान के शुरू में मेहरिंग का ज़िक्र आया है। फ्रॉंज मेहरिंग (1846-1919) जर्मन सोशल डेमोक्रेटिक पार्टी के वाम तबके के बड़े नेता थे। जर्मनी में कम्युनिस्ट पार्टी के संस्थापक (1918-19) और जर्मनी के बड़े इतिहासकार थे। मेहरिंग को एक लिखे पत्र (14 जुलाई, 1893) में एंगेल्स ने लिखा है कि विचारधारा एक प्रक्रिया है। कई बुद्धिजीवी किसी निष्कर्ष तक पहुँचने के लिए अपने पूर्वजों के विचारों की दुनिया में विचरण करता रहता है। ऐसे बुद्धिजीवी या तो अपने विचारों को देखते हैं या अपने पूर्वजों से संचित विचारों को अन्तिम सत्य मान लेते हैं। वह बिना इसकी परीक्षा किये अन्तिम निष्कर्ष पर पहुँच जाता है। ऐसा नहीं है कि इतिहास की धारा में विश्वास रखने वाले बुद्धिजीवी अपने ज्ञान और अनुभव तक ही सीमित रहते हैं। ऐसे लोग वे बाह्य परिस्थितियों का विश्लेषण करने से कहीं चूक जाते हैं। वे बाह्य परिस्थितियों से परोक्ष रूप में व्यंजित होते 'विजन' को नहीं देख पाते हैं। यथार्थ में किसी विचार तक पहुँचने में प्रमुख कारक न होते हुए भी बाह्य परिस्थितियों से मुखर होने वाली ध्वनि चिन्तन प्रक्रिया में बड़ी भूमिका में होती है।

आगे के दिनों में भी ग्रीक साहित्य के प्रति मार्क्स का प्रेम बना रहा। इसे अन्धविश्वास के रूप में लेना मनुष्य के इतिहास का अपमान करने जैसा होगा। सच कहा जाये तो उनके इस अध्ययन से साहित्य, कला और मिथक पर लगे अन्धविश्वास के पर्दे हटते हैं। मार्क्स की रचना **इकॉनमिक मैनुस्क्रिप्ट ऑफ 1857-58** उनके शोध प्रबन्ध के आगे की है। उसकी भूमिका का शीर्षक है **अनइवन कैरेक्टर ऑफ हिस्टारिकल डेवलपमेंट ऑफ आर्ट** यानि 'ऐतिहासिक विकास और कला के प्रश्न का खुरदुरा चरित्र।' बहुत छिछला अनुवाद है यहाँ, परन्तु इस भूमिका का वैशिष्ट्य कई मानी में है। एक, मार्क्स इतिहास और कला के सम्बन्ध को सामाजिक सम्बन्धों की रोशनी में देखते हैं। दूसरा, मिथकों को लेकर पूर्वाग्रह या पूर्व संचित विश्वास को

तोड़ते हैं। तीसरा और अन्तिम, उनकी यह पहल प्रकृति के रहस्यों और सामाजिक सम्बन्ध को समझने के लिए है। मार्क्स के अनुसार, ग्रीक मिथकों का संसार ग्रीक कला को समझने की दीप शिखा है। मिथकों का संसार कल्पना के द्वारा समस्त प्राकृतिक शक्तियों को दबाकर उसे नियन्त्रित करता है। कल्पना के द्वारा प्रकृति की अपार शक्तियों को दबाया जा सकता है। इसे यों समझा जाये कि वर्षा के मौसम में सूखा पड़ जाने का अभिप्राय है देवराज इन्द्र की नाराजगी, ऐसा माना जाता है। जब वर्षा के कारण का पता चलता है, तब देवराज स्वयं तिरोहित हो जाते हैं। इसलिए मार्क्स कहते हैं कि जब इन शक्तियों पर से वास्तविक नियन्त्रण खत्म हो जाता है, तब कल्पना भी तिरोहित हो जाती है। उस भूमिका में उनका निष्कर्ष है कि उनकी समस्या ग्रीक कला और महाकाव्यों के सामाजिक विकास से उनके सम्बन्ध को समझने की है। कला के भावकों की समस्या है कि वे महज इनका आनन्द लेते हैं और सच में ये कलाएँ एक तरह का सौन्दर्य-भाव देती भी हैं। इन कलाओं का केवल यही उद्देश्य समझना भारी भूल है। यथार्थ में ये कलाएँ अपरिपक्व सामाजिक अवस्थाओं से जुड़ी हैं। आमतौर पर ऐसा कहा जाता है कि मार्क्स का शोध कार्य आगे के मार्क्सवाद को समझने के लिए बहुत सहायक नहीं है। वामपन्थी कलाओं के महत्त्व को महज परिवर्तन का हथियार मानकर उनकी व्याख्या कर देते हैं। स्वयं मार्क्स प्राचीन कलाओं और मिथकीय विधा के अध्ययन में रुचि लेते थे। उनके परम प्रिय मित्र एंगेल्स द्वारा संकलित डेनिश लोक गीत या कविता मार्क्स और एंगेल्स के संकलित साहित्य (हेर टिडमन्न/16) में मौजूद है। मार्क्स ने यह लोक गीत एंगेल्स को भेजा (27 जनवरी, 1865) था। **हेर टिडमन्न** एक सामन्त है जो आम किसानों पर टैक्स का अतिरिक्त बोझ लाद देता है। सामन्त कहता है कि यह आदेश उसका नहीं है, ईश्वर का है। ईश्वर ने उसे राजा के रूप में बहाल किया है। इसलिए आदेश न मानना ईश्वर के आदेश की अवहेलना है। ईश्वर के प्रतिनिधि के रूप में गिरिजाघर मौजूद है। इंगलैंड के गिरिजाघर को इस आदेश पर गर्व है। राजा और रानी इस चर्चा के गौरव हैं। एक बूढ़ा आदमी इस आदेश का पालन नहीं करता है और वह उस राजा को मार देता है। मार्क्स ने लिखा है कि इंगलैंड में यह लोक गीत बहुत लोकप्रिय हुआ था। उनके समय में भी यह गीत बहुत उत्साह से गाया जाता था। कार्ल मार्क्स और उनके साहित्य में जर्मन, अंग्रेज़ी और दूसरी भाषाओं के लोक गीत भी संकलित हैं।

वाचकता में खिड़कियाँ होती हैं। दरवाज़े कम होते हैं। वाचक इशारों में बात करता है। कुछ संकेत देता है। कुछ सूत्र देता है। उन सूत्रों को गूँथने का कौशल लचीला ज़रूर होता है, लेकिन इतना स्वतन्त्र भी नहीं कि हर कोई उसकी व्याख्या अपने तरीके से कर दे। नामवर 'प्रॉमेथ्युस' की चर्चा कर ज्ञान और संवेदना की एक खिड़की खोलते हैं। बिना कोई टिप्पणी दिये एक कथा के जरिए मनुष्य के अच्छे होने

का संकेत देते हैं। यहाँ और कहें कि नामवर गद्य में कविता के संश्लेषण से काम लेते हैं। इसलिए उनके गद्य में कविताई कौतुक मिलता है। श्रोता की उत्सुकता कुछ और सुनने की होती है। उनकी प्यास बढ़ती जाती है। फिर श्रोता उनकी खिड़कियों के रास्ते से दरवाज़े तक पहुँचता है। केवल श्रोता होना अधूरा है। नामवर का गद्य खिड़की से दरवाज़े तक पहुँचता है। दरवाज़ा छोटा होने पर पहले से संचित विश्वास को धक्का देने पर भी ध्वस्त नहीं होते हैं। दिमाग का दरवाज़ा हमेशा खड़ा रखना होगा। माखनलाल जी की कविता में वृक्ष की अन्तरात्मा देवताओं को नकार रही है और शहीदों को नमन कर रही है। परम्परागत भजनों में ठीक इसका उल्टा होता है। 'ओम जय जगदीश हरे' के उच्चारण के साथ माल्यार्पण और ईश-वन्दन होता है। अब यह वृक्ष को मंजूर नहीं। परम्पराओं की बहती सरणी से अपनी पीढ़ी के लिए कुछ निकाल लेना। यही परम्परा का हासिलात है। नामवर लोक साहित्य की परम्परा का स्मरण कराते हैं मार्क्स के साहित्य के जरिए। वे उसी परिप्रेक्ष्य में प्राचीन साहित्य का महत्त्व बताते हैं। क्या चुनना है और क्या छोड़ देना है, इसका चुनाव किये बग़ैर अपने समाज की दिशा तय नहीं की जा सकती है।

कहानी की आलोचना से गुज़रते हुए

नार्थ बंगाल विश्वविद्यालय में गम्भीर परिचर्चा (फरवरी, 1914) चल रही थी। सिफ़ारिश हुई, कहानी के लिए अलग आलोचना विधा या रूप पर विचार करने की। मेरा मानना था कि क्यों न कलाकन्द, लड्डू, बर्फी की अलग-अलग दुकान खोल दी जायें और सब के लिए भी आलोचना का अलग-अलग भवन खड़ा किया जाये। साहित्य के मूल्य समाज के संकट और कलाकार की सिफ़ारिश की पारस्परिकता से बनते हैं। थोड़ा हल्का कर देखें। बुनियादी प्रश्न है सामाजिक परिस्थितियों को लेकर कलाकार की पहुँच। और नामवर सिंह ने लिखा भी है (कविता के नये प्रतिमान), **वैयाकरण भाषा के शब्द नहीं बनाता, उसी तरह भी आलोचक काव्य के मूल्यों का निर्माण नहीं करता। शब्दानुशासन के समान ही काव्यानुशासन भी वस्तुतः अनुशासन है, शासन नहीं।** आलोचक के लिए यह तय करना नुकसानदेह है कि वह वर्तमान या अतीत को लेकर अपना कोई मूल्य निजी गढ़े और उसे ही आलोचना का मूल्य मान बैठे। सभी जानते हैं कि आचार्य रामचन्द्र शुक्ल (हिन्दी साहित्य का इतिहास) ने बिहारी को हाथी दाँत की पच्चीकारी क्यों कहा और आचार्य विश्वनाथ प्रसाद मिश्र 'हिन्दी साहित्य का अतीत' लिखकर बिहारी समेत पूरे रीति साहित्य के सिपाही क्यों बने? दुहराना नहीं। लेकिन एक बार फिर स्मरण दिला दें कि एक को लोकतन्त्र की ज़मीन को मज़बूत करने की चिन्ता थी और दूसरे में मुग़लशाही के प्रति गहरा अनुराग था ताकि आज़ाद होने वाले भारत में बचा-खुचा सामन्तवाद भी सुरक्षित रह सके। विदेशी शक्तियों से पूँजीगत सन्धि करने का दौर खत्म नहीं हुआ था। इसलिए अब जो विशेषीकरण का दौर आया, वह थोड़ा सख़्त था। कोई केवल 'रामचरितमानस' के अयोध्याकाण्ड पर शोध कार्य करे। ऐसा करने पर वह अयोध्याकाण्ड का विशेषज्ञ माना जायेगा। उसे यह पता नहीं होना चाहिए कि अयोध्या के राम कभी पुष्पवाटिका में भी गये थे। यहाँ पूरा अनुशासन है लेकिन पूरा साहित्य नहीं है। कोई कह सकता है कि किशोरीदास वाजपेयी ने अपने व्याकरण का नाम हिन्दी शब्दानुशासन रखा, नामवर जी को अपनी किताब का यही शीर्षक जँचा, कविता के नये प्रतिमान, साहित्य-अनुशासन या साहित्य के नये प्रतिमान नहीं रखा।

यह सवाल तो मन में उठेगा, फिर विधाएँ क्यों? क्यों कहानी और कविता? फिर ऐसा साहित्य लिखा जाये चम्पू साहित्य, जिसमें गद्य-पद्य सब हो। विधाएँ जब अलग हैं तो आलोचना के मूल्य भी अलग होंगे। तभी तो दो शब्द चले 'कविताई' या 'कवितापन' और 'कहानीपन'। देखना यह भी है कि कई बार कविता में कहानी के औज़ार आ जाते हैं और कहानी में कविता के। निराला की लम्बी कविता **सरोज स्मृति** कथात्मक विधान की कविता है। कहा जाता है कि जयशंकर प्रसाद की कहानियाँ काव्यात्मकता लिए हुए रही हैं। काव्यात्मकता कहानी का एक गुण है। कथात्मक प्रवाह भी कविता का एक गुण है। निराला की कविता **सरोज स्मृति** का कथात्मक विधान विलक्षण है। अपनी कथा कहते-कहते कवि कविता से स्वतः अलग हो जाता है। सपनों का बिखराव इतना है कि कविता के मध्य तक जाते-जाते वह सरोज की कविता नहीं रह जाती या निराला की रचना नहीं रह जाती है। एक, सरोज का बालपन है, दूसरा साहित्य-संग्राम है, तीसरा वापस आयी रचनाएँ हैं। सरोज की कुंडली फाड़े जाने का प्रसंग है, कान्यकुब्ज कुलांगार भी हैं, सरोज का विवाह है, सरोज का तर्पण है। सरोज का समानान्तर प्रसंग है साहित्य का संसार। एक प्रसंग है, **मैं लख न सका वे दृग विपन्न/अपने आँसुओं अतः बिम्बित/देखे हैं अपने ही मुख-चित,** उसी की निरन्तरता में दूसरा प्रसंग है **सोचा है नत हो बार-बार-/यह हिन्दी का स्नोहोपहार,/यह नहीं हार मेरी भास्वर/यह रत्नहार-लोकोत्तर वर।** फिर कुछ आगे सरोज का बचपन आता है। कविता दुःखद प्रसंग से शुरू होती है। मध्य के ब्यौरे में समानान्तर विवरण है, सरोज का बचपन और साहित्य का संसार। इन दोनों में गहरा सम्बन्ध है। व्यक्ति जब तक अपनी ही उलझनों में रहता है, उसकी अभिव्यक्ति, उसकी रचना का संसार स्वकेन्द्रित होता है। अपनी उलझनों के पार उसका सोच रचना का धरातल बनता है जिसे 'निर्वैयक्तिकीकरण' कहते हैं। इस कविता का कथात्मक विधान अत्यंत सूचनापरक है, एक-एक चीज़ की सूचना, **तू सवा साल की जब कोमल,/पहचान रही ज्ञान में चपल,** और कविता इन शब्दों से अन्त होती है **दुःख ही जीवन की कथा रही/क्या कहूँ आज, जो न कही!** इस विवरण के बाद फिर विधा के औचित्य और स्वतन्त्र अस्तित्व का प्रश्न उठता है। क्यों न निराला सरोज की मृत्यु पर कहानी ही लिख सके? शब्दों के विधान की दृष्टि से कविता की चिन्ता उसके बहुअर्थी रूप को लेकर होती है। यही बात कहानी में नहीं होती। **अर्थागमोपाय,** यह शब्द सरोज-स्मृति में ही मिलता है, अन्यत्र नहीं। **स्तब्धान्धकार,** कविता के आलोचक नन्द किशोर नवल के अनुसार (इस) **शब्द के उच्चारण से उत्पन्न होने वाली ध्वनि से लगता है कि वह पुंजीभूत भी है। उसे पार करने का मतलब उसकी कल्पना जल के रूप में करना है।** जब अन्तर है तब कहानी की आलोचना-विधा क्यों न आगे बढ़े?

नामवर जी ने लिखा कि **आज किसी कहानी का शिल्प की दृष्टि से सफल**

होना ही काफी नहीं है बल्कि वर्तमान वास्तविकता के सम्मुख उसकी सार्थकता भी परखी जानी चाहिए। ये बातें उनकी किताब **कहानी : नयी कहानी** में आयी हैं। यह किताब 1958-60 के बीच कहानी पत्रिका और अन्य पत्रिकाओं में छपे लेखों का संकलन है। नामवर शिल्प को गौण तो नहीं करते लेकिन कहानी के लिए उसकी सार्थकता शिल्प से ही तय नहीं करते। इसलिए उनका मानना है कि **जीवन के जिन मूल्यों की कसौटी पर हम कविता, उपन्यास आदि साहित्यिक-रूपों की परीक्षा करते हैं, उन्हीं पर कहानी की भी परीक्षा होनी चाहिए।** आगे नामवर विधाओं के स्वतन्त्र अस्तित्व की पैरवी ज़रूर करते हैं लेकिन विषय वस्तु की दृष्टि से। सम्भव है कि कोई बात कहानी में आने पर ही ज़्यादा प्रभावशाली हो, कविता में नहीं। ऐसी स्थिति में कहानी के लिए अलग आलोचना का दरीचा तो होना ही चाहिए। परन्तु इस काम में कहीं दिक्कत है। इसे उस समय के सन्दर्भ में देखें। जिस समय यह चर्चा हुई, कहानी 'शिल्प' के लिए ही मर-खप रही थी। संस्मरण और डायरी को कहानी बना देने का आग्रह साठ के दशक में ही हुआ। लोग अक्सर भूल जाते हैं कि कहानी श्रव्य काव्य की ऐसी विधा है जिसमें लिखने की परिपाटी के समृद्ध होने के बाद भी कहानी कहने का स्वभाव मन्द नहीं पड़ा। कविता सुनाने की परिपाटी ज़रूर कम हुई। उर्दू में तरही काव्य सुनाने का रिवाज रहा जो आज भी है लेकिन हिन्दी में कविता सुनाने की कला शिथिल पड़ी है। कहानी केवल सुनाने से भी सन्तुष्ट हो जाती है।

इसे पूरे साहित्य को लेकर किसी आलोचक की चिन्ता समझी जा सकती है। जिन दिनों नामवर कहानी पर लिख रहे थे, उन्हीं दिनों वे साहित्य के बुनियादी मूल्यों पर कलम साध रहे थे। 'छायावाद' के बाद पहली लहर आयी थी, जब नयी कविता और नयी कहानी वाले भी इस विषय पर लिख रहे थे और इन पर परोक्ष से हमला करने वाले भी। तब के समय में यह ज़द्दोज़हद थी कि क्यों न पास के पूरे दशक को नयी कहानी में शामिल किया जाये। हर जगह नयी कहानी तभी तो आगे चलकर राजेन्द्र यादव **हिन्दी कहानी : स्वरूप और संवेदना** लिख गये। चाहत यह थी कि साठ का दशक नयी कहानी का ही दशक हो। नयी कहानी के नायकों में एक सशक्त नाम राजेन्द्र यादव जी का है जिन्हें लेकर नामवर जी की राय है कि शिल्प और विषय दोनों में राजेन्द्र उलझे हुए कथाकार हैं। यही बात मोहन राकेश के साथ नहीं है। राकेश ने अपने कहानी संकलन **नये बादल** की भूमिका में संकेत किया कि उनकी नज़र यत्र-तत्र की हर चीज़ पर होती है। आशय था कि हर चीज़ में कहानी खोजी जा सकती है। यह कहानीकार की क्षमता पर है। नयी कहानी के दौर में कथाकार रूसी कथाकार एंटन चेखव से प्रभावित थे। राजेन्द्र यादव, मोहन राकेश, कमलेश्वर, सभी के लिए चेखव बड़े प्रिय कथाकार थे। चेखव का ही कहना था कि कहानी हर चीज़ पर लिखी जा सकती है, खिलते और मुरझाये फूल पर भी। चेखव बड़े नाटककार भी थे। लोग कहते थे कि चेखव के नाटक पाठक-दर्शक वर्ग

के लिहाज से बिल्कुल नये थे। इसलिए कहानियों की तरह उनके नाटक भी बहुत लोकप्रिय हुए। खास बात थी कि वे किसी आन्दोलन या धारा के लेखक नहीं थे। पचास के दशक में विचार-स्वातन्त्र्य के नाम पर किसी धारा से जुड़े होने को नयी कहानी के हस्ताक्षर खुद की स्वतन्त्रता पर हमला मान रहे थे। स्वतन्त्रता का ऐसा नशा था कि साठ के दशक में अज्ञेय (पाँचवाँ अखिल भारतीय लेखक सम्मेलन/1966) भारतीय होने के साथ स्वतन्त्रता के दायित्व पर जोर दे रहे थे। फिर भी, मोहन राकेश ज़्यादा सुलझे थे और इसलिए नामवर जी के प्रिय कथाकार थे। दोनों (यादव और राकेश) के प्रिय कथाकार चेखव थे। 60 के दशक (1966) में ही राजेन्द्र यादव के सम्पादन में कथा-संकलन (एक दुनिया समानान्तर) आया जिसकी भूमिका नयी कहानी आन्दोलन को पुनर्जीवित करने की कोशिश थी। इसलिए यादव ने अनुभूति की प्रामाणिकता या कहें अनुभूति के प्रति प्रामाणिकता के आग्रह को दुहराया। उलझन वहीं है जब हम अनुभूति को खुद ही प्रामाणिक मानने का निवेदन करते हैं। कहानी कुछ बोले, कहानी के पात्र कुछ कहें तो एक बात है। उन कथाकारों में, जो नयी कहानी आन्दोलन को दिशा दे रहे थे, वह कोना दिख जायेगा जहाँ उनकी कहानी लचर हो जाती है। नयी कहानी को किस चीज़ से बचने की ज़रूरत थी। इसे कमलेश्वर और मोहन राकेश समझ रहे थे। इसलिए वे नयी कहानी के घेरे को तोड़कर बाहर आये। एक 'हीरो' अपने ही बनाये बन्धन को भी काट रहा था? 1956 में नामवर जी ने लिखा, **साहित्यकार की गहराई इस बात में है कि वह सतह को तोड़ता है।** विवरण-प्रधान होना कहानी का गुण है। विवरण ऐसा न हो कि सूचना प्रौद्योगिकी बन जाये। कई बार कथा से मिलती-जुलती किसी अन्य विधा में आया विवरण कहानी से ज़्यादा काम कर जाता है, हाल ही में ज़ाबिर हुसैन साहब की 'कथा डायरी' आयी है **ज़िन्दा होने का सबूत।** ज़ाबिर साहब की पत्रिका (दोआबा/2014) में कहानी के आलोचक इसे 'कथा-डायरी' से ज़्यादा 'कहानी' मानते हैं। यह तो प्रेमचन्द के ज़माने में तय होता था कि कौन कहानी है, कौन यात्रा? तय करना भी आसान था कथानक, चित्रण, परिवेश जिसमें हो वह कहानी है। जाबिर हुसैन की यह कथा डायरी एक कोलाज भी है जिसमें जीवन के अपने अनुभव भी गुँथें है। जैसे, इसकी पहली कहानी (लेकिन मैं) का पात्र तुलाराम पढ़ने के साथ बीड़ी बनाने का भी काम करता है। एक दौर में जहाँ और जिस दूर तक मैं अपने स्मृति-कोष को जगा पाता हूँ, जाबिर साहब बीड़ी-मज़दूरों के बीच राजनैतिक कार्यकर्ता की हैसियत से काम कर चुके थे। वह अनुभव कल्पना के सहारे इस कहानी में भी विन्यस्त हो सका है। अब इस कथा डायरी से गुजरते हुए कथा-विधा का नया प्रारूप सामने आता है। इससे असहमति भी हो सकती है। कारण कि कहानी अनुभव का खाँचा भर नहीं है। परन्तु अगर नामवर जी की मानें तो अपने या सामाजिक पूर्वाग्रहों को जो रचना तोड़ती है, वहीं से उसके शिल्प का निर्धारण भी होता है। नयी कहानी का

आन्दोलन मध्य वर्ग केन्द्रित था। नामवर जी (कलात्मक सौन्दर्य का आधार) और दूसरे भी मानते हैं कि मध्य वर्ग अब व्यापक जन-जीवन से दूर होता जा रहा है। दूर होने के पीछे मक़सद को रेखांकित करते हैं नामवर, **पण्यवस्तुपरक**। यह बात आज के कहानीकारों पर भी लागू हो सकती है। यह वही मध्य वर्ग है जिसके नेतृत्व में राष्ट्रीय आन्दोलन हुआ था। वही मध्य वर्ग साम्राज्यवाद के ख़िलाफ़ लड़ रहा था। अब वही मध्य वर्ग उसके पीछे लामबन्द होने को व्याकुल है। भीष्म साहनी और अमरकान्त 'नयी कहानी' आन्दोलन की इस सीमा को समझ रहे थे। कमलेश्वर की एक कहानी है **और कितने पाकिस्तान**। उस कहानी की अनुभूति है, **यानी एहसास की रुकी हुई हवा ही पाकिस्तान हो**। 1969 में लिखी यह कहानी इन शब्दों के साथ विराम लेती है, **बन्नो, हर जगह पाकिस्तान है जो मुझे-तुम्हें आहत करता है, पीटता है। लगातार पीटता और ज़लील करता चला जा रहा है**। विभाजन पर विभाजन के तुरन्त बाद दर्जनों कहानियाँ लिखी गयीं जिनमें अपने समय का अतीत पूरा-पूरा झाँकता है। कमलेश्वर की यह कहानी इस अर्थ में अनूठी है कि वह विभाजन की पीड़ा को साठ-सत्तर के दशक में भी महसूस कर रही है। घाव सूखे नहीं हैं, मवाद बहना कम हो गया है। घाव की टीस कम हो गयी है, इसलिए रात में अच्छी नींद आ जाती है। इस कहानी में पूरा विवरण भिवंडी का है। भिवंडी का अतीत है, वर्तमान भी है। नहीं है तो केवल एक चीज़, वह मुश्तरका हिन्दुस्तान। मीर ने कभी लिखा था, **कहने लगा कि देख के चल राह बेखबर,/मैं भी कभू किसूका सरे पुर ग़रूर था**। उसी मीर को एक बार फिर याद करूँ **एक तुझको हज़ार में देखा/गुल व बुलबुल बहार में देखा**। अब जो पाकिस्तान है, वह महज जोग्राफिया नहीं है। हर जगह पाकिस्तान ही है। एक पाकिस्तान हज़ार ज़र्रों की रूह में गिरफ़्त हो चुका है। यहाँ आकर कहानी अतीत को सहलानेवालों को भी धोखा दे जाती है। यह जो वर्तमान है, वह इतना दुःखदायी है कि अब अतीत की डोर पकड़ कर मन बहलाने या उसे फुसलाने का दौर भी खत्म हो चुका है। यहीं आकर कमलेश्वर की कहानी अपने समय की ज़मीन को ध्वस्त करती है।

बात कुछ यों निकली कि कहानी के लिए आलोचना की ज़मीन तैयार करने में वह खुद ही कहानी न बन जाये। आलोचना कहानी की हो रही हो और कहानी उस पर उतरे ही नहीं। हलवाई कहे कि रसगुल्ला अच्छा है और रसगुल्ला इशारा करे, बासी को क्या खाना? निश्चय ही ज़मीन तैयार होनी चाहिए लेकिन उस कहानी को क्या कहिए जो कविता को भी सहारा दे रही है और कविता भी उसका हिसाब चुकता कर देती है कहानी को सहारा देकर। जयशंकर प्रसाद की कहानी **आकाशदीप** में कविता की झाँकी देखिए। छायावादी काव्य-सौन्दर्य है वहाँ। वह इस अर्थ में कि बिम्बों की सजावट कहानी को किस्सागो से अलग करती है। इस मानी में प्रसाद ने हिन्दी कहानी को एक दिशा दी है। तारों से सजा नीला आकाश और **नील समुद्र**

के आकाश में पवन ऊधम मचा रहा है। अंधकार में मिलकर पवन दुष्ट हो रहा था। समुद्र में आन्दोलन था। नौका लहरों में विकल थी। ऐसा सघन बिम्बों वाला वर्णन प्रेमचन्द की कहानियों में भी शायद ही मिले। बिम्ब भी बिल्कुल सोद्देश्यपूर्ण, कथानक की प्रगति में सहायक। समुद्र में आन्दोलन, लहरों का नौका से टकराना और इस बीच मतवाले नाविक से कृपाण निकाल कर स्त्री बन्दी के समीप पहुँचती है। कोई कहेगा ही यह एक छायावादी कवि की कहानी है। नामवर जी (प्रसाद की काव्य भाषा) ने नलिन विलोचन शर्मा से शब्द उधार लेकर (फीलपाँवी) जो प्रसंग रखा है **आकाशदीप** से ही, वहाँ वाक्य संरचना उलझी हुई है। उसी लेख में द्विवेदी युग के गद्य और पद्य शैली के दो नमूने दिये गये हैं। नमूने पद्य के हैं और नामवर जी के शब्दों में **फिर भी इन्हें तत्कालीन गद्य की भाषा का प्रतिनिधि कहा जा सकता है। आकाशदीप** कहानी के पहले भाग का वर्णन कहानी के एक नये धरातल का परिचय देता है। समुद्र, नीले अम्बर और लहरों के बीच से चरित्र-निर्माण, कहें परिस्थितियाँ यहाँ चरित्र का निर्माण करती हैं। छायावादी कविता के सारे प्रचलित बिम्ब हैं यहाँ, मानो प्रसाद कविता में सोच रहे हों और कहानी लिख रहे हों। छायावाद का आन्दोलन किसी व्यक्ति विशेष द्वारा संचालित नहीं था। वह अपने समय की माँग पर खड़ा था। इसलिए प्रसाद की इस कहानी में एक स्वच्छन्द कल्पना विहार करती है। राष्ट्रीय आन्दोलन के उस दौर में इससे मुक्त होना मुश्किल था। उसकी छाप प्रेमचन्द की कहानियों में भी कहीं-कहीं मिल जायेगी।

दैनिक जीवन में आज भी कहानी सुनायी जाती है, यात्रा वृत्तान्त या अन्य रूप में। उसमें खास बात होती है, वह एक शर्त के साथ जो कथावाचक के साथ रहती है, कहानी सुनाते समय श्रोता को ध्यान में रखा जाये। भूमिका इतनी लम्बी न बाँध दी जाये कि श्रोता तत्क्षण पूछे, रबड़ को कितना तानोगे और कहाँ तक? इसलिए राजाओं के यहाँ जो कथावाचक बहाल किये जाते थे, उनके कथावाचन की खासियत थी, संक्षिप्तता और दुहराव से बचने की कोशिश। नामवर कहानी में शिल्प के नये-नये प्रयोग को लेकर चिन्तित हैं। शिल्प पर इतना जोर कि शब्द की मौलिकता ही हाथ से फिसल जाये। उनके सामने नयी कहानी का आन्दोलन था जिसके पैरोकार प्रेमचन्द से अलग एक नयी परम्परा बनाने की मुहिम में लगे थे। नयी परम्परा का जोर शिल्प पर था और इसलिए भीष्म साहनी, यशपाल, अमरकान्त जैसे कथाकार इस आन्दोलन के अगुआ नहीं बन सके। भीष्म साहनी की कहानी **अमृतसर आ गया है** कमज़ोर कथानक की कहानी है, फिर भी, अच्छी है। शिल्प भी एक कारण है, उससे बड़ा कारण उस समय की विषय वस्तु है। नयी कहानी वाले शिल्प के कारण नवीनता लाना चाहते थे, तभी वे खुद को प्रेमचन्द से अलग कर सकते थे। प्रेमचन्द की कहानियों में विषयगत वैविध्य है जबकि 'नयी कहानी'

आन्दोलन मध्य वर्ग तक केन्द्रित रह सका। मैं यह नहीं कहता कि शिल्प की चिन्ता करने वाला अच्छा कथाकार नहीं हो सकता है। यह शर्त होनी भी नहीं चाहिए। परन्तु नक्शानवीस को जगह का पता होना चाहिए। शिल्पकार को यह तो पता हो कि कहानी किस पर लिखनी है और उस विषय की प्रासंगिकता कितनी है? कहानी में आया विवरण ही उसका शिल्प है। वह किस तरह कहानी लिख रहा है? सवाल इसका है। नामवर जी का प्रश्न (अच्छी कहानी)...**सवाल 'नयी कहानी' का नहीं बल्कि 'अच्छी कहानी' का है।** (अच्छी कहानी?)। इसी के आगे बात आती है सम्पूर्ण प्रभाव की। नामवर जी नयी कहानी आन्दोलन की सीमा बता रहे हैं। यह वही सीमा है जो कविता में प्रयोगवाद की थी, अकविता की थी।

कहानी के लिए आलोचना का आसमान खोजने की धुन साठ के दशक में सवार हुई। उस दशक का आलम ये था कि अकविता और अकहानी के शोर में नयी कहानी का आन्दोलन भी खुद को पुनर्नवी कर रहा था। इस नवीनीकरण के दौर में कहानी में कई प्रयोग हुए। यात्रा से कहानी बनी, संस्मरण से कहानी बनी, डायरी से कहानी बनी। अब वो बात नहीं रह गयी थी कि जहाँ किस्सा कहने का लहजा हो, वहीं कहानी है। यह बात तो तब की थी जब कहानी कही जाती थी। अब कहानी लिखी जा रही थी, धड़ल्ले से, इसलिए कहानी में प्रयोग का दायरा बढ़ा। प्रेमचन्द के समय के बाद तक घर-परिवार में कहानी पढ़ने को अच्छा नहीं माना जाता था। सिनेमा देखना और कहानी पढ़ना अच्छे छात्र के लक्षण नहीं थे। इन पंक्तियों का लेखक खुद भी चोरी-छुपे स्कूल के लीजर समय में उपन्यास पढ़ता था। घरों में प्रेमचन्द की स्वीकारता थी लेकिन कविता से आगे नहीं। कविता पढ़ना मतलब गम्भीर होना, कहानी पढ़ना, मतलब समय काटना या हल्का होना। कहानी को लेकर पचास के दशक में भी यही समझ थी। फिर भी, नामवर जी का कहना है (साधारण पाठक : सहज दृष्टि : कहानी-पाठ की प्रक्रिया) **हर लेखक के पाकेट में 'अपने' पाठक हैं, सो उनकी तादाद अलग। किसे खुशी नहीं होगी**? सही है कि कहानी के पाठक तब भी अधिक थे और आज भी हैं। आज स्थिति यह है कि कविता और कहानी दोनों थोक भाव से लिखे जा रहे हैं। प्रेमचन्द के समय में कहानीकार के अपने निजी अनुभव का साँचा-खाँचा हावी नहीं था। इसलिए कल के कहानीकार इतिहास, भूगोल, समाज विज्ञान के कुशल अध्येता भी थे। विशेषीकरण के इस दौर में कहानी लिखना अलग 'डिपार्टमेंट' हो गया है, उसे क्या, मतलब इतिहास बाँचने और राजनीति पढ़ने से। प्रेमचन्द के निबन्धों को खँगालने पर उनका प्रखर इतिहासकार व्यक्तित्व सामने आता है। आज विरले कोई कहानीकार हो ऐसा। जिस समय कहानी कविता की हमराही थी, तब के दिनों के कहानीकार की समस्या थी, अपने अनुभवों का परिष्कार कैसे किया जाये? ऐसा न हो कि कहानी में केवल कच्चे माल के बतौर अनुभव विन्यस्त हो जायें। कोई कह सकता है कि किस्सागो की शैली

में लिखी कहानियाँ लिखने और पढ़ने दोनों में सुगम हैं। ये कहानियाँ कहीं परेशान नहीं करती हैं। इंशा अल्लाह खान 'इंशा' की **रानी केतकी की कहानी** किस्सा से शुरू होती है, **किसी देश में किसी राज्य के घर एक बेटा था।** इंशा की इस कहानी में लोक परम्परा की छाँछ है। इसलिए कथाकार के निजी अनुभव से इसका क्या सम्बन्ध है? माधव राव सप्रे की कहानी **एक टोकरी भर मिट्टी** का पहला हिस्सा ही ज़मींदार साहब की धौंस का अहसास कराता है। ज़मींदार साहब के महल के सामने एक अनाथ विधवा की झोंपड़ी थी। ज़मींदार साहब की ख़्वाहिश थी कि उनके महल का हाता उस झोंपड़ी को निगल जाये। उस अनाथ विधवा का कोई सहारा नहीं था। ज़मींदार साहब अनाथ विधवा को मनाने में हर तरह से विफल हो गये, तब वे वकीलों की जेब गर्म किये और अनाथ विधवा की झोंपड़ी पर अपना कब्ज़ा कर लिए। माधव राव सप्रे की यह कहानी 1901 ई. में छपी थी। उस ज़माने में क्या आज भी अनाथ विधवा और गरीब की जोरू की ज़मीन इसी तरह कब्ज़े में लायी जाती है। सप्रे का कितना चोखा अनुभव इस कहानी में किस्सा कहने की शैली में आया है। कहानी का विषय पुराना और घिसा-पिटा नहीं है। इंशा की तुलना में यह कहानी बहुत छोटी है। कोई इसे लघु कथा भी कह सकता है। इस कहानी में बारीक कल्पना यथार्थ की ज़मीन पर खिल रही है। झोंपड़ी पर कब्ज़ा हो गया। अनाथ विधवा अपनी झोंपड़ी से एक टोकरी मिट्टी चाहती है। उसकी पोती का कहना है कि वह झोंपड़ी में जा कर ही रोटी खाएगी। विधवा को एक उपाय सूझा। उस झोंपड़ी से टोकरी भर मिट्टी लेकर एक चूल्हा बना लिया जाये और पोती को उसी चूल्हे पर पकी रोटी खिलायी जाये। तब तो पोती मान ही जायेगी। सप्रे की यह कहानी एक आदर्श स्थिति में खत्म होती है। अनाथ विधवा के वचन से ज़मींदार साहब का हृदय पिघल जाता है। असल चीज़ है इस कहानी का वह मार्मिक प्रसंग जो चूल्हे के प्रतीक के रूप में आया है। इस कहानी में दो प्रतीक हैं एक चूल्हा और दूसरा टोकरी भर मिट्टी। दोनों सहोदर हैं। अनाथ विधवा एक बार फिर अनाथ होती है। अपनी ज़मीन से बेदखल होती है। जब हिन्दी कहानी बिल्कुल नवजात अवस्था में थी, वह अपने इलाके के ज़मींदार से टकरा रही थी।

कहानी पाठ वाले लेख में नामवर जी ने लिखा है, **चाहे जिस भी कारण से हो, कथा-समीक्षा की यदि कोई शास्त्रीय प्रणाली नहीं बनी तो, एक दृष्टि से अच्छा ही हुआ।** ये बोल उस आलोचक के हैं जो लगातार कहानी पर व्यावहारिक समीक्षा लिख रहा था। छोटे में यह कहूँ कि कथा साहित्य की व्यावहारिक आलोचना। कभी उत्तर छायावादी कवि जनार्दन झा 'द्विज' ने प्रेमचन्द के उपन्यासों पर लिखी थी। नामवर दूसरे या तीसरे आलोचक हैं जो कहानी की चर्चित पत्रिकाओं में किसी एक कहानी की चीर-फाड़ कर रहे थे। पुराने अंकों को देखने पर एक पन्ना **ज्ञानोदय** का खुलता है जिसके अक्षरों में **विष्णु प्रभाकर** की कहानी **धरती अब भी घूमती है**

पर नामवर की व्यावहारिक समीक्षा कैद थी। नामवर कुछ में हैं, कहानी पर समीक्षा लिखने वालों में। फिर उनके बाद आलोचक सुरेन्द्र चौधरी आये। बाद के दौर में समीक्षाएँ बहुत आयीं, उनमें नयी बात से ज़्यादा कथाकार देखकर विमर्श वाले आलोचक ज़्यादा थे। यहाँ मैं दूसरी बात कहना चाहूँगा। जिस आलोचक ने कहानी की व्यावहारिक समीक्षा की बल्कि उसकी परम्परा चलायी, उसे भी कहानी के लिए आलोचना के किसी शास्त्र का होना रुचिकर नहीं लगा। दरअसल चक्कर यह है कि शास्त्र के आते ही कहानी अपनी स्वच्छन्दता भूल जायेगी। या उसे भूल जाने को विवश होना पड़ेगा। फिर कहानी का असली साँचा ही चरमरा जायेगा। आज या कल के समय में कहानी का विशाल पाठक समुदाय संकुचित हो सकता था या हो सकता है। शास्त्र तो पण्डित गढ़ते हैं। कहानी के पण्डित शास्त्र गढ़ेंगे तो हालत कहीं अलंकार सम्प्रदाय जैसी न हो जाये। रमणीयार्थकता के बदले **काव्य शोभाकरान हावी** हो जाये। कहानी अनाथ विधवा बन जाये।

प्रेमचन्द और प्रसाद के बाद कहानी का उत्तरोत्तर विकास हुआ। पचास के दशक में साहित्य की यह विधा बाकी सभी विधाओं को मात दे रही थी। नयी कहानी आन्दोलन भले ही मध्य वर्ग केन्द्रित रहा हो, इसकी लोकप्रियता से इनकार नहीं किया जा सकता था। प्रेमचन्द के समय को थोड़ा ओझल करते हए भी नयी कहानी आन्दोलन के कई कथाकार कहानी में निजी अनुभव से ज़्यादा कल्पना को महत्त्व दे रहे थे। मोहन राकेश उनमें अपवाद थे जो संस्कृत, हिन्दी और अंग्रेज़ी तीन भाषाओं की रचना-परम्परा के पारखी थे। नयी कहानी के दौर में कहानी और कविता का भेद उभरकर नहीं आया था। कहानी के लिए अलग से आलोचना के आकार को तय करने की बात भी साठ के दशक में आयी। मोहन राकेश पहले कथाकार थे विधाओं की पारस्परिकता को समझने वाले, जहाँ कहानी के महत्त्व को समझा, रेखांकित किया। राकेश (बकलम खुद/1974) का मानना था कि **नये प्रयोगकारों ने उसे अलग नहीं रहने दिया,** राकेश बता रहे हैं कि कहानी और कविता को जिस अर्थ में अलग होना चाहिए था, उसी अर्थ में वैसा नहीं हुआ। उदाहरण के बतौर वे रेणु की **तीसरी कसम** (मारे गये गुलफाम) और अमरकान्त की कहानी **दोपहर का भोजन** का उल्लेख करते हैं। उनके अनुसार दोनों कहानियों की रचना की मनोभूमि कविता की है। संवेदों की उलझन सहज हो सकती थी कविता में, कहानी में उसी की अभिव्यक्ति हुई है। इसलिए राकेश कहते हैं कि दोनों स्थितियों में कहानी को माध्यम रूप में चुनना अनुचित नहीं था। फिर आगे वे इसकी सिफ़ारिश करते हैं कि किसी एक विधा को संवेदनाओं की अभिव्यक्ति का पूर्णत्व प्राप्त नहीं है। नयी कहानी आन्दोलन के एक नायक मोहन राकेश उस आन्दोलन की सीमाओं को समझ रहे थे। इसलिए नामवर जी (आज की हिन्दी कहानी) पाठक के हाथ से कहानी के निकल जाने को लेकर चिन्तित रहे। **कहानी : नयी कहानी** का पहला लेख ही **आज की हिन्दी कहानी है।**

कहानी की गिरती साख को लेकर चिन्ता है। इस संकलन के अधिकांश लेख 58-60 के समय के हैं। उस समय नामवर जी की चिन्ता पाठक के हाथ से कहानी के निकल जाने को लेकर थी। कहानी धीरे-धीरे विचारों को सुलझाने की ओर बढ़ रही थीं। नामवर जी ने लिखा, **ऐसी कहानियों में अन्त तक आते-आते सम्पूर्ण कथानक एक सारगर्भित विचार के रूप में झंकृत हो उठता है।** इसलिए इस निबन्ध-संकलन में आगे कहानी के पाठ पर स्वतन्त्र आलेख हैं। नयी कहानी आन्दोलन में लिखी गयी कहानियों में विचार की प्रधानता बढ़ती गयी है जिससे कहानी बोझिल होती गयी है। दिक़्क़त विचार के खुद के महत्त्व को लेकर है। इसलिए कहानी कमज़ोर हो जाती है। मध्य वर्ग की एक समस्या पहचान की रही है। नामवर जी की चिन्ता सही है और इशारा इसी ओर है कि कहानी अगर इसी पहचान के लिए पसीना बहाए, तब उसका स्वाद कुछ और होगा और उससे कहानीकार को सन्तुष्टि मिलेगी, पाठक को नहीं। मोहन राकेश जिसे रेखांकित करते हैं (उलझन को सुलझाना), नामवर बहुत पहले इशारतन कह जाते हैं **गनीमत है, हिन्दी के ज़्यादातर कहानी-पाठक आलोचनाएँ नहीं पढ़ते और नहीं पढ़ते तो कुछ भले कहानीकार भी** (साधारण पाठक : सहज दृष्टि : कहानी-पाठ की प्रक्रिया)। नामवर जो 1958-60 में लिख रहे थे, उसका रेशा दो-तीन साल बाद मोहन राकेश को अनुभव हुआ। राकेश नयी कहानी आन्दोलन के अगले दस्ते में थे। नामवर उस आन्दोलन की सीमा बता रहे थे। राकेश एक आलोचक की उस आस्था को समझ रहे थे जिसमें कहानी के भविष्य को लेकर चिन्ता निहित थी। राकेश समझते थे कि कहानी न केवल अनुभव से लिखी जाती है और न केवल विचार से। विचार भले कहानी में पात्र के माध्यम से आये। कविता का आलोचक कहानी में विचारों के बोझिलपन को महसूस कर रहा था। कहानी का आलोचक अनुभव से कहानी की यात्रा समझकर उसे कविता के दूर खड़ा करने की ताक में था, अभी भी वह मशक्कत चल रही है। इसलिए कहानी को खतरा लेखक की निजता से ज़रूर है जिसे नामवर यह समझते हैं कि कहानी के पाठक की चिन्ता कुछ और है। उसे रोज अच्छी कहानी मिले। कहानी के आलोचक आपस में मतभेद-मिलाप करते रहें। पाठक इसमें क्यों पड़े? यही सवाल कविता के आलोचक के साथ नहीं जुड़ा है।

जहाँ तक परम्परा की बात है, तो कविता और कहानी दोनों की परम्परा बहुत पुरानी है। कहते हैं कि कविगण की तरह ही राजाओं के दरबार में कथावाचक (स्टोरी टेलर) भी हुआ करते थे। एक ही दरबार में दोनों बैठते थे। कविता के क्षेत्र में आलोचना की परम्परा का सदियों पुराना इतिहास है। वह इतिहास कहानी का भी है। पशु-पक्षियों से संवाद की कहानियाँ वर्षों से समाज को प्रेरित करती रही हैं। कौवे का काँव-काँव करना किसी अतिथि के आने का संकेत है। इससे जुड़ी कहानियाँ हमारी दिनचर्या को प्रेरित करती रही हैं। इसलिए नामवर संकेत में उस परम्परा

का स्मरण कराते हैं जो पाठक की सम्पत्ति है, आलोचकों की नहीं। अब आलोचक उसे सम्पत्ति बनाना चाहें, तो यह मामला निजीकरण का है। वास्तव में यह दौर 'निजीकरण और पूँजीनिवेश' का ही है। पाठक क्या आम आदमी के न चाहते हुए भी यह सब हो रहा है और कहानी हम से छिनती जा रही है। इसका कारण है कि हमने कहानी को भी एक उत्पाद मान लिया है। यह बोध नयी कहानी के दौर में कहानी की आलोचना से टकराते हुए नामवर को हुआ था। **वापसी** (उषा प्रियंवदा) कहानी के सिलसिले (सच्चे निर्णय के सहयोगी प्रयास में) नामवर 'विच्छिन्नता' (एलिनेशन) की चर्चा करते हैं और इसे आधुनिक समाज की एक गम्भीर बीमारी बताते हैं। यह मामला उसी 'निजीकरण' और 'पूँजीनिवेश' का ही नतीजा है और अब यहाँ तक यह बात आ गयी है कि कहानी उतनी ही तक जँचनी चाहिए, जिससे उत्पादन को बढ़ावा मिल सके। आलोचक **परमानन्द श्रीवास्तव** के एक लेख (उत्तर औपनिवेशिक समय में साहित्य की संस्कृति) में ज्याँ पाल सार्त्र के 1938 का एक वक्तव्य आया है जिसका एक वाक्य है, **वस्तुओं को हमसे दूर रहना चाहिए। क्योंकि ये सजीव नहीं हैं**। परमानन्द जी का यह लेख 2008 में छपा था, **नया ज्ञानोदय** में। नामवर कहानी के **पण्य वस्तु** होने की बात 1955 में कह रहे थे। देखना यह कि सार्त्र के 1938 के वक्तव्य से लेकर नामवर और आज तक की विचार-यात्रा में एक कॉमन तथ्य उभर कर आ रहा है, मनुष्य के वस्तु बन जाने का तथ्य, सही और ईमानदार कथाकार इससे टकरायेगा ही और वैसी ही स्थिति में कहानी केवल अनुभव की यात्रा नहीं रहेगी, वह कुछ और होगी जिसे पाठक तय करेगा कहानी-कविता का आलोचक नहीं। अच्छी बात यह है कि बिल्कुल नयी आलोचना के कुछेक ईमानदार आलोचक इसे महसूस करने लगे हैं। युवा आलोचक **अशोक कुमार पांडेय** (परिकथा/2010) की आलोचना में एक रोचक प्रसंग आया है। एक बच्चे को चाय नहीं मिली। माँ ने बताया, कोयला नहीं है। कारण कोयले का खान का बन्द होना है। खान क्यों बन्द हुए, क्योंकि कोयले का उत्पादन अधिक होने लगा। कीमतें गिरने लगीं। कम्पनी को मुनाफ़ा नहीं मिल रहा था। इसलिए कोयले के खान बन्द हो गये। बच्चे को चाय नहीं मिली। नामवर जी जिन दिनों कहानी पर लिख रहे थे, उन्हीं दिनों **कहानी** के सम्पादक **श्रीपत राय** की चिन्ता थी कि कहानी से वह माँग की जा रही है जो आज उसका लक्ष्य नहीं है। संभावित सत्य कहानी में आये सन्दर्भों से उजियाला पाता है। नामवर यही बात पचपन में कह रहे थे नयी कहानी की आलोचना करने के क्रम में।

युवा कथाकार **राजशेखर** की कहानी **मास्टर जी का मटरू** (वागर्थ) की खास बात है मनुष्य की बढ़ती हुई व्यावसायिकता। नामवर के शब्दों में कहें तो मनुष्य का पण्य वस्तु हो जाना। अब मनुष्य खुद को गुलाम बनाने में लगा है साम्राज्यवादी ताकतों के आगे। अब सवाल है कौन कितना बड़ा गुलाम हो सकता है? मास्टर जी को पॉलीथिन वाले दूध में मिलावट महसूस होने लगी। घर में बिना बताए उन्होंने

एक गाय खरीद ली। उनके बच्चे मटर बहुत खाते थे। मास्टर जी की गाय का बछड़ा भी बच्चों के मटर खाने में साझेदार होता था। इसलिए उसका नाम मटरू पड़ गया। घर में मटरू को लेकर परेशानी थी। घर के काम बढ़ गये थे। मटरू तो साँढ़ हो चुका था। एक-से दो और फिर दो से बढ़ने वाले की सेवा। घर का काम इतना बढ़ गया था कि मास्टर जी भी मटरू साँढ़ को किसी के हाथों बेचने का मन बना चुके थे। लेने वालों पर मास्टर जी का भरोसा नहीं था। कोई कसाई निकल जाये, क्या भरोसा? एक दिन मटरू को घर से निकलना ही पड़ा। तबाह और वैरागी मटरू महात्मा गाँधी की प्रतिमा के आगे मृत पाया गया। कहीं से भनक मिली थी, किसी ने उसको ज़हर दे दिया। मास्टर जी उससे लिपटकर रोने लगे। **राजशेखर** की इस कहानी में वर्णन-शैली का अद्‌भुत कौशल है। कहानी में कोई भी प्रसंग हमारी आपकी दिनचर्या से अलग नहीं है। यथार्थ और कल्पना का दुर्लभ संयोग है इस कहानी में। मास्टर जी घर में बचा हुआ दूध गाय के बछरे को पिला देते हैं। पत्नी को बिना खबर किये गाय खरीदना, बच्चों का मटरू से बढ़ता अनुराग, पत्नी का खिन्न होना, मटरू का मास्टर जी को बेवज़ह परेशान करना, आखिरी दम तक मटरू की आँखें मास्टर जी को देखने के लिए बेचैन थीं। महात्मा गाँधी की प्रतिमा के नीचे मृत मटरू की कल्पना में एक बात तो थी कि हर कोई उसे धोखा दे सकता है। हर कोई उसका इस्तेमाल कर सकता है, उसे 'पण्य वस्तु' बना सकता है, सिवाय महात्मा गाँधी के। गाँधी बाज़ार की अराजकता के ख़िलाफ़ लड़ रहे थे। देशी बाज़ार में विदेशी माल के ख़िलाफ़ लड़ रहे थे। राजशेखर की इस कहानी में मटरू एक सुलगता प्रतीक है जो कह रहा है कि उसे केवल 'माल' न समझा जाये। वह भी मास्टर जी की तरह संवेदनशील प्राणी है। मास्टर जी के भाव भी बदलते है। शुरू में वे गाय अपने लिए खरीदे थे, अपने परिवार के लिए खरीदे थे। अब मास्टर जी को दूध से मतलब नहीं, दूध की खरीद-बिक्री से मतलब नहीं, अब उन्हें केवल मटरू की आँखों में वसन्त आ जाये, इसी से मतलब है। कोई इसे गाँधीवादी विचारधारा की कहानी कह सकता है। असल सवाल जो इस कहानी में छिपा है मनुष्य के हृदयहीन होने को लेकर, उसे तकनीक से भरे इस बाज़ार में उसके गुलाम होने को लेकर। यह कोई न समझे कि कथाकार इस दुनिया का गुलाम नहीं बना है। आज के दौर के युवा कथाकार मीडिया के पीछे कुछ यों दौड़ता है जैसे गाय के पीछे बाछी दौड़ती हो। नामवर जी का एक लेख (नयी कहानी की सफलता और सार्थकता) **कहानी** (1958) पत्रिका के 'नववर्षांक' में आया था। इस के एक निशाने पर नयी कहानी के कथाकार भी थे। उन्हें ही लक्षित करते हुए युग के सामाजिक अन्तर्विरोध के सन्दर्भ में कहानी लिखने की सामग्री चुनने की बात कही गयी थी। अनुभव का सत्य तो सत्य है लेकिन सवाल है उसके भीतर बनी अपनी जगह से मुक्ति का। राजशेखर के मास्टर जी गाय अपने लिए खरीदते हैं। सामान्य कहानी

होती तो गाय बेचकर मास्टर जी भी निढाल हो जाते। परन्तु होता कुछ और है। मटरू मास्टर जी का दामन छोड़ महात्मा गाँधी के पास आता है। वही कुछ करें तो करें। वरना अनुभव के सहारे जी रहा यह देश बाज़ार का गुलाम तो होकर रहेगा।

आज के कई कथाकार केवल निजी अनुभवों की झोली लिए घूमते हैं। अखबारों की कतरनों में रहने के लिए गुलामी करने से नहीं चूकते हैं, वे अन्तर्विरोध की कहानी नहीं लिखते। वही लिखते हैं जो उनके समय की सत्ता कहती है। इसलिए एक खतरा नयी कहानी आन्दोलन से ज़रूर था, सत्ता के गुलाम हो जाने का खतरा। यह सीख आज के कथाकारों के लिए ज़्यादा महत्त्व रखती है। बाज़ार ने उनको भी खरीदा है। मटरू की भी यही चिन्ता है। अनुभव की वैयक्तिकता अपनी जगह है, उसका महत्त्व है। उससे ज़्यादा और ज़रूरी है, उसके सामाजिक परिप्रेक्ष्य को सामने लाना, सामाजिक विडम्बनाओं को सामने लाना। छायावाद वाली किताब में इस परिप्रेक्ष्य से नामवर, जयशंकर प्रसाद और निराला में अन्तर करते हैं। दोनों सामाजिक रूढ़ियों को चुनौती दे रहे थे। निराला वैयक्तिकता पर पुरजोर हमला कर रहे थे। वैयक्तिक होकर अपने अन्दर की सीमाओं को तोड़ रहे थे। नामवर के शब्द हैं, **यहाँ केवल आत्मकथा नहीं है, बल्कि अपनी कहानी के माध्यम से एक-एक कर पुरानी सामाजिक रूढ़ियों और आधुनिक अर्थ–पिशाचों पर प्रहार किया गया है।** उदाहरण देते हैं वे **सरोज स्मृति** का जिसमें निराला लिखते हैं, **हे कान्यकुब्ज कुलांगार/खाकर पत्तल में करे छेद/इनके कर कन्या, अर्थ खेद,** यहाँ वैयक्तिकता अपने पक्ष में वकालत भी कर रही है। अगर पूर्व परिस्थितियाँ बनी रहेंगी, सामन्ती समाज बना रहेगा, जकड़न बनी रहेगी, ऐसे में हमारे भीतर की वैयक्तिकता भी मुखर नहीं हो पायेगी। इसलिए सवाल केवल निजी अनुभवों को शब्द देने का नहीं है। स्वयं छायावादी कवियों का अपने अनुभवों को लेकर यह सोच नहीं था। महादेवी वर्मा अपने गद्य-संकलन (अतीत के चल चित्र) को कथा-संस्मरण कहती हैं। छायावाद का महत्त्व इस कारण भी रहा है और नामवर इसे बखूबी रेखांकित करते हैं।

निजी अनुभव को मुखर कर देना साहस भी हो सकता है जैसा कि आत्मकथाओं में होता है। आज के लेखन में भी ऐसा देखा जा सकता है। आलोचना में तो ये निजी अनुभव लेखकों से तय रिश्तों के साथ आकार ले रहे हैं। इसी कारण पुस्तक समीक्षा अब 'अपठ'-सी हो गयी है। कसीदागिरी सम्प्रदाय चल पड़ा है। कहानियों के संसार में निजी अनुभवों की दुनिया की कुछ ज़्यादा घुसपैठ हुई है। वह इस अर्थ में कि कुछ कथाकारों के यहाँ वैयक्तिकता को व्यापक सामाजिकता मिली है। यदा-कदा यह महसूस होता है कि यह कहानी इसलिए लिखी गयी, क्योंकि वे उसी शहर के बाशिन्दा थे। यद्यपि हर कहानी आंचलिक होती है, तथापि किसी-किसी कहानी में आंचलिकता का शैली-बोध अधिक होता है। **अमिताभशंकर राय चौधरी** की कहानी (हे राम) **परिकथा** के किसी अंक (1909) में छपी थी। कथाकार के अनुसार इसका

शीर्षक **गूँगी गंगा** था। पत्रिका के सम्पादक (शंकर) इस शीर्षक से सहमत नहीं थे। खैर, चलिए, बात कुछ आगे बढ़े। यह कहानी बनारस शहर के पशु-समाज के आपसी संवाद, उनकी चिन्ता और उनके पीछे संचालित हो रहे बनारस के उद्योगपति की है। विश्वम्भर प्रसाद अग्रवाल जैसे कारोबारी 'गोमाता कल्याण समिति' के मालिक हैं जिन्हें गायों को चारा खिलाने के लिए नियमित सरकारी सहायता मिलती है। खेद है कि 'कल्याण समिति' की गोशाला में **'अबोली' गायों का अस्थि पंजर भी धीरे-धीरे दिखने लगता है,** दूसरी ओर जोलाहों (कपड़ा- बुनकर) की चिन्ता है कि गाँव में पावरलूम आ गया है, इसलिए बनारसी साड़ी उनके हाथ से फिसल गयी। पशुओं के समाज में यह चिन्ता राक्षसी रूप ले रही है कि अब बनारस पूरी समग्रता में बनारस नहीं रहेगा। वह कुछ और होगा, खित्तों में बँट रहा बनारस। मर्कटोआ (बन्दर) को चिन्ता है कि बाँके सेठ की कृपा से उसे असी खण्ड में जगह मिल गयी थी जहाँ दूसरों के लिए 'स्कोप' नहीं था। अपनी सरकार, अपना रोजगार सब अलग। बन्दरों का सरदार बलीमुख तक खबर पहुँचती है लेकिन बेअसर। असी खण्ड और काशी खण्ड के मुर्गे आपस में खूब लड़ते हैं। दर्शकों का मनोरंजन करते हैं। राम बोला या बैल-गाय हम से, आप से ज़्यादा समझदार है। उसने सबको डाँटा, 'अरे बुरबक, इ कुल इंसानों से सीख रहे हो? भाई होकर भाई की छाती में छुरा भोंकना? चलो, भागो।' अमिताभ की यह कहानी न प्रचलित अर्थ में 'किस्सा' है और न कथानक, चरित्र, परिवेश का साँचा लिए एक दस्तूर में बँधी कहानी। कहानी के वर्णन में बनारसीपन है, घाटों की चर्चा, गाय-बैल बन्दर का वर्णन। फिर भी, वर्णन-प्रसंग में केवल बनारस नहीं है। मलाई खाकर फेंके गये कुल्हड़ों पर बेचैन कलुआ (कुत्ता) की बेचैनी कभी चैन नहीं ले पाती। बाकी और कुत्ते जो वहाँ पहुँच गये। निराला याद आ गये, **चाट रहे हैं जूठे पत्तल वे कभी सड़क पर खड़े हुए।**

अवधेश कुमार श्रीवास्तव की कहानी **सुदामाज** (परिकथा/2010) धर्म के ग़ैर सामाजिक और तानाशाही रुझान की ओर संकेत करती है। खास बात है कहानी के कथानक का कुशल-निर्वाह, यह एक हक़ीक़त कुछ यों छुपी है जैसे बड़ी-बड़ी घास के बीच अनपहचाने कीड़े-मकोड़े। बीच-बीच में कुछ संवाद बड़े आक्रामक और सीधे-सीधे धर्म पर चोट करते हैं। सुदामा का संवाद है, **छोड़िए जनाब, ऊँची तालीम तो आपने भी हासिल की है पर क्या आप किसी मुसलमान लड़की से निकाह करना पसन्द करेंगे या मेरे अब्बा या अम्मा मुझे ग़ैर मज़हब वाले से शादी करने की इजाज़त देंगे।** रेहाना सुदामा से प्रेम करती है लेकिन उसकी शादी पाकिस्तान के किसी मुस्लिम परिवार में होती है। इस कहानी का दूसरा हिस्सा सुदामा और अंजलि मिश्र की घनिष्ठता और फिर शादी का है। सुदामा पेशे से डॉक्टर हैं। कपड़े की डिजाइन करना उसे पसन्द है। बम्बई में उसके कपड़े की दुकान है। शादी के बाद सुदामा के राज़ खुल जाते

हैं, **तुम्हारा सरकमसिजन (खतना) क्यों हुआ है? हिन्दुओं में तो इसका चलन नहीं है।** फिर अंजलि को उसका पासपोर्ट हाथ लग जाता है। पासपोर्ट में असली नाम दर्ज है, गयासुद्दीन सिद्दिकी। इस घटना के बाद अंजलि के घरवाले पुलिस को खबर करते हैं। लोग-बाग जुट जाते हैं। सुदामा की दुकान जलकर राख हो जाती है। इस कहानी का कथानक बिल्कुल गठा हुआ है। सुदामा और रेहाना दोनों कट्टरता की अपनी ऊँचाई पर हैं। तमाम तालीम के बाद भी उनकी मज़हबपरस्ती कहीं भी सर्द नहीं पड़ती है। यह कहानी किसी तलाक में आकर खत्म हो सकती थी। थोड़ा रोमांटिक भी लगती और स्त्री विमर्श को एक नुस्खा भी मिल जाता। दुकान के जलाये जाने से वर्तमान समाज का घोर अमानवीय पक्ष सामने आता है। इसके साथ एक दूसरी बात भी है। प्रेम के आगे मज़हबपरस्ती की जीत होती है। प्रेम हार जाता है। कोई यह न समझे कि प्रेम विवाह के बाद सब कुछ प्रगतिशील हो जाता हो। कम-से-कम प्रेमी-प्रेमिका प्रगतिशील बने रहते हैं बल्कि उस दिशा में आगे भी बढ़ते हैं। ऐसा नहीं हो रहा है। अंजलि अपने प्रेम को तिलांजलि दे देती है। क्या होता है सुदामा का, मुसलमान (गयासुद्दीन) से बने हिन्दू सुदामा का। यही वह मोड़ है जहाँ कहानी भावुकता से पल्ला झाड़ लेती है। ज़िन्दगी की असली पेचीदगी सामने आती है। नामवर **नयी कहानियाँ** पत्रिका में साठ-बासठ के दौर में लिख रहे थे। शायद पहली बार एक किस्त में दो कहानियों की तुलना छपी थी। एक कहानी थी द्विजेन्द्रनाथ मिश्र 'निर्गुण' की **एक शिल्पहीन कहानी** और दूसरी थी उषा प्रियंवदा **की वापसी**। 'निर्गुण' की कहानी पर उनकी टिप्पणी है **कहानी खत्म हुई, आँसू बहे, आँसू सूखे, कहानी खत्म हुई**। इस दृष्टि से देखने पर आज की कहानी में निर्गुण जैसी भावुकता कम मिलती है। आज की पीढ़ी में भी उसका असर नहीं है। कल की पीढ़ी में संयुक्त परिवार के कारण एक तरह की भावुकता थी। निर्गुण की कहानी में भी एक रिटायर्ड सज्जन को प्रतिदान में बहू से तिरस्कार ही मिलता है। अनुमान लगायें कि अवधेश जी की यह कहानी पचास के दशक में लिखी गयी होती, तब क्या होता! सम्भव है अंजलि ने आत्महत्या कर ली होती। सम्भव है सुदामा अंजलि को लेकर कहीं भाग जाता। दोनों स्थितियों में कहानी का प्रभाव व्यक्तिवादी होता, बिल्कुल निजी होता।

जिस 'निर्गुण' के बहाने नामवर अति भावुकता को कहानी का दुर्बल पक्ष मानते हैं, उसी कड़ी की एक कहानी **अखिलेश श्रीवास्तव 'चमन'** (गजाधर पांडे ज़िन्दा हैं) की है। 'चमन' की इस कहानी का प्रवाह पाठक को बहा ले जाता है। इस कहानी में प्रवाह कहानी को अति भावुक बनाने से रोकता भी है। इसके कारण छोटे और स्मृति में कभी न संचित होने वाले अनुभव हैं। पांडे जी के घर पर नाते-रिश्तेदार उनके मरने का इन्तज़ार कर रहे थे। उस दिन कुछ भी नहीं हुआ। फिर आगे

चमत्कार ही होता है। पांडे जी बनारस के नर्सिंग होम में मृत घोषित कर दिये गये। फिर मृत पांडे जी ज़िन्दा हो जाते हैं। उनके पुत्र और उनकी पुत्रवधू पांडे जी की सम्पत्ति अपने नाम करवा लेते हैं। इधर पांडे जी बनारस के नर्सिंग होम में लगे काँच से टकराकर लहू-लुहान हो जाते हैं। अनाथ पांडे जी अपने बेटे-बेटियों के प्रकोप के आगे परास्त हो जाते हैं। चमत्कार तब होता है जब अपने परिवार के सदस्यों से घिरे पांडे जी की लाश अचानक धक-धक होने लगती है। साँस चलने लगती है। पांडे जी ज़िन्दा हो उठते हैं लेकिन लहू-लुहान होकर। बिल्कुल निस्संग गजाधर पांडे, अपनी अर्जित सम्पत्ति से विहीन गजाधर पांडे। बेटे-बहू के रहते गजाधर पांडे की यह दशा! 'निर्गुण' और 'चमन' की इस कहानी में मोटे तौर पर कोई अन्तर नहीं है। चमत्कार वाले प्रसंग को कहानी से हटा देने पर शेष क्या रह जाता है, पांडे जी की सम्पत्ति पर कब्ज़ा, बेटे-बहू का तिरस्कार, ऐसे में गजाधर पांडे थोक भाव में सहानुभूति बटोर लेते, तब कहानी का शीर्षक होता, 'गजाधर पांडे मृत हो चुके हैं।' परन्तु वर्तमान शीर्षक से यह सम्बोधित होता है कि गजाधर पांडे जैसों की संख्या इस समाज के लिए रोग है। आखिर समाज क्या करे गजाधर पांडे का? रस्साकशी के इस दौर में गजाधर पांडे को कोई क़ातिल मिल ही जाता। गजाधर पांडे मर चुके होते। 'चमन' गजाधर पांडे को ज़िन्दा रखकर कुछ कहना चाह रहे हैं। कहानी अगर 'निर्गुण' की तरह होती, बिल्कुल भावुक तो गजाधर पांडे सैकड़ों में नहीं होते, हज़ारों में नहीं होते, लाखों में नहीं होते।

गजाधर पांडे फिर से ज़िन्दा हो उठते हैं। कोई इसे कहानी का दोष कह सकता है। चमन की कहानी वास्तविकता से हट जा रही है। 'वापसी' के गजाधर बाबू स्टेशन मास्टर के पद से सेवानिवृत्त हुए थे। उनके भविष्यनिधि कोश में इतना पैसा तो ज़रूर ही होता कि बच्चे उनकी उपेक्षा नहीं करते। नामवर इसे **पुराना फार्मूला** कहते हैं। इस बात में बहुत दम नहीं है। कुछ इसी से मिलती-जुलती बात नयी कविता के समीक्षक दिवंगत **नागेश्वर लाल** जी कहा करते थे। सन्दर्भ प्रेमचन्द की कहानी **कफन** का था। उनका कहना था कि बुधिया के मरने के बाद उसके घर पर दो-चार-दस की भीड़ तो होती ही। भारतीय समाज का गाँव इतना अमानवीय नहीं हो चला था। कहानी में वास्तविकता के अनुपात को लेकर साठ के दशक में चर्चा शुरू हुई थी। **वापसी** पर चर्चा करते हुए नामवर जी ने यह लिखा कि कोई आश्चर्य नहीं जो कहानी अवास्तविक समझी जा रही हो, उसे **अभारतीय** भी समझा जाये। ये सिलसिला कुछ इस तरह बनता है कि गजाधर भारतीय समाज के पात्र हो ही नहीं सकते। उसी प्रकार आज के गजाधर पांडे इतने निकृष्ट नहीं हैं कि बेटा और बहू उनके मरने का इन्तज़ार करें। आज के सन्दर्भ में शायद ऐसा सोचना कुछ उचित न जान पड़े। तुरत-तुरत आज़ादी मिली थी। संयुक्त परिवार टूटा भी नहीं था। इसलिए उषा प्रियंवदा की कहानी कुछ काल्पनिक भी लगे। परन्तु आज वह

स्थिति नहीं है। नैतिकता के जो मान आज़ादी के पहले या बाद थे, वे आज टूट चुके हैं। कहानी में वास्तविक और काल्पनिक के अनुपात को लेकर आज़ादी के बाद से बहस होती रही है। शुरुआत नामवर से हुई थी। अस्सी के दशक में कहानी के आलोचक **सुरेन्द्र चौधरी** ने भी कथाकार अमरकान्त के बहाने कुछ इसी तरह की बात उठायी थी। सासाराम से प्रकाशित अनियतकालीन पत्रिका **अब** में चौधरी जी का एक लेख (अमरकान्त : जीवन की सम्भावनाओं के लिए संघर्ष/1986) छपा था। सन्दर्भ अमरकान्त की कहानी **हत्यारे** का था। सुरेन्द्र चौधरी ने इस बहाने यह लिखा, **नाटकीयता प्रायः यथार्थ को 'आइरनी'** में बदल देती है। उदाहरण शेक्सपीयर के नाटक **हैमलेट का है क्या विडम्बना है कि इस दुनिया की हर कील टेढ़ी है। और क्या चमत्कार है कि उन्हें सीधा करने के लिए ही मेरा जन्म हुआ है।**

सुरेन्द्र विडम्बना और चमत्कार के साधारण साहचर्य को कहानी का कौशल मानते हैं। असाधारण के बीच कुछ साधारण लेकिन गम्भीर कह जाना छायावादियों का संस्कार था। नामवर नयी कविता (कविता के नये प्रतिमान) में अगम्भीर में गम्भीर का कौशल देखते हैं। सुरेन्द्र चौधरी के आलोचना-विवेक में इसको महत्त्व मिला है। चौधरी हिन्दी के थोड़े कथा-आलोचकों में हैं जिनके यहाँ कहानी की व्यावहारिक समीक्षा केवल टीका या व्याख्या के रूप में नहीं होती बल्कि वे इस बहाने कुछ मौलिक प्रश्न उठाते हैं। अमरकान्त पर लिखते हुए **अब** (दिसम्बर 1986) में ही उन्होंने यह प्रश्न उठाया कि **मूस** कहानी अमरकान्त के बदले रेणु ने लिखी होती, तब क्या होता? खुद वे इसका उत्तर देते हैं कि रेणु ने मूस और परबतिया की परिस्थितियों को और फैलाया होता, मूस और मुनरी के सम्बन्ध को चटख रंग दिया होता। सुरेन्द्र चौधरी का आशय है कि अमरकान्त जटिल तथ्य को बहुत ढँके स्तर पर प्रस्तुत कर देते हैं। यह आशय कहानी की आलोचना की शुरुआत करने वाले नामवर की नयी कविता की व्याख्या की अगली कड़ी है। राजशेखर, अमिताभ, चमन और अवधेश श्रीवास्तव की कहानियों में दो प्रवृत्तियाँ मिलती हैं, एक, साधारण के बीच असाधारण की अभिव्यक्ति और दूसरी चमत्कारी दृश्यों के बीच से जीवन की जटिल समस्या का रेखांकन। पहली प्रवृत्ति का विकास **इन्दिरा दाँगी** की कुछेक कहानियों में देखा जा सकता है। उनकी कहानी **हथियार** (परिकथा) सामान्य दिनचर्या की है। जेल में बन्द कैदी के बेटे को पिता से मिलने की इच्छा जेल के भीतर की दुनिया के कई रेशों को सामने लाती है। जेल का यह नियम भी अजीब है **बताया ना, आज सिर्फ वे ही आदमी अन्दर आ सकते हैं जिनकी कोई महिला कैदी हो।** पिता एक नर्सिंग होम का डॉक्टर। नर्सिंग होम के मालिक (बी.कॉम.) ने अपने अधीनस्थ डॉक्टर को जेल भिजवा दिया। मेडिकल कॉलेज के मालिक का खास रिश्तेदार कॉलेज का एडमिनिस्ट्रेटिव अफसर है। इस विवरण में प्राइवेट मेडिकल कॉलेज की तानाशाही और बनिया की दुकान की तरह चल रहे मेडिकल कॉलेज का

वातावरण सजीव हो उठा है। सचिन का दोष केवल इतना था कि वह किसी दूसरे प्रोफेसर के कॉलेज से निकाले जाने पर उसके पक्ष में खड़ा हो गया था। कहानी खत्म होती है बिल्कुल सकारात्मक टोन लिए, **इस महान विपत्ति से लड़ने की यही मुस्कराहट तो अपना हथियार है।** दरअसल वहाँ से कहानी शुरू होती है, जीवन की कहानी शुरू होती है, पूरे समाज को **पण्य वस्तु** (नामवर) बनाने की कहानी जिसके ख़िलाफ़ एक लड़ाई जेल के भीतर और दूसरी जेल के बाहर। इन्दिरा की यह कहानी प्राइवेट और सार्वजनिक के अन्दर-ही-अन्दर सुलगते सवाल उठाती है। इस देश का कोई भी अखबार प्राइवेट की तानाशाही के ख़िलाफ़ मौन ही रहता है। अखबार के मालिक का हुक्म है कि सरकारी अस्पतालों में किसी चींटी के मर जाने पर उसे शब्दों में बाँधो। बाकी ग़ैरसरकारी को छुट्टा छोड़ दो। चुपके-चुपके और सादगी भरे लहज़े में दांगी गोली दागती हैं। बिना नाम लिए समाज में पल रही इस लाइलाज बीमारी का वह रेखाचित्र प्रस्तुत नहीं करती हैं। अगर ऐसा ही होता तो फिर जेल के भीतर की दुनिया की उथल-पुथल से उस रेखाचित्र का सामना नहीं होता बल्कि यों कहें **हथियार** कहानी अपने शिल्प में भी कहानी और गद्य की दूसरी विधाओं के अन्तर को कथानक की यात्रा में रेखांकित करती है। महादेवी से लेकर ज़ाबिर हुसैन और असगर वज़ाहत तक जिन्होंने भी 'कथा' के मर्म को विस्तार देकर यात्रा-कथा, संस्मरण कथा, वाकया, कवियन की वार्ता (विश्वनाथ त्रिपाठी) जैसे रूप-वैशिष्ट्य को महत्त्व दिया है, उनके लिए इन्दिरा की कहानी एक संदेश है, मुझे कहानी ही रहने दो। कहानी के 'कहन' में विश्वास की गहरी पर्त है जो दूसरे रूपों से मिलते ही अपनी विश्वसनीयता खो देती है। बिल्कुल नये कहानीकारों में कुछेक के यहाँ कहानी के प्रति विश्वसनीयता बढ़ी है। खासकर वैसे कहानीकारों में जो प्रतिकूल परिस्थितियों में भी गहरी जिजीविषा पैदा कर पाते हैं (अमिताभ, इन्दिरा, चमन, राजशेखर आदि)। नयी पीढ़ी में केवल अन्तर्विरोध पैदा करने वाले कहानीकार भी हैं जिनके यहाँ स्थानीयता का रंग बहुत चोखा है और उस सतह पर पंकज मित्र जैसे कथाकार कहानी की विश्वसनीयता को स्थानीयता के रंग से धारदार ज़रूर बनाते हैं और यह उनकी उपलब्धि भी है लेकिन कहानी को उसके आगे भी कुछ दायित्व निभाना होता है जिसके लिए बहुत पहले कहानी के आलोचक **सुरेन्द्र चौधरी** (कुछ कहानियों का गठनात्मक विवेचन/आधुनिक हिन्दी कहानी/1978) ने आगाह किया था कि कहानी के कथानक के स्तर पर सम्भव है कि उसका मर्म नहीं खुले लेकिन भावना के स्तर पर और कई बार जीवन की विरूपता की गहराई में जाकर कहानी का अर्थ या कहें मर्म खुलने लगे। इस टिप्पणी में एक प्रश्न छुपा है कि अगर कहानी ऐसा नहीं कर पाती है तो ऐसे में क्या वह कहानी रह जाती है यानि कहानी की विश्वसनीयता। लेखों के उसी संकलन में **नामवर सिंह** के एक लेख (सच्चे निर्णय के सहयोगी प्रयास में) में बाँग्ला के **प्रमथ चौधरी** के नाम **शरतचन्द्र चट्टोपाध्याय** का एक

पत्र उद्धृत है। आशय है कि कई लोग अपने दुःख को बयाँ करते समय कुछ ऐसा पुट दे जाते हैं कि अचानक किसी और के दुःख की कहानी महसूस होने लगती है। पत्र 1916 का है और नामवर इसकी चर्चा 1978 में कर रहे हैं और वह भी निर्गुण की कहानियों को लेकर। सलाह है, बेहतर है, लोग निर्गुण को हिन्दी का शरतचन्द्र समझना छोड़ दें। गौर कीजिए कि प्रमथ चौधरी के पत्र में एक संसार और जो असली संसार है, उनके दुःख का है लेकिन कहानी किसी और की हो जाती है। दुःख अपना, अधिकार किसी और का। दोनों की मिलावट से कहानी बन सकती है और आजकल तो कई ऐसे कथाकार हैं जो इस काम के कुशल डॉक्टर हैं। इसके लिए भी वे आंचलिकता का मण्डप खूब सजाते हैं। अमिताभ शंकर की कहानी में बनारस का चोखा रंग भी है और उससे निकली हुई एक तरह की सार्वभौमिकता भी है। दरअसल वही कहानी का ऑक्सीजन भी है, वहीं से कहानी विश्वसनीयता पैदा करती है। कहानी का संदेश है उसे कहानी ही रहने दो।

नामवर की रोशनी में समकालीन कथा-संसार

बिल्कुल प्रचलित ढर्रे की कहानियों में किस तरह के प्रयोग हुए हैं और विषय-वस्तु की दृष्टि से इनका क्या महत्त्व है? ऐसे कथाकारों की संख्या अधिक है जो आज भी कहानी को एक उम्दा किस्म के कथन के अलावा कुछ नहीं मानते हैं। उन्हें महसूस होता है कि कहानी उनकी सखा रही है, बरसों-बरस की। यात्रा से कहानी लिखें या संस्मरण से, सखी का संदेश है, कहानी सच्ची और विश्वसनीय हो। इसलिए पहले वह कहानी हो। वर्तमान में कहानी पढ़ने की फुर्सत छिन गयी है। कुछ समय लघु कथा के लिए निकल जाये, समझिए कृपा ईश्वर की। मीडिया की तरफ कथाकारों के विशेष झुकाव का एक कारण यह भी है। ग्रामीण परिवेश का स्वरूप बदला ज़रूर है, बिगड़ाव ज़्यादा रहा है। आनेवाली पीढ़ी सम्भव है कि स्वतन्त्रता प्राप्ति को ही सार्थक न समझे।

पचास और साठ के दशक में कहानी में जितने प्रयोग हुए हैं, वह इस विधा की गतिशीलता को समझने के लिए काफी हैं। 'कहानी चौखटों में बँधी रहने के कारण बेचैन हो उठी है', यह आग्रह कहानी में नये प्रयोग के लिए पर्याप्त था। कमलेश्वर (नयी कहानी : परम्परा और प्रयोग) को इसमें वज़न दिखा। उन्होंने 'भारतीय मध्य वर्ग' की अभिव्यक्ति को 'नयी कहानी' कह दिया। उस दौर के कथाकारों में **शिव प्रसाद सिंह** भी थे जो कहानी और नयी कहानी के बीच के भेदक तत्त्व को बहुत स्पष्ट नहीं मानते थे। संयोग है कि दोनों कहानीकार पचास और साठ के दशक के थे और **नामवर** भी पचास के उत्तरार्द्ध में कहानी पर लिख रहे थे। शिव प्रसाद सिंह की कहानियों में भी कहानी का वही चौखट था जो उनके पहले के कथाकारों में रहा है। फिर भी, कहानी में प्रयोग को लेकर उत्सुकता तो थी ही जो कथाकार बनने की एक शर्त जैसी महसूस हो रही थी। जो प्रयोग न करे, वह कथाकार बने कैसे? उस दौर में नामवर नयी कहानी के विरोधाभास को समझने वाले पहले आलोचक थे। साठ के दशक में मोहभंग जैसी स्थिति का सामना करने की क़ूवत निजी विद्रोह में जाती रही। समान्तर कहानी आन्दोलन तक कहानी में अन्तर्विरोध मात्र की गन्ध को सार्थक प्रयास समझा गया। स्वतन्त्रता आन्दोलन के बाद के दौर

की सामूहिकता रोमांटिक (निजी विद्रोह) और उसके बाद खुद के बचाव करने की चिन्ता और जुगत में सिमटकर रह गयी। नामवर इस पूरे दौर को 'आत्म सजगता' (नये साहित्य के मूल्यांकन की समस्याएँ/फरवरी, 1958) के रूप में देखते हैं। महत्त्व इसका है कि पचास के दशक में इसका पूर्वाभास हो चुका था। इसलिए उन्होंने लिखा, जो युग जितना ही आत्म-सजग होता है, उसके मूल्यांकन का कार्य उतना ही कठिन हो जाता है और इसे कहने की ज़रूरत नहीं है कि नये साहित्यकार अपनी रचना-प्रक्रिया के प्रति अधिक आत्म-सजग हैं, जिसके फलस्वरूप सम्पूर्ण रचनात्मक प्रयत्न आलोचनात्मक सूत्रों से ओत-प्रोत हैं, ताने-बाने की तरह बुना हुआ है। आज के दौर में आत्म-सजगता का बहुत ही सस्ता रूप रचनाकार की खुद की 'मार्केटिंग' में दिखता है। उनकी 'आत्म सजगता' रचना-संसार से हटकर मार्केटिंग में आत्म-केन्द्रित हो जाती है।

बहुत साल नहीं गुजरे हैं, **दिनेश पांचाल** की कहानी **सागड़ी** (अरावली उद्घोष) छपी। कहानी 2009 में छपी है। कहानी पर बागड़ी (राजस्थान और गुजरात से सटे डूंगरपुर और बाँसवाड़ा जिलों का क्षेत्र) बोली का कब्ज़ा नहीं है। सागड़ी बंधुआ मज़दूरी प्रथा है। पूरी कहानी बन्धक मज़दूर की व्यथा है। कहानी बच्चों के खेल से शुरू होती है। कंकड़ों का खेल है। खेल के बीच एक बच्चा कहता है, "वैसे भी हमारी हार-जीत तो कुछ ऐसी है जैसे खुद ही दौड़ो, खुद ही गुमान करो कि दौड़ जीत ली है।" कहानी में तथ्यों का खासा विवरण है। इस ब्यौरे में बँटे समाज और उसकी पीड़ा का बोध है। कहानी का नायक शंकरिया बच्चों से कहता है, "मेरे पास राजा-महाराजाओं की कोई कहानी तो है नहीं। वैसे उनकी कहानियों को सुनाने से क्या फायदा होता है?" यहाँ से शंकरिया यानि शंकर लाल मीणा की कहानी शुरू होती है। पढ़ने में अव्वल। बाप का कर्ज उतारने के लिए भैरूँ जी काका के घर सागड़ी रह जाना पड़ा। बाप गुलाम था। बेटा को भी गुलाम होना पड़ा। शंकर से शंकरिया बना। राजस्थानी की कहावत है, **नोणा वगर नाथिया, नाणे नाथा लाल** (बिन पैसे वाले का नाम नाथिया, पैसे वाले का नाम नाथा लाल)। इस कहानी में आंचलिक शब्दों का बहुत-प्रयोग नहीं है। फिर भी, कहानी अंचल-विशेष का रंग ली हुई है। कहानी राजा-महाराजा के किस्से से शुरू नहीं होती। बच्चों के खेल में ही वर्ग-भेद के बीज हैं। तथ्यों के विवरण में विन्यस्त बारीकी बागड़ी समाज की व्यवस्था को मुखर करती है। कथाकार पांचाल मौन रह कर भी बहुत कुछ कह जाते हैं। इस एक कहानी से यह समझने की कोई भूल न करे कि कहानी बिल्कुल पुराने ढर्रे और पुरानी लीक की हो सकती है। हल्के परिवर्तन की हिमाकत भी कहानी को पीछे धकेल देगी। लोग यह भूल जाते हैं कि प्रेमचन्द केवल किस्सा कहने वाले कथाकार नहीं थे। पुरानी कथा-कहानी की पुनरावृत्ति वाली बीमारी प्रेमचन्द में नहीं थी। उनके समय के चर्चित कथाकार सुदर्शन को इसकी खूब पहचान थी। नामवर

की कहानी-समीक्षा में प्रयोग की विविधता पर इतना जोर नहीं है जितना इस बात पर कि कहानी तो हो पहले। आलोचक **विजय मोहन सिंह** से एक साक्षात्कार (सारिका 16-30 अप्रैल, 1984) में उनका आशय है कि परम्परागत ढाँचे में कहानी लिखने वाले पहले भी रहे हैं और आज भी हैं। उनके शब्द हैं, **कहानी के 'फॉर्म' में कोई नया प्रयोग किये बिना भी कोई लेखक अपने गहरे यथार्थ बोध के आधार पर आज सार्थक कहानी रच सकता है, बल्कि रच रहा है।** इसके उदाहरण **मिथिलेश्वर** जैसे कथाकार हैं, (हरिहर काका)। नामवर जी के अनुसार (उनके यहाँ) कहानी के फॉर्म की कोई सजगता दिखायी नहीं पड़ती है।

नब्बे का दशक कहानी में नये प्रयोगों के लिए चर्चित रहा है। इसे 'आत्म सजगता' कहें या कथाकार में कुछ नये अंदाज़ में कहने का बड़प्पन। यह दशक एक दूसरे कारण से भी चर्चित रहा है। अस्सी के दशक में कहानी के परिधि में आ जाने को लेकर चर्चा हुई थी। नब्बे के दशक में कहानी को उसके नजरिए से देखने की चर्चा होने लगी। यह चर्चा पचास के दशक में भी हुई थी। कह लें, इस बार इसकी पुनरावृत्ति हुई लेकिन क्यों? इसी दशक में आलोचक **सुधीश पचौरी** को शिकायत हुई कविता के औज़ारों से कहानी को देखने की। उपन्यास के औज़ार से कहानी को परखने की शिकायत भी। सुधीश इस चर्चा को ज़िन्दा करते हैं। **देवी शंकर अवस्थी** कहानी के लिए जिन चीज़ों (**चरित्र-निर्माण** और **कथानक संगठन**) को आवश्यक मानते हैं, नब्बे के दशक में फिर इस पर चर्चा होने लगती है। पचास के दशक में इस चर्चा के आगे-पीछे एक मंशा थी, प्रेमचन्द से अलग परम्परा तय करने की। नब्बे के दशक में कहानी में नित हो रहे प्रयोग को लेकर चिन्ता होने लगी। संस्मरण भी कहानी का रूप लेने लगा। यात्रा-वृत्तान्त को भी कहानी मान लेने की ज़िद होने लगी। ज़िद इतनी पक्की कि कथाकार इसके ख़िलाफ़ कुछ भी सुनने को तैयार नहीं। नब्बे के दशक में राजेन्द्र यादव की शिकायत जायज थी कि कथा-समीक्षा 'तदर्थवाद और तात्कालिकता' से आतंकित है। तात्कालिकता कहानी के लिए हर समय घातक नहीं होती है। हर रिपोर्ट को कहानी मान लेने की जिद भी ठीक नहीं। भीष्म साहनी की कहानी (अमृतसर आ गया है) में बिल्कुल तात्कालिक ब्यौरा है, "मेरे सामने बैठे सरदार जी बार-बार मुझ से पूछ रहे थे कि पाकिस्तान बन जाने पर जिन्ना साहब बम्बई में ही रहेंगे या पाकिस्तान में जाकर बस जायेंगे..." ट्रेन में बैठे यात्रियों के संवाद की यह रिपोर्टिंग बहुत कुछ कह जाती है। तात्कालिकता का दबाव भी है और उससे मुक्ति की छटपटाहट भी। कहानी जो कही जा रही है, उसमें किसका क्या अनुपात है? कथाकार कहानी कह रहा है। उसके कहने में उसका कितना हिस्सा है और जिसके विषय में कहा जा रहा है, वह किस अनुपात में है? गुलेरी जी की कहानी 'उसने कहा था' का पहला हिस्सा अमृतसर का है। खास अमृतसर की शब्दावली, 'हटो बाघा' हट, जा पुत्राँ प्यारिए, 'लम्बी उमराँ

वालिए।' ताँगेवालों की शब्दावली में खास तहज़ीब है। गुस्से में भी उसका दायरा कभी अतिक्रमित नहीं होता है। इस शब्दावली में अपशकुन कुछ भी नहीं है। ये नयी दुनिया के मारुति चलाने वाले नहीं हैं जिनकी शब्दावली बात-बात में बिगड़ैल हो जाती है। यहाँ गुलेरी अपनी वर्णन-शैली से अमृतसर के गरीब तबके की शालीनता बयाँ कर जाते हैं। भीष्म साहनी की कहानी (अमृतसर आ गया है) में ढीले कथानक के बावजूद रिपोर्ट का विवरण कहानी में बिल्कुल घुलनशील हो जाता है। कई लोग और खुद नामवर भी मानते हैं कि कहानी का रूप इतना विस्तृत हो गया है कि निबन्ध, स्केच और रिपोर्ताज भी कहानी की सीमा में आ गये हैं (कहानी : नयी कहानी)। कथानक के कथन का परिवेश प्रधान होना कहानी की विशेषता ही समझी जायेगी। वहाँ चरित्रों का निर्माण वातावरण से होता है। तब चरित्र की तार्किकता समझ में आती है। रामवृक्ष बेनीपुरी की **कहीं धूप कहीं छाया** और सुदर्शन की कहानी **हार की जीत** के ब्यौरे में बाबू साहब और बाबा भारती छुपे हुए हैं जो धीरे-धीरे पाठक के मन में उतरते हैं। 'छोटी-सी बात' कि ट्रेन चल रही है, अमृतसर आनेवाला है। इस ब्यौरे से चरित्र बन रहे हैं। कथाकार अपनी कलम से चरित्र गढ़ नहीं रहा है। चित्र कला की बारीकी में इसी में है कि वहाँ दृश्यों की कल्पना में चरित्र छुपे होते हैं। मूर्ति कला और पोर्ट्रेट को चित्रकला की एक शाखा के रूप में देखा जाता है और वह है भी। चरित्र के चहेते चाहें तो मूर्ति कला और पोर्ट्रेट में अपनी प्रतिभा निखार सकते हैं। कहानी के भीतर चित्रात्मकता का महत्त्व चरित्रों के निर्माण की दृष्टि से बढ़ जाता है। यह प्रक्रिया ही कहानी को तार्किकता प्रदान करती है। यह एक कारण है कि गद्य के दो अलग-अलग रूप सामने आये, कहानी और रेखाचित्र। कविता हो या कहानी, उसके रचाव में चित्रकला का महत्त्व है। यह क्या बात हुई कि कविता का ललित कला से सम्बन्ध है लेकिन कहानी से नहीं। ललित कला में विचार अमूर्त होते हैं, कहानी में विचार दृश्यांकन के जरिए मूर्त होता है। बेनीपुरी कहानी की दुनिया में 'शब्द-शिल्पी' कहे जाते थे। शब्दों के भीतर निहित शिल्प को उकेरना ही कथाकार की काबिलीयत है अन्यथा यथार्थ का चित्रण करने वाला हर व्यक्ति कथाकार हो जाता। इसलिए नामवर-यथार्थ को 'यथावत' रूप में नहीं देखते हैं। ये तो अति क्रान्तिकारी और तात्कालिकता में विश्वास करने वाले लोग हैं जो यथार्थ और यथावत का फर्क नहीं समझते। महज एक छोटे-से अनुभव के भीतर कहानी खोज लेना, यह कथाकार की कल्पना है और इसी अर्थ में वह यथार्थ को नया रूप देता है। इसलिए यथार्थ कहानी में है, रहेगा, भले वह कितनी झाड़ियों में छुपा क्यों नहीं हो। किस अनुपात में और कितना उसे लाया जाये, यह कथाकार की कल्पना पर निर्भर है। कहीं ऐसा न हो कि पाठक को कहानी पढ़ते और गुनते समय उसे कोई स्पेस ही न मिले।

पाठक के मन में कहानी के लिए अलग आलोचना के विकास का कोई

पौधा आकार लेने लगे। ऐसा सम्भव है। क्यों न रेखाचित्र रिपोर्ताज सब के लिए अलग-अलग आलोचना के प्रतिमान तय किये जायें? ध्यातव्य है कि यह विचार कथाकारों के मन में कभी उठा नहीं। लिक्खार किस्म के आलोचक कुछ नया गढ़ लेते हैं। पन्ना भरते समय जमी राख के भीतर से ही चिंगारी तलाशने में अपना हुनर दिखाते हैं। ग़ौरतलब है कि पचास के दशक में 'नयी कविता' और 'नयी कहानी' के आन्दोलन चले। इनकी परस्पर सहभागिता से किसे इनकार होगा? जो ख़ालिस कथाकार थे, उनमें कुछ को ख़्याल आया कहानी की श्रेष्ठता का। कहानीपन की चिन्ता उस दौर में इसलिए भी हुई कि प्रयोगशीलता के आग्रही दूसरी विधाओं के कहानी में विलयन के समय कहानीपन को गौण समझने लगे थे। इसलिए नामवर जी की चिन्ता 'कहानीपन' को लेकर रही। यही उस दशक की खास बात थी। आलोचक पढ़ने की प्रक्रिया पर भी जोर दे रहे थे। कहानी और कविता के भीतर अन्तर्विलयन की सहज प्रक्रिया को समझने के लिए तुलसीदास के 'रामचरितमानस' की कथा-संरचना को देखना ही चाहिए। तुलसी के कथा कहने का कौशल है कि मूल कहानी से निकली फुनगी समझी जाने वाली कहानियाँ अन्ततः राम की श्रेष्ठता में ही आकर विलीन होती हैं। यहाँ तुलसी के कथा-विन्यास का कौशल है लेकिन केन्द्रीयता राम कथा में निहित है। ऐसा नहीं है कि कोई कवि या कथाकार मदारी की तरह एक ही बात को कई तरीके से कहकर भीड़ जुटाने का काम करे। किसी भी रचना के लिए रूप तत्त्व का अपना महत्त्व है बशर्ते कि वह भाव सत्य को सम्प्रेषित करने में सहायक हो। यथार्थ और संवेदना में घाल-मेल करने वाले यह नहीं समझ पाते हैं कि एक ही विषय पर लिखी कहानियों का यथार्थ अलग-अलग भी हो सकता है। उसके प्रति कथाकार की संवेदना एक ही नहीं हो सकती है। संवेदना का अर्थ ही है यथार्थ में कथाकार का हस्तक्षेप। यहीं से कहानी की दिशा तय होती है। इस पूरी प्रक्रिया को नयी कहानी के कई कथाकार (राजेन्द्र यादव आदि) मानते रहे हैं। एवज़ में वे उनका कोई विकल्प नहीं देते हैं। केवल कथाकार यथावत कुछ कहने के जोखिम को ही संवेदनशील होने से खुद ही गौरवान्वित होने लगे, तब कहानी और रिपोर्ताज में अन्तर ही नहीं रहेगा। फिर रिपोर्ताज ही क्यों? कथाकार कचहरी का मुंशी ही रहेगा। और मुंशी उतने भर हस्तक्षेप करता है जिससे उसके मुवक़्किल को फायदा हो। असली बात है भाव सत्य के सृजन-विधान का। कौशल या रूप-तत्त्व उसी के अन्तर से होकर निखरता है।

रिपोर्ट का गुण होता है सूचना देना। सूचनाएँ कहानी में आये विवरण से भी मिलती हैं। गठे कथानक से भी मिलती हैं। सवाल है, कहानी की चिन्ता कहाँ है? अगर सूचनाओं का जखीरा बनाना है, तो कथाकार को सूचना प्रौद्योगिकी का विशेषज्ञ होना चाहिए। निशाना किसी एक जगह पर है और कहानी उसे लेकर ही खत्म भी होती है तो समझना चाहिए कि कथाकार कहानी को उपन्यास के रूप में नहीं देख

रहा है या उसे गद्य के अन्य रूपों में भी नहीं। वह उसे कहानी मानकर चल रहा है। बहुत पहले **कैलाश बनवासी** (बाज़ार में रामधन/वसुधा) की कहानी छपी थी। सूचना समृद्ध है, दृष्टि सम्पनन्ता के साथ। शुरू से आखीर तक कथाकार की एक ही चिन्ता है हड़प रहे बाज़ार की नीति को लेकर। रामधन अपने छोटे भाई की सलाह पर तीन बार बाज़ार जाता है और वापस आ जाता है। छोटे भाई का दबाव बैल बेचने का है। वह बाज़ार की रौनक देख कर घबरा जाता है। उसे अपने बैलों पर भी दया आ जाती है। रामधन के बैलों का सवाल है, "मान लो अगर दाऊ या महाराज तुम्हें चार हज़ार दे रहे होते तो तुम क्या हमें बेच दिये होते?" रामधन के ना कहने पर भी बैलों का विश्वास हिला हुआ है। बैल कहते हैं, 'बेचना पड़ेगा ही।' जवाब में रामधन के ओठों पर फीकी और उदास मुस्कान तिर जाती है। बैलों को खुद के बिक जाने का पक्का विश्वास है। रामधन की मर्जी नहीं चलने वाली है। बाज़ार अब उसका नहीं है जिसका है, उस पर रामधन का कोई असर नहीं है। सरकार बनानेवाला रामधन है। और उसी के हाथ से उसकी पूँजी जाने को तैयार है। इससे बड़ा अँधेर क्या हो सकता है? एक ऐसा अँधेरा जिसके लिए कथाकार **राकेश कुमार सिंह** की कहानी का शीर्षक है, 'अँधेरे से अँधेरे तक।' प्लास्टिक और पॉलीथिन के चलन के बाद परम्परागत रोजगार पर आफत आ गयी। लोहसारी (लोहा-लक्कड़) का काम मन्दा पड़ गया। अब उसकी ज़रूरत कट्टा और बन्दूक बनाने में तेज़ हो गयी। लोहसारी का काम कर रहा पँचकौड़ी देहाती बन्दूकें और कट्टा गढ़ना सीख चुका था। वह अपने इलाके के विधायक के भूमिगत कारखाने में श्रमिक हो गया। फिर एक दिन थानेदार को पँचकौड़ी की ज़रूरत पड़ी। थाने में उसके द्वारा सरेंडर करने पर थानेदार का तबादला और प्रोमोशन, दोनों हो जाता है। फिर एक बार हथियार सहित उसके सरेंडर होने के पहले ही वह इनकाउंटर में मारा जाता है। लोहासारी खत्म हो गयी। बाँस का कारोबार खत्म हो गया। ऐसा बाज़ार बना है जो पशु-धन और कृषि-धन दोनों को डपोर चुका है। ऐसे में अँधेरा रहेगा। यहाँ से वहाँ तक रहेगा।

कैलाश बनवासी और राकेश कुमार सिंह की कहानियोां में कुछ हद तक विषयगत समानता है। फिलहाल कहानी कहने की सुधि से मतलब है। कैलाश में गठा कथानक नहीं है। राकेश कुमार सिंह में कथानक गठा हुआ है। वहाँ कथानक का क्रमिक विकास दिखता है। बनवासी में पूरी कहानी का निचोड़ रामधन और बैल के संवाद में निहित है, राकेश कुमार सिंह में कहानी की बात गठे कथानक के माध्यम से आयी है। दोनों में कॉमन है वर्तमान तन्त्र को लेकर गहरी असहमति। कहीं रोशनी नहीं, सर्वत्र अँधेरा। पाठक कह सकते हैं, विकल्प क्या हो? अँधेरे को ही मानकर चला जाये। कुछ बदलने वाला नहीं है। अँधेरा है तो उसे ही हमसफ़र बना लेना होगा? दोनों कहानियाँ अँधेरे की टोह में कुछ खोज रही हैं। अँधेरे से गुजरते

हुए कहानी को चैन नहीं। अँधेरा खत्म न हो लेकिन उसकी टोह में दूर चलते चले जाने का कोई तो विकल्प होगा। उससे गुजरने का खतरा बैल भी उठाता है और लौहसारी का काम करने वाला भी। इस टोह में कोई भटक गया, कोई लापता हो गया और कोई मारा गया। दोनों कहानियों में विकल्प की तलाश ज़रूर है। तलाश न हो तो भी उसकी बेचैनी भी महसूस की जा सकती है। कथानक के गठन और संवाद से भी।

साहित्य के अन्य रूपों के साथ कहानी का विलय बड़ी घटना नहीं है। प्रेमचन्द के समय में ही उनके सम्पादन में 'हंस' का **आत्मकथा विशेषांक** आया। उनकी मृत्यु (1936) के कुछ वर्षों बाद महादेवी कविता से संस्मरण और रेखाचित्र के संसार में आयीं। कहानी की लोकप्रियता का अन्दाज़ा इसी से लगाया जा सकता है कि महादेवी अपने संस्मरण को 'कथा संस्मरण' कहती हैं। प्रयोगशीलता के इस दौर में भी कहानी में नामवर जी का विश्वास है। बात 2002 की है। दिवंगत कथाकार **अरुण प्रकाश** से एक बातचीत में नामवर 'किस्सागोई में प्रभावान्विति' पर जोर देते हैं। इससे कहानी 'अर्थ के भटकावों' से बच जाती है (बात बात में बात)। असल चीज़ है कि जीवन के जिस हिस्से को कथाकार पाठक के सामने रखना चाहता है, उसमें ईमानदारी और कहने की अदा में तीखापन होना चाहिए। जो भी कथाकार आये, उनके लिए कहानी का खास मतलब था, गठा कथानक, सुलझा चरित्र और पुख्ता परिवेश-चित्रण। बाद के दौर में जिन्होंने भी इस लोक रुचि पर हमला किया, वे कहानी को प्रेमचंद की परम्परा से अधिक लोकप्रिय नहीं बना सके। नब्बे के दशक में कहानी के दूसरे रूपों के साथ प्रयोग की गुंजाइश बनी। इसका कारण साहित्य की विधाओं का एक दूसरे में अतिक्रमण था। पत्रकारिता जगत में ही निबन्ध के अनेक रूप आये, फीचर लेखन, आलेख, कथा-रिपोर्ताज इत्यादि। कहानी के सामने सवाल फिर वही था, साहित्य के दूसरे रूपों के विलय का। कहानी लिखी जा रही है, कोई रिपोर्ट तैयार नहीं हो रहा है, डायरी नहीं बन रही है, कई कथाकार डायरी लिखते हुए कहानी लिख गये। कई तो पेशेवर कथाकार भी नहीं थे। एंटन चेखव (रूसी साहित्यकार) पेशेवर कथाकार नहीं थे। डायरी लिखते थे। कहानी लिखने लगे। डायरी के भीतर कहानी दुबकी थी। उसे खोज निकाला।

सुरेश काँटक की कहानी (उठ जाग मुसाफिर भोर भयो) में अखबार की रिपोर्ट जैसी कसावट है। व्यंग्य का पुट उसे रिपोर्ट से अलग भी करता है। व्यंग्य से दुहरा व्यक्तित्व सामने आया है। अखिलेश्वर बाबू के गैंग द्वारा सोन नदी के मछुआरों की हत्या और एवज में महाकवि निराला की कविता (कुकुरमुत्ता) पर शहर के तमाम बौद्धिकों का जुटान। इस कहानी के भीतर एक कहानी और हो सकती थी, व्यक्तित्व के दुहरेपन को लेकर। कहानी रिपोर्ताज से पूरी तरह बरी नहीं हो पाती है। काँटक अपनी अचूक व्यंग्य शैली लिए कहानी को दूसरे रूपों से बोझिल नहीं

होने देते। कहानी पुराने ढर्रे से लिखी जाने पर पारदर्शी नजर आती है। सुरेश जी की यह कहानी नयी सदी के आने के एक साल पहले (1999) की है। कहानी भी छपी है तो साठ के दशक के माने हुए कथाकार **मधुकर सिंह** के सम्पादन (इस बार) में। मधुकर भी नब्बे के दशक में कहानी के बदले हुए रूप के साथ थे। इसकी तुलना में **रतन वर्मा** (दस्तक) जैसे कथाकार भी हैं जिन्हें कहानी कहने की शैली में ज़्यादा प्रयोग रुचिकर नहीं लगता है। यहाँ एक शिकायत ज़रूर है, बारीक ब्यौरे को लेकर। कहानी उपन्यास बन सकता है लेकिन है नहीं। किस्सागो की परम्परा की इस कहानी में सूक्ष्म ब्यौरे के भीतर उपन्यास पढ़ने जैसा सुख मिलता है। बलन्दिया बस्ती के सूक्ष्म विवरण में आंचलिक शब्दों का बहुत कम प्रयोग हुआ है। एकाध जगह का शब्द-चित्र बहुत कुछ कह जाता है शैला और जूठन की देह बेचने की प्रतियोगिता का। कहानी का आंचलिक चित्र मन को छूने वाला है, "अमावस की उस करियाई और बदरी भरी रात पूरा बलन्दिया बस्ती, कोठी का बरामदा और सामने का विशाल जंगल। सारा-का-सारा लिप-पुत गया था।" फिर आता है जूठन के बाबू से लिपटने का दृश्य। रतन वर्मा की यह कहानी अपने शिल्प में आगे भी असरदार रही है। कहानी का यह शिल्प इक्कीसवीं सदी में भी बना रहा है, साहित्य के दूसरे रूपों के प्रभावशाली होने के बाद भी। **महुआ माजी** की कहानी 'मोईनी की मौत' **कथादेश** (2001) में छपी थी। उन्होंने कहानियाँ कम लिखी हैं। 'मोईनी की मौत' चरित्र-विस्तार और उसके इर्द-गिर्द सामाजिक और आर्थिक पृष्ठभूमि के चित्रण की दृष्टि से बहुत अच्छी कहानी है। इस कहानी में लोक मिथकों का अच्छा प्रयोग हुआ है। श्मशानघाट तक सरसों का दाना छींटने आदि के प्रसंग बखूबी आये हैं। गाँव के खेतिहर-मज़दूरों पर लिखी अच्छी कहानी है। गठे कथानक और कहानी के मंच की सीमा के तहत चरित्र का विस्तार। रतन वर्मा और महुआ माजी की अपेक्षा **रतन कुमार साँभरिया** की कहानी (डंक) ज़्यादा असर डालने वाली है। कहानी का परिवेश ग्रामीण है। गाँव में पुजारी की बेटी की शादी है। पुजारी को पूरे गाँव से कुछ मिलने की आशा है। कहानी में गाँव का चित्रण बिल्कुल बोलता और प्रसाद की काव्यात्मक शैली लिए है, **बर्षांत मुँह चिढ़ा दे। गर्मी तेवर बता दे। तालाब, जोहड़, नदी, नाले बूँद-बूँद सूख जाते हैं। आय रही नहीं। जुड़ी पूँजी बीमारी खा गयी। उसका धन कुबेर भेड़-बकरियाँ थीं। वे एक दो होकर बिकती गयीं।** साँभरिया की यह कहानी भी नयी सदी (वसुधा/2003) में छपी है। रतन वर्मा और महुआ माजी की अपेक्षा इस कहानी का परिवेश-चित्रण ज़्यादा काव्यात्मक और दैनिक जीवन के शब्दों से लैस है। खेतिहर मज़दूरों के बीच जैसे शब्द चलते हैं, कहानी में उनका बहुत सुन्दर प्रयोग हुआ है, 'ठसक-मसक, जात-जहन्नुम।'

इन तीन-चार कहानियों के विवरण देने का मतलब है, नयी सदी में विविधवर्णी प्रयोग से हटकर परम्परागत ढर्रे के कथा-लेखन में कहानीकारों का विश्वास। कुछ ऐसे

कथाकार भी हैं जो विवरण की बारीकी में जाते हैं और उपन्यास जैसा विवरण दे देते हैं। इसके बावजूद कहानी की थीम अपने समय के सामाजिक इतिहास को दस्तक नहीं दे पाती है। उनकी नज़र तात्कालिकता पर होती है। इसका कारण है कि वे अपनी कहानी को बार-बार लिखने से परहेज करते हैं। कुछ कहानियाँ लिखने के बाद वे चुक जाते हैं। कहानी लिखने के लिए समाज के जिस इतिहास को खँगालने और उस पर कहानी की इमारत खड़ा करने की ज़रूरत होती है, उसका अभाव है। अभाव अध्ययन का उतना नहीं है जितना उसकी चासनी बनाने और कहानी को उसमें ढाल देने वाले ठोस नज़रिये का है। ग्रामीण परिवेश की कहानियों में बारीक ब्यौरे से झाँक रही दूरदृष्टि के अभाव से इनकार नहीं किया जा सकता है। ऐसा आज के समस्त कहानीकारों के बारे में नहीं कहा जा सकता है। कई कहानी का परम्परागत ढाँचा तो ले लेते हैं, उस पर कहानी को कस भी देते हैं लेकिन बदलते गाँव को लेकर उनकी कोई दूर-दृष्टि सीधे तौर पर नहीं आ पाती है। इसलिए वे कहानी में केवल अन्तर्विरोधी स्थितियाँ ही पैदा कर पाते हैं। कई तो ऐसे कथाकार हैं जो अपने अतीत के अनुभव से कुछ अच्छी कहानियाँ लिख लेते हैं।

अब देखिए, एक नयी समस्या आयी है। पहले गाँव का उत्पाद शहर आता था बिकने के लिए। यानि शहर एक बड़ा बाज़ार उपलब्ध कराता था। शहर से अपने उत्पाद बेचकर लौट रहे किसान को सन्तोष मिलता था। कुछ बिका, अच्छा बिका, पूँजी अच्छी आयी। यह साधारण सन्तोष नहीं था। शहर का खड़ा होना उसे खटकता नहीं था। अब गाँव का बाज़ार और शहर का बाज़ार कहीं कॉमन हुआ है। जहाँ विश्व ग्राम की कल्पना हो रही है, वहाँ अगर किसान विस्थापित होकर विश्व ग्राम में मिल जायें तो क्या आश्चर्य? ऐसा नहीं कि मिलना है उनको। साहित्य में इसका एक प्रभाव इस रूप में आया है और आना चाहिए कि गाँव और शहर की कथा एक हो रही है। व्यथा दोनों ओर है। शहर पर गाँव का दबाव और शहर से लंदन की ओर प्रस्थान, वाशिंगटन के लिए वीजा। साम्राज्यवाद का चरित्र पूँजी का ज़्यादा-से-ज़्यादा संचय करने में निहित है। जितना श्रम भारत से अमेरिका जायेगा, जितने लोग जायेंगे, उतना राजस्व जायेगा, उतनी प्रतिभा जायेगी और उतने संसाधन जायेंगे। निस्सन्देह आज की कहानी में इसे लेकर गहरी चिन्ता है। कुछ बिल्कुल युवा कथाकार हैं जिनके साहित्य में यह बात आयी है। सवाल है, उनकी कहानियों में किस किस्म के प्रयोग हुए हैं जिसमें गाँव और शहर की पारस्परिक व्यथा पारस्परिक शैली में आयी हो। यह कोई नया प्रयोग नहीं है। प्रयोग के लिए प्रयोग भी नहीं है। जो व्यथा को सुनने-परखने वाले कथाकार होंगे, उनके लिए प्रयोग का महत्त्व दूसरे कारण से है। फिर भी, बदल रहे गाँव और शहर के सामान्य चरित्र को सामने लाने की ज़रूरत है। सत्तर के दशक में नामवर जी का सम्पादकीय (आलोचना/1973) परवर्ती समय का आभास दे जाता है। विश्व ग्राम की कल्पना के बन्द दरवाज़े अचानक नहीं खुले।

इसके खुलने में दसियों साल लगे। पहले व्यक्ति की स्वतन्त्रता को लेकर हंगामा बरपा, फिर व्यवस्था अपनी जिम्मेवारियों से कतराने लगी और यह कहा जाने लगा कि सारी जिम्मेवारी सरकार की नहीं है। सरकार का काम देश में उत्पादन बढ़ाना है। 1973 में नामवर (परजीवी वर्ग और साहित्य) लिखते हैं, जहाँ तक सामाजिक जीवन में परजीवीपन के स्वरूप का सम्बन्ध है, उत्पादन से उदासीनता और उपभोग की आतुरता उसके प्रमुख उपादान हैं। जल्द-से-जल्द ज़्यादा-से-ज़्यादा मुनाफ़ा कमाने और थोड़े श्रम से धनी हो जाने की आकांक्षा से इस देश के उद्योगपतियों ने आज़ादी के बाद उत्पादन में कम दिलचस्पी लेकर वाणिज्य-व्यवसाय का जो विस्तार किया है, वह उनकी परजीवी प्रवृत्ति का ज्वलन्त उदाहरण है। नामवर अंग्रेज़ी की साप्ताहिक पत्रिका **मेनस्ट्रीम** में **पी.सी. जोशी** के छपे लेख (सोशल पैरासाइटिज़्म एण्ड इकॉनामिक डेवलपमेंट) के बहाने आर्थिक परजीविता और वर्तमान साहित्य के भावी प्रभाव को देख रहे हैं। वर्तमान में इसका सर्वाधिक प्रभाव गाँव की संरचना पर पड़ा है। जैसे सरकार अपनी जिम्मेवारियों से पल्ला झाड़ने में लगी है, वैसे ही गाँव से शहर की ओर पलायन कर रही बड़ी आबादी के लिए सामाजिक सम्बन्धों का महत्त्व कम होता गया है। वे भी सम्बन्धों में मुनाफ़ा खोज रहे हैं। रचना कर्म में भी मुनाफ़ाखोरी आयी है। अब रचनाकार स्वयं ही अपनी रचना की 'मार्केटिंग' में भिड़ जाता है।

ग्रामीण परिवेश सामाजिक क्रियाकलाप की दृष्टि से शहरों की तुलना में व्यापक नहीं होता है। शहर की तरह वहाँ बाज़ार है, लोग हैं, उनकी पीड़ा है। ये सब छोटे घरौंदे जैसे हैं। इसलिए ग्रामीण परिवेश की सादगी हमें आकर्षित करती है। शहर और उसमें भी महानगर की पेचीदगियों में मनुष्य की उलझनें बढ़ जाती हैं। इसका सीधा प्रभाव उसके सामाजिक सम्बन्धों पर पड़ता है। यह भी एक कारण है कि ग्रामीण परिवेश की कहानियों पर प्रेमचन्द की शैली का अच्छा प्रभाव पड़ा है। शहरों की कहानियों पर भी यह असर देखा जा सकता है, जो अलग विचार का विषय है। यों, किसी कथाकार पर ग्रामीण परिवेश के चित्रण में प्रेमचन्द की परम्परा का सीधा असर देखा जा सकता है। फिलहाल, चर्चा इस पर होनी चाहिए कि विश्व ग्राम के विधायकों के कृत्य से भारत का गाँव और उसके सामाजिक सम्बन्ध किस रूप में और किस सीमा तक प्रभावित हुए हैं। अब सम्बन्ध 'मैनेज' होते हैं। 'कुछ तो मैनेज करो' ये चार शब्द बहुत लोकप्रिय हुए हैं। **चन्द्रकिशोर जायसवाल** लगभग सत्तर के दशक से कहानियाँ लिख रहे हैं। 2001 में उनकी कहानी 'खण्ड कथा' छपी। उसी साल **कथाक्रम** में ही **चन्द्रमोहन प्रधान** की कहानी (खटमल) छपी। दोनों में गठा हुआ आदर्श है। अपने विकलांग पोते के प्रति माँ-बाप की उपेक्षा उनसे सही नहीं जाती है। वे अपने गाँववालों से कहते हैं, **मेरा यह पोता तो अब किसी एक घर का नहीं रहा, गाँव के हर घर का हो गया।** सुख-सुविधाओं के प्रति अपने बेटों के

बढ़ते झुकाव से वे दुखी हैं जिसका असर उनके पोते पर पड़ रहा है। कहानी इस एक बिन्दु को लेकर आगे बढ़ सकती थी। नयी अर्थव्यवस्था के सामाजिक प्रभाव उभर कर आते लेकिन कहानी दूसरा रुख़ ले लेती है। इस कहानी में प्रेमचन्द की शैली का अनुभव किया जा सकता है, **इस दुखग्राम के कुछ अजीब-अजीब दुख होते हैं और लोग उनसे दुखी रहते हैं।** कहानी की भाषा भी फड़कती हुई है, 'चलाचली की बेला', ऐसे जुमले से कहानी अच्छी बन पड़ी है। **चन्द्रमोहन प्रधान** की कहानी में भी प्रेमचन्द जैसी ठसक है। परन्तु वहाँ वर्तमान का मैनेजमेंट बोल रहा है। ज़मींदार हुलास सिंह के मन्त्री होते ही उनका भाइयों को निर्देश है कि हरिजनों की ज़मीन पर से अपना कब्ज़ा हटा ले। हुलास सिंह चुस्त-चालाक भी हैं और आदर्शवादी भी दिखना चाहते हैं। वह नये ज़माने के साथ 'एडजस्ट' कर लेना चाहते हैं। उन्हें अहसास है कि नया ज़माना हरिजनों का है। कहानी उनके द्वन्द्व को लेकर आगे बढ़ती तो कुछ और कह जाती। इन दोनों कहानियों का एक आदर्श भी है और छुटे हुए बिन्दु से एक नयी कहानी लिखने का बीज भी।

वर्तमान पीढ़ी अपने समय के अराजक हो रहे बाज़ार का शिकार हो रही है। तीन महीने में महँगाई बढ़ती रहे, स्कूल-कॉलेज की फीस बढ़ जाये। ऐसी अराजकता में किसी आदर्श सत्य की गुंजाइश कहाँ रहती है? ऐसा नहीं है कि ये कहानियाँ कहीं हमें भीतर से तोड़ती हों, निराश करती हों। कहानी कहने की इनकी अदा प्रयोग के बाज़ार में हमें सहारा भी देती हैं। सवाल आदर्श के टिकने का है। मन्त्री जी (चन्द्रमोहन प्रधान) एडजस्ट करने वाले चुस्त-चालाक हैं। 'मैनेजमेंट' की इस दुनिया में इस गुण का खासा महत्त्व है। इसकी पेचीदगी पर कहानी केन्द्रित होती तो इसके प्रयोग के गुण द्विगुणित हो जाते। ग्रामीण परिवेश अपने शहर के विकराल रूप से प्रभावित हुआ है। शहर अब उस स्थिति में नहीं है कि वह गाँव के उत्पाद का बड़ा बाज़ार बन सके। शहर पर गाँव की आबादी बढ़ रही है, उसका दबाव बढ़ रहा है। विदेशों को सस्ता श्रम चाहिए। इसलिए गाँव से विस्थापन उनके फायदे में है। पहले जहाँ सार्वजनिक और निजी पूँजी पर नियमन था निगरानी, नियन्त्रण, तौर-तरीके सब पर। अब वह भी नहीं रहा है। इसलिए कमलदेव बाबू (चन्द्रकिशोर जायसवाल) की उम्मीद नाउम्मीदी में बदल सकती है। अगर यह व्यंग्य ही है, विकलांगता को लेकर या ग्रामीण समाज को लेकर, तो इसके आगे कुछ नहीं कहना। फिर भी, प्रयोग की दृष्टि से ये अच्छी कहानियाँ हैं। हमने इसकी चर्चा भी इसी लिहाज से की है। कहानी के लेखन या कह लें बाज़ार में जितने किस्म के प्रयोग हो रहे हैं, उनके बीच भी कहानी की हमारी विरासत ज़िन्दा रही है। मैंने 'बाज़ार' शब्द का उल्लेख किया है। कहानी-लेखन में बाज़ार वहाँ है और यह बाज़ार पहले की अपेक्षा ज़्यादा अराजक हुआ है। साहित्य का बाज़ार कुछ ऐसा हुआ है कि कुछ भी स्तरहीन स्तरीय हो जाता है। हम ऊपर-ही-ऊपर तकते रह जाते हैं। हमें लगता

है कि बाज़ार का संदेश, उसका परिणाम सब आखिरी विकल्प है। इसके आगे कुछ नहीं है। इस बाज़ार में एक गाँव भी है जो उसका हिस्सा है जहाँ से हम बड़ी-बड़ी कम्पनियों को किसानों से उत्पाद खरीदने के लिए बाध्य करते हैं।

कई लोग यह सोचते हैं कि कहानी अपने परिवेश के मुताबिक किसी प्रयोग में ढलती है। गाँव है या गाँव की कहानी है तो किस्सा-कहानी की शैली होगी ही। शहर की कहानी होने पर उसमें अराजकता आयेगी। अगर कहानी देश-विभाजन को लेकर है, उससे उत्पन्न परिस्थितियों को लेकर है, उसमें अतिरिक्त भावुकता आयेगी ही। कुछ हद तक ऐसा सोचना सही भी है। जिस समय देश बँटा था, उस समय की उर्दू की कहानियों से गुजरते हुए कुछ ऐसा ही आभास होता है। अब इन्हीं विषयों पर लिखी कहानियों में अतिरिक्त-सी भावुकता खास तरह के आक्रोश में बदलती दिखायी पड़ती है। कई बार यही भावुकता विचित्र-सी क्रूरता में बदल जाती है। उस समय इतिहास की घटनाओं से अनजान व्यक्ति को कहानी में आया इस किस्म का मोड़ बेस्वाद-सा लगेगा। या फिर उस दुनिया के बारे में सोचे जिसका कोई हिस्सा गाँव था, उजड़ गया और अब उस उजड़े हिस्से की आबादी की भाषा, उसकी तहज़ीब में बेगानापन आ चुका है। उन्हें लगता है कि अपनी धरती को भूल जाने में भला है। ऐसे में ले देकर उनका साहित्य किसी संग्रहालय की पूँजी बनकर रह जाता है। क्या कहा जाये सिन्धी भाषा और उसके साहित्य के बारे में? एक समाज ऐसा भी है जो अतीत को याद भी नहीं करना चाहता है। वह पीछे मुड़कर देखने का आदी नहीं है। शायद कभी आदत रही होगी जिसे वह भुला चुका है। सिन्धियों की ज़मीन नहीं है। उनका देश उनसे छिन चुका। वे अब उस देश को याद भी नहीं करना चाहते हैं। उन्हें डर लगता है कि याद करने-कराने की कोई साजिश हो और उनका वर्तमान भी उनसे छिन जाये। सिन्धी की कवयित्री **मेनका शिवदासानी** बम्बई में 'पोएट्री सर्किल' चलाती थीं। उन्होंने सिन्धी के कई कवियों से विभाजन पर रचनाएँ माँगी। अधिकांश से निराशा हुई। अधिकांश का तर्क उस अतीत को फिर से याद करने की ज़हमत को लेकर था। कौन उठाये उसे? अंग्रेज़ी दैनिक **दी हिन्दू** में छपे साक्षात्कार में उनका दुःख था, अपनी ज़मीन के छिन जाने का। अपनी परम्परा के लुट जाने का, **दी हिन्दू** (2 जनवरी, 2011) में छपे शिवदासानी की बातचीत में दूसरे लेखकों का दर्द भी बयाँ हुआ है जिनका मानना है कि भाषा और भू-भाग के रिश्ते का चेहरा ज़र्द होने के बाद कुछ रह नहीं जाता है। कम-से-कम ये स्थिति पंजाबी भाषा की नहीं है। पाकिस्तान स्थित पंजाब में भी पंजाबी साहित्य लिखा जा रहा है। देश के बँटवारे का असर ये हुआ है कि आगामी कई वर्षों बाद सिन्धी भाषा का अस्तित्व ही शायद ना रहे। पंजाबी समाज में इतने बड़े हादसे का एक चेहरा कट्टरपन्थ के रूप में अब भी मौजूद है। अब साम्प्रदायिक शक्तियाँ पहले की तरह ही ज़्यादा कट्टरपन्थी हुई हैं और उन्हें रोकने वाला धार्मिक उदारवाद ठण्डा पड़ा है।

पंजाबी के एक कथाकार **गुरमेल मड़ाहड़** की कहानी (गुरु का सिक्ख) पढ़कर हैरानी ज़रूर होगी। कहानी 2005 (समकालीन भारतीय साहित्य) की है। **जैतो** का अनुवाद भी काफी सधा हुआ है। कहानी बिल्कुल शास्त्रीय शैली में है। कहानी से गुजरते हुए कहानी लिखने की कारीगरी का आभास मिल सकता है। जैसे, कथाकार नक्शा बनाकर कहानी लिख रहा हो। पहले ऐसा होगा, फिर ऐसा होगा, फिर कहानी का अन्त कुछ यों होगा। इस कहानी में अतिरिक्त भावुकता के लिए कोई 'स्पेस' नहीं है। ऐसी कहानियों को कोई प्रेमचन्द की परम्परा की अगली कड़ी के रूप में देख सकता है। किस्सा कहने की अदा भी है और पुनरावृत्ति की बीमारी भी नहीं है। कहानी का रचना-विधान भी बिल्कुल एक तरह का है, चरित्र और घटना का संयोजन भी बिल्कुल पुराने समय की याद दिला देता है। तब भी कहानी बहुत अच्छी बन गयी है। इसके कारण की तह में जाने पर पता चलता है कि उसका विषय ही इतना समाजोन्मुखी था कि कहानी न बनने की स्थिति में भी कहानी बन गयी। किसी कहानी का बन जाना मात्र संयोग नहीं होता है। कथाकार के इतिहास की समझ और घटना-प्रवाह में उसकी डुबकी ही कहानी को कहानी बना देती है। संयोगवश किसी कहानी का आना अध्यात्म की घटना हो सकती है, जीवन और यथार्थ की नहीं। बहादुर सिंह के क्रूर होने के पीछे पूरा इतिहास है। अहमदशाह अब्दाली का हरमन्दिर साहब को तोड़ना और सिखों के सिरों का मूल्य तय करना। इसलिए बहादुर सिंह की अपने बेटे को हिदायत है, मुसलमान के साथ खाकर उसके घर में नहीं आने की। मन्दिर में किसी ने गाय की कटी पूँछ फिंकवा दी। कई मुसलमान गिरफ्तार हुए। कई जख़्मी हुए। बहादुर सिंह जख्मियों में थे। सारा खून निकल गया। उनके लड़के के मुस्लिम दोस्त ने खून दिया। बहादुर सिंह को दुःख था कि वह किसी काफिर का खून लिए फिर रहा है। उनके लड़के का तर्क था कि भारत के हर शहर में पंजाबी हैं। हरियाणा और पंजाब की गेहूँ पूरे देश में जाती है। ऐसे में खालिस्तान की सरकार क्या करेगी? बहादुर सिंह आखीर तक कहर बना रहा। कोई उसके पीछे के इतिहास को दुहराएगा? बहादुर सिंह के पास इतिहास का एक ही सिरा है, जो उसे कट्टरपंथियों से मिला है। दूसरा सिरा कहीं और विलीन हो गया है। तलवंडी में गुरु नानक के बाल्यकाल के शिक्षक सैयद हसन नाम के एक मुस्लिम विद्वान थे। गुरु नानक के जन्म के सम्बन्ध में जिन परिस्थितियों में 'जनमसाखियाँ' प्रचलित हुईं, उसका विश्लेषण अलग विषय है। 'जनमसाखियों' के समय में ही सूफियों के माध्यम से मुहम्मद साहब और रहस्यमार्गी सन्तों के जीवन से सम्बद्ध कई घटनाएँ लोकप्रिय हो चुकी थीं। सूफी सम्प्रदाय की पहली रचना (क़फ़्अल-मह् जूब/1200 ई.) पंजाब की है। पानीपत में एक मुसलमान **शेख** ने नानक के प्रवचन को सुनकर विमुग्ध हो यही कहा कि उन्होंने परमात्मा का साक्षात्कार कर लिया है। गुरु नानक

की जीवनी फ़ारसी भाषा (रिसाल-ए-नानकशाह) में थी। बहादुर सिंह को इतिहास का वह पन्ना भी याद था। फिर भी, उसे वर्तमान बार-बार कोसता था। आखिर वह सिक्ख बना क्यों? जब कोई मुसलमान उसके मज़हब की तौहीन करे, उसके धार्मिक स्थान को तहस-नहस करे, ऐसे में बहादुर सिंह के क्रूर होने का कारण है, ठोस कारण है। **गुरमेल** की कहानी एकबारगी में इतिहास के तर्क को सही साबित करती है। क्या सिखों का इतिहास वही है? भारत का इतिहास वही है, जिसे बहादुर सिंह बयाँ कर रहा है? इतिहास टूटने का नहीं, टूटने को जोड़ने का होता है। अब जो इतिहास बक रहे हैं कुछ लोग, उसमें क्रूरता की गुंजाइश अधिक है। धार्मिक और सामाजिक क्रूरता के कारण सिन्धी अपनी ज़मीन से कभी नहीं जुड़े, कश्मीरी बिखरे रहे। क्या इसी की बुनियाद पर भारतीय उपमहाद्वीप यूरोप के मुकाबले खड़ा होगा? यूरोप की शक्तियाँ भी जानती हैं कि उन्हें इस भू-खण्ड से बड़ा बाज़ार कहीं नहीं मिलेगा। इसलिए इस इलाके के जितने विभाजन होंगे, उनके लिए फायदेमंद साबित होगा। हिन्दी क्या भारतीय भाषाओं के साहित्य पर बँटवारे के सामाजिक प्रभाव को देखा जा सकता है। हिन्दी के वर्तमान साहित्य पर भी उसकी छाप है। साम्राज्यवाद से इसका निबटारा सम्भव नहीं है। उससे मुकाबला करने पर ही कोई रास्ता निकल सकता है। पाकिस्तान के कथाकार पाकिस्तानी साहित्य जैसे सवालों से घिरते रहे हैं। नयी सदी के पहले दशक (2001) में वहाँ के दो बड़े अदीबों **इंतिज़ार हुसैन** और **आसिफ फर्रुख़ी** के सम्पादन में पाकिस्तानी कहानियों का संकलन (हिन्दी अनुवाद/अब्दुल बिस्मिल्लाह/2001) आया। इंतिज़ार हुसैन का प्रश्न है, **पाकिस्तानी साहित्य की अपनी पहचान क्या है**? इसी के साथ उनका दूसरा प्रश्न है **मगर इस इलाके का जो प्राचीन इतिहास है, वह भी हमारा इतिहास है या नहीं**? इन दो सवालों में इसका जवाब भी निहित है। राजनैतिक तौर पर बँटवारा एक हक़ीक़त है। इससे इनकार नहीं किया जा सकता लेकिन सांस्कृतिक परिप्रेक्ष्य में इस हक़ीक़त की फुनगी भी शायद ही दिखे, क्योंकि दोनों की ज़ड़ें एक हैं। इसलिए सांस्कृतिक एकता तो रहेगी ही। इस संकलन में उर्दू, पंजाबी, सिन्धी और बलूची भाषाओं की कहानियाँ संकलित हैं। इससे पाकिस्तानी साहित्य की वर्तमान पहचान ज़रूर बनती है। परन्तु इनमें बलूची को छोड़ शेष भाषाओं के लिए इस या उस पार का महत्त्व नहीं है। भारत में भी पंजाबी, उर्दू और सिन्धी में साहित्य लिखा जा रहा है। इसलिए इंतिज़ार हुसैन का प्रश्न बहुत प्रासंगिक है। राजनीति से आम जनता का सम्बन्ध तात्कालिक होता है, संस्कृति से उनका रिश्ता केवल तात्कालिक नहीं होता है।

इसके साथ ही दूसरा प्रश्न तात्कालिकता से संस्कृति के प्रभावित होने का भी है। आखिर कहाँ और किस सीमा तक यह प्रभाव होता है? पाकिस्तानी कहानियों के संकलन में ही एक कहानी बलूची भाषा के कथाकार **ग़ौसबहार** की है। ऐसा माना गया है कि क़यामत के बाद समस्त आत्माएँ एक मैदान में एकत्र होंगी और उनके

सभी कर्मों का हिसाब होगा। प्रतीकात्मक कहानी है। मुख़्तसर में इतना ही कि जन्नत के लिए तैयार हो रहे रजिस्टर में एक नौजवान अपने इलाके का सत्तर वर्षीय बूढ़े का नाम खोज रहा है। गर्मी से तरबतर बूढ़ा जन्नत में जाने की इजाज़त चाहता है। नौजवान रजिस्टर के पन्ने पलटते जाता है। कहीं उसका नाम नहीं मिलता। स्थिति ऐसी कि जन्नत और जहन्नम के बीच की जगह (अराफ) में भी कहीं नहीं है वह। पूरब की ओर बढ़ने पर वह उस जगह पहुँचा जहाँ वैसों की जगह थी जिनके गुनाह शबाबों से ज़्यादा थे। बूढ़े को कई कुएँ दिखाये गये, कायरों का कुआँ, रो रहे लोगों का कुआँ। कहीं उसकी क़ौम की शिनाख़्त नहीं हो सकी। आखिरी कुएँ का आलम यह था कि यहाँ हर आदमी की खाल उतर चुकी थी और उनका एक ही काम रह गया था, कुएँ से बाहर निकलने वालों की टाँग खींचना। अन्त में वह बूढ़ा उसी क़ौम के पास जाने का अनुरोध करता है। उसका तर्क है कि यहाँ एकता की बजाये बिखराव है। कहानी निराश कर सकती है। ग़ौरतलब है कि मिथकों और अन्धविश्वासों की उस दुनिया में उस बूढ़े के लिए कोई जगह नहीं है। एक संकेत यह भी कि उसे वह दुनिया नहीं चाहिए। किसी राष्ट्र की पहचान तर्कहीन विश्वासों को तोड़ने से होती है।

कट्टरता को तार्किक ठहराने की कोशिश जारी है। इस पर व्यवस्था की कोई पाबन्दी नहीं है। इसे एक नया नाम मिला है, बुनियादपरस्त। शाब्दिक व्याख्या हो सकती है, बुनियादी मूल्यों के प्रति आसक्ति। ये बुनियादी मूल्य धर्म के हैं। व्यवहार में इसकी व्याख्या होगी कि धर्म के मूल्य देश और समाज के ऊपर हैं। इसलिए बुनियादपरस्ती कहीं से घातक नहीं है। इसके दैनिक जीवन में अपने किस्म के प्रभाव हैं। ये इतने बारीक हैं कि व्याख्या करने या तहकीकात करने की माँग को लेकर कई लोग खिल्ली उड़ा सकते हैं। कई इसे छोटी बात को बड़ा बनाने की कोशिश समझेंगे। कोई इसे साजिश के रूप में भी ले सकते हैं। इतने बारीक असर को खोजने लगें तो समाज में हर जगह कुछ-न-कुछ दिखेगा जिस पर व्यवस्था की पकड़ कैसे हो सकती है। ऐसा व्यवस्था चलाने वाले कह सकते हैं। इस बुनियादपरस्ती की खास बात है, राम ऐसा है, इसलिए रहीम को भी वैसा होना है। राम भी यही कहता है, रहीम ऐसा है। दोनों को एक मानकर चलने में कहीं कठिनाई है। रहीम में डर दो रास्तों को लेकर है। एक, अल्पसंख्यक होने का और दूसरा उसके भीतर बुनियादपरस्ती को जायज़ ठहराने वालों का। अल्पसंख्यकों के इस डर को पिछले दशक के हिन्दी कथा साहित्य में केन्द्रीय स्थान मिला है। केन्द्रीयता इसके मकसद को लेकर भी है। कभी निशाने पर दलित, कभी मुसलमान तो कभी हिन्दुओं का कुनबा। यह खेल वर्षों से चल रहा है। इसमें हर साल कोई नया 'पर' लग जाता है। पहले भी डर था लेकिन कहीं कोई चिराग भी था। चाहे इस तरफ से हो, चाहे उस तरफ से। आज इसकी लौ मद्धिम पड़ी है। अब 'डर' अपने अस्तित्व को लेकर ज़्यादा है। मिट जाने का ही डर है। ऐसे में या तो कुनबे में रहा जाये या बुनियादपरस्त हो कर रहा जाये।

दोनों से उस ताकत को ज़रूर फायदा है जिसे अपनी पूँजी का फैलाव चाहिए। इस काम में मन्दिर बनाने से भी फायदा है, मस्ज़िद बनाने से भी। मकसद ज़मीनी है, ज़मीन से जुड़ा है। ज़मीन का सवाल है। ज़मीन चाहिए, मॉल के लिए, बिग बाज़ार के लिए। इसलिए कब्रिस्तान पर हमला। इसकी प्रतिरोधी शक्तियाँ कमज़ोर पड़ी हैं। इसलिए डर भी ज़्यादा गहराया है।

रागिनी मालवीय नब्बे के दशक की महिला कथाकार हैं। उनके कथा-संग्रह 'खण्डित ताम्रपत्र' में एक कहानी है, **ज़हर**। इस कहानी के दो प्रसंग हैं। सरस्वती स्कूल की मैडम को हिन्दू-मुस्लिम भेदभाव में विश्वास नहीं है लेकिन इस स्कूल के उनके मुस्लिम परिचितों का आरोप है, **ये ही लोगन ने हमलोगन की कोठरिया छीन लिया।** दूसरा प्रसंग है। स्कूल की मैडम से उनके छात्र कहते हैं, **हम लोगन अम्मी को बाहर नहीं निकलने देते। काहे से कि हमार अम्मी बहुत खूबसूरत है। बाहर लोगन उन्हें बुरी निगाह से देखते हैं।** अल्पसंख्यकों के भीतर मौजूद डर व्यापक स्तर पर फैली कट्टरता के सामाजिक प्रभाव को दर्शाता है। उसने ऐसा किया। इसलिए ऐसा होना था। हर आदमी अपने-अपने धर्म के दरबे में रहे, यह समस्या का समाधान नहीं है। रागिनी की इस कहानी में इस पहलू पर सीधा हमला नहीं है। सामाजिक असर के रूप में अल्पसंख्यकों में मौजूद डर कुछ दर्शा रहा है, कुछ कह रहा है जिसका कारण कट्टरता की पेटी है। कहानी में अपनी अम्मी को लेकर टोले-मुहल्ले की सरगोशी का अहसास उनके बेटों को है। उसकी यह भावना सख्त कड़वाहट में व्यक्त हो सकती थी। बेटों को अपनी सामाजिक हैसियत का अन्दाज़ा है। वे इस सच्चाई को सबसे नहीं कहते, केवल मैडम से कहते हैं, उनके विचार, उनकी भावना की परख करने के बाद। यह डर एक बड़ी सामाजिक समस्या है। इसका निदान केवल दंगों को रोकने से सम्भव नहीं है। धर्मनिरपेक्षता और सामाजिक समरसता तभी सम्भव है जब इस डर का मुकम्मिल निदान किया जाये। इस डर को कभी-कभी राहत भी मिल जाती है। सुकून मिल जाता है। कथाकार **अशअर उरैनवी** अपनी कहानी (दंश) में इसके भीतरी द्वन्द्व को दर्शाते हैं। भारत-पाकिस्तान का क्रिकेट मैच भी अल्पसंख्यकों के लिए डर ही लिए आता रहा है। चुस्त संवाद और कहीं-कहीं क्रिकेट कमेंट्री की शैली की यह कहानी अल्पसंख्यकों की दुविधा का मर्म प्रस्तुत करती है। मुस्लिम जमात में अपने भारत-प्रेम के कारण कहानी का नायक काफिर समझा जाता है और अपने हिन्दू दोस्तों के बीच पाकिस्तानी। स्थिति यह है कि बुजुर्ग स्वतन्त्रता सेनानी द्वारा किसी मुकदमे की जीत की खुशी में मुहल्ले में मिठाई बाँटने की प्रतिक्रिया भी इससे भिन्न नहीं है, **जा कर चौक पर देख, तेरे भाई-बन्द मिठाइयाँ खरीद कर आपस में बाँट रहे हैं। जा, तू भी खा ले, इस्लाम का हक अदा हो जायेगा।** संवाद शैली में विन्यस्त इस कहानी में एक मुस्लिम पात्र का कथन है, **याद रखो, एक सच्चा मुसलमान ही एक सच्चा देशभक्त होता है।** कहानी धर्म के असली रूप का स्मरण

कराती है। इलियास अकेला है उस हुजूम में। उस पर हर दिशा से निगाह है। उस घड़ी में उसके सामने मज़हब को छोड़ बाकी सभी अविश्वस्त हो चुके है। उसे मज़हब से डर हो या नहीं, उसका सहारा उसे चाहिए। वर्तमान सन्दर्भ में धार्मिक कट्टरता को जायज़ ठहराने के पीछे एक बड़ा कारण दहशत पैदा करना है। इसलिए धार्मिक शब्दावली के शब्दार्थ खोजे जा रहे हैं।

धार्मिक तानाशाही ही है कि हमारी ज़िन्दगी का हर रोज़ इनसे तय हो रहा है। चाहे वह कहीं मन्दिर या मस्ज़िद बनाने का मामला हो या हमारे रहन-सहन का। नब्बे के दशक में धार्मिक आतंकवाद के दौर में कई कहानियाँ धार्मिक अराजकता को निशाना बनाती आयी थीं। इसे लेकर कथाकारों की खासा चिन्ता रही थी। आज भी यह विषय इनके कहानी लिखने के पन्ने में केन्द्रित है। इन कहानियों के साँचे में कोई ऐसा प्रयोग नहीं हो रहा है जिसे कहानी के लिए बिल्कुल नया कहा जा सके। या कहानी के भीतर कोई दूसरी विधा उसे बेदखल कर दे। युवा कथाकारों ने साम्राज्यवाद की बढ़ती दखल को समझा है। कहानी के भीतर प्रयोग करने को लेकर उनकी चिन्ता वैसी नहीं रही है, जैसी अन्य की हुई है। साफ़ कहने की कसमसाहट वहाँ देखी जा सकती है। भारत में साम्प्रदायिकता के विस्तार का मतलब है साम्राज्यवाद का फैलाव जिन्हें रोकने वाली शक्तियाँ कमज़ोर पड़ी हैं। मैं **अनुज** की दो कहानियों की चर्चा करना चाहूँगा (माइक्रोवेव टावर और कोम्सोमोल कोटा)। ये दोनों कहानियाँ उनके संकलन (कैरियर, गर्लफ्रेंड और विद्रोह/2009) में हैं। कब्रिस्तान की ज़मीन है लेकिन हसन जमाल को दफनाने के लिए दो गज ज़मीन नहीं मिली। सरकारी अधिकारी तिवारी जी जमाल के लिए एक गज भी देने को तैयार नहीं हैं। उन्होंने तुरत कब्रिस्तान की ज़मीन पर माइक्रोवेव टावर लगाने का आदेश निर्गत कर दिया। इलाके के मुखिया भी साथ थे। उनके चुनाव में मुसलमानों का वोट नहीं मिला था। पिछड़ी जातियों के वोट में पहले ही सेंधमारी हो चुकी थी। मुखिया जी चुनाव हार गये थे। इधर सरकारी अधिकारी की घोषणा थी और उधर उन्हें भगवाधारियों का समर्थन भी मिला हुआ था। सरकारी अधिकारी की बहन दंगा में मारी गयी थी। फलस्वरूप इधर जमाल मियाँ का जनाजा था और उधर सरकार और स्वयंसेवकों की फौज तैयार थी। चौतरफा हमला हुआ। खून-खराबा हुआ। कुछ बड़े लोग सन्तुष्ट हुए इस बात से कि पिछले दंगे का खासा बदला लिया गया। हिसाब-किताब बराबर और माइक्रोवेव टावर लगाने का निर्णय अटक गया।

अनुज की यह कहानी आत्मगत और संस्मरण सुनाने की शैली में शुरू हुई है। कहानी में किस्सा कहने वाली शैली भी है। तीन शैलियों की मिलावट है यहाँ। कब्रिस्तान से गुजरते हुए कहानी को दूसरा मोड़ मिल जाता है। कहानी आत्मगत से गुजरकर अतीत की ओर पहुँचती है। इस कहानी को पढ़ते समय यह बोध होता है कि कहानी अपने रचाव में केवल कथानक, परिवेश, चरित्र को लेकर नहीं चलती

है। उसके भीतर दूसरे रूप भी होते हैं। मिलावट जितनी बारीक होगी, कहानी उतनी ही अच्छी होगी। बेसन और आटा में एक भी ज़्यादा पड़ गया तो मिस्सी रोटी नहीं बन सकती है। अनुज की यह कहानी दंगे के सामाजिक असर को दर्शाती है। ज़हन में दंगा है जिसका कारण सरकार भी है, हमारे समाज की जड़ता भी है। हम उसके सामाजिक असर को नये मुकाम तक अंजाम देते हैं। मुसलमानों का अलग कुनबा बन जाये, हिन्दुओं का अलग और यहीं साम्राज्यवाद को फतह मिलती है। असल काम पूरा होता है। अभिप्राय यह कि दंगा के बाद भी अन्तर्धारा में दंगा मौजूद रहता है, क्योंकि हमारी प्रतिबद्धता कमज़ोर पड़ी है। इसी को **अनुज** की दूसरी कहानी (काम्सोमोल कोटा) इंगित कर रही है। वामपन्थी पार्टियों के वक्ता पूरी कार्यकर्ताओं के बेटे-बेटियों को सोवियत संघ में पढ़ाने की व्यवस्था थी। पार्टी के होल टाइमर के लिए ही यह सुविधा थी। इस कोटे में साम्प्रदायिक दलों के नेताओं को मौका मिलता है और होल टाइमर का लड़का बेचारा बना रह जाता है। ले-देकर काम्सोमोल का कोटा सुविधापरस्त नेताओं की सौगात साबित होता है, होल टाइमर के हिस्से में कुछ भी नहीं आता है। इसका कारण वामपन्थ के नेताओं की कमज़ोर हो रही प्रतिबद्धता है। यह कमज़ोरी जातियों के सम्मेलनों में दिखती है। यह तो कहने की बात है कि साम्राज्यवाद के ख़िलाफ़ लड़ाई जारी है या उसके ख़िलाफ़ सभी एकजुट हैं। साम्प्रदायिकता की आग के बुझने के बाद भी राख की चिनगारी हवश बनकर सब जगह फैल जाती है। क्या कोई ऐसा सामाजिक आन्दोलन सम्भव नहीं है या उसका आग़ाज नहीं हो सकता जो चिनगारी को प्रेम की ज्योति में बदल दे। यह दंगा हिन्दी प्रदेश में ही क्यों? कारण है। बंगाल के सुधीजनों ने अपनी सांस्कृतिक परम्परा को मरने नहीं दिया। वे अपने सांस्कृतिक आन्दोलन को हिन्दूकरण या इस्लामीकरण नहीं होने दिये। बाकी प्रदेशों में सांस्कृतिक परम्परा जातियों में बँटी और हमने उसे साम्प्रदायिकता का जवाब मान लिया है। इसलिए सेक्युलर समझे जाने वाले नेता धार्मिक तानाशाही को लेकर चुप रहते हैं। वे इसे धर्म का मामला समझकर पल्ला झाड़ लेते हैं। धर्म एक ऐसी सत्ता है जहाँ कोई नया प्रवेश नहीं करे। धार्मिक ग्रन्थों को निर्विवाद समझा जाता है। भगवान के साथ मज़ाक नहीं। धार्मिक ग्रन्थों से कोई हिसाब-किताब नहीं। मन्दिर बनने दो, मस्जिद बनने दो, गुरुद्वारे ऊँचे रहें, सड़क छेंकते रहें, क्योंकि यह धर्म का मामला है। धार्मिकों पर सरकार की पाबन्दी नहीं है। इसका सामाजिक प्रभाव कट्टरता के रूप में मौजूद रहता है।

धार्मिक तानाशाही पूँजीवादी शक्तियों के बढ़ते संकेन्द्रण का संकेत देती है। पुराने समय में पूँजी का जमाव जबरन हुआ करता था। लोकतन्त्र की व्यवस्था में ऐसा करना आसान नहीं होता है। कहीं-न-कहीं लोकशाही का डर होता है। लोकतान्त्रिक व्यवस्था के बहाल होने पर भी आम जनता के धार्मिक विश्वास अचानक खण्डित नहीं हो जाते या ध्वस्त हो जाते हैं। होता यह है कि वैज्ञानिक और तकनीकी विकास में

वे अपने लिए जगह बना लेते हैं। अब दूरदर्शन के विभिन्न चैनलों पर हनुमान यन्त्र की वैज्ञानिकता की मार्केटिंग होने लगी है। ऐसे में धार्मिक विश्वास खण्डित होने के बजाय नये रूप में आने लगते हैं। आखिर शहर के हर चौराहे पर मन्दिर क्यों बनने लगे हैं? बच्चों के खेल के मैदान विशाल मन्दिरों में क्यों तब्दील हो रहे हैं? आज की दुनिया में तकनीकी विकास अपनी ऊँचाई पर है। तब भी ऐसा क्यों? ज़ाहिर है उनका इरादा मन्दिर के बहाने कहीं और खिलने का होता है। इसके नेपथ्य में चले जाने पर उन्माद या तात्कालिक उन्माद सामने आ जाता है। हम यह मान लेते हैं कि ज़रा सी भावुकता के कारण अमुक घटना हो गयी। आखिर क्यों किसी शहर के सेठ की नज़र मैदान में स्थित मन्दिर पर पड़ती है। उसकी कल्पना में पूरा मैदान मन्दिर हो जाये। मन्दिर के बहाने पूरे मैदान पर उसका कब्ज़ा हो जाये। कथाकार **शंकर** की कहानी **जगो देवता जगो** की विशेषता यथातथ्यता जैसी बीमारी से मुक्त होने में है। आम धारणा से अगर ये कहानी चलती, तो मन्दिर के पुजारी को साम्प्रदायिक नहीं भी तो वर्णवादी होना ही चाहिए था। होता कुछ और है। पुजारी विधान सभा पहुँचता है और नगर के सेठ के ख़िलाफ़ उबल पड़ता है। मन्दिर और मैदान पर सेठ साहब की नज़र थी। मैदान में 'भारतीय जागरण मंच' का मेला लगता है। नगर के एक कोने में किसी देवी माँ के चबूतरे के ध्वस्त होने की खबर तेज़ी से फैलती है। सेठ जी विधान सभा पहुँचते हैं। कहानी के पूरे घटनाक्रम में देवता के जगने का कोई प्रसंग नहीं है। कथाकार बहुत कुछ पाठक पर छोड़ देता है। वह समझे, खोज-बीन करे, देवता कहाँ से जगें कि सेठ जी की दुकानदारी बन्द हो। यह दूसरी खासियत है कहानी की, पाठक को तन्हा छोड़ देना। कोई दूसरा कथाकार होता, वह पाठक पर डंडा मारता, मेरी कहानी को ऐसे पढ़ो, ऐसे समझो। शंकर देवता जगाने भी नहीं चले हैं। अपनी पत्रिका **परिकथा** के अंक (जनवरी-फरवरी, 2009) में **शंकर** ने लिखा है, **कहानी को समझने का यह आज भी एक तार्किकता से युक्त प्रतिमान है। नये पाठ की ज़रूरत या नये औज़ारों के तर्क इसे अप्रासंगिक नहीं बना पा रहे हैं।** सन्दर्भ रूप और अन्तर्वस्तु का है। जो शिल्प 'जगो देवता जगो' का है, उस शिल्प के साथ यह दृष्टि नत्थी है, पाठक को खुली छूट देने वाली दृष्टि, उसी का पल्लवन इस सम्पादकीय में हुआ है। कहानी के आलोचक बतौर भी शंकर अब भी पाठक की हैसियत को कम करके नहीं आँकते हैं। 'अब भी' का महत्त्व है। आज कथाकारों की एक बड़ी जमात कहानी लिखने से ज़्यादा 'सरल मोबाइल संदेश' में विश्वास करने लगी है। कहानी एक बार लिखी जायेगी, बार-बार क्यों लिखी जाये? सुखद यह है कि परिकथा के उसी अंक में हिन्दी के दो विद्वानों के लेख छपे हैं, **खगेन्द्र ठाकुर** (सन अठारह सौ सत्तावन : सवाल-दर-सवाल) और **ब्रज कुमार पांडेय** (धर्म और बाज़ार) के। 'जगो देवता जगो' की छौंक नौ साल बाद भी बासी नहीं हुई है। किसी कथाकार की रचना-यात्रा में यह भी एक सुखद पड़ाव है। 'जगो

देवता जगो' 2000 ई. में छपी थी। पचास साल पहले जिसकी चर्चा (नामवर) शुरू हुई थी, वह कहानी के नये आलोचकों में भी प्रासंगिक समझी जा रही है। धार्मिक विश्वास की राजनीति, उसका अर्थशास्त्र, और सत्ता में उसकी भागीदारी की तलाश जिसको करनी है, करे। देवता जगें, इसके लिए भी किसी हथियार, किसी क्रान्ति की भनक इस कहानी में नहीं मिलती है। ऐसा हो जाये या होना चाहिए, यह पाठक तय करे। कथाकार का वास्ता केवल कहानी कह देने से है। कहानी की यही अन्तर्वस्तु कथाकार को व्यक्तिवादिता से मुक्त करती है।

कहानी कुछ कहती है, यह कहना और महत्त्वपूर्ण हो जाता है जब कहने के पहले या कहने के बाद कहानी के भीतर कोई शोर-शराबा नहीं होता। चुपके से कहानी अपनी बात कह जाती है। इस ठौर-ठौर में कहानी संदेश दे जाती है। कई बार वो बिना कुछ नसीहत दिये चली जाती है। कहानी कह गयी, अब कोई उसे जिस रूप में ले। नयी सदी की कहानियों में यह प्रवृत्ति है। कई कथाकार इसे यथातथ्यता भी समझने लगे हैं। बिल्कुल हू-ब-हू कुछ कह दिया। यथातथ्यता में तथ्य यथावत रहते हैं। कथाकार की कल्पना 'ठस' हो जाती है। कहानी के मद्धिम-मद्धिम अपनी बात कहने को इस रूप में लेना भी एक तरह से किस्सा गढ़ने जैसा है। किस्से में आयी पुनरावृत्ति कहानी में भी जोर मारने लगती है।

लोकतान्त्रिक देशों में धर्म की तानाशाही लोकतन्त्र पर चढ़कर होती है। उस पर हमला कर होती है। लोकतन्त्र की जड़ों को कमज़ोर करने का एक तरीका धार्मिक मूल्यों को सार्वजनीन करने से होता है। वह जितना सार्वजनिक होगा, जितने लोग धार्मिक होंगे, कहें धर्म पर आश्रित होंगे, धर्मनिरपेक्षता की बुनियाद कमज़ोर होगी। लोकतन्त्र कमज़ोर होगा। इसलिए बुनियादपरस्ती की शाब्दिक व्याख्या पर जोर दिया जाता है। अखबारों में धार्मिक खबरों को महत्त्व मिलने का कारण भी यही है। कुछ वर्षों पहले तक धार्मिक कट्टरता को बढ़ावा देने के लिए सीधी राजनैतिक पहल होती थी। अफगानिस्तान के तालिबानों को बढ़ावा मिला। अब राजनैतिक समर्थन का भेद खुलने के बाद धार्मिक ग्रन्थों का सहारा लिया जा रहा है। कोई राजनीति नहीं, फिर भी, गहरी राजनीति। जिन देशों में लोकतन्त्र की जड़ें कमज़ोर हैं, वहाँ धार्मिक तानाशाही में खुलापन है। खुलेआम सब जारी है। वहाँ धार्मिकता जीवन की शर्त के रूप में आती है। इसे मानो, यह लोकतन्त्र से उपर है। यह काल और देश से परे है। पाकिस्तान के चर्चित कथाकार **मोहसिन उस्मानी** की कहानी (राख) में बारह रबी-उल-इस्लाम अव्वल के दिन तकरीर के लिए मस्ज़िद कमिटि के मुताबिक शेख हमीद को बुलाये जाने का कारण मस्ज़िद के पेश-ए-इमाम को हटाना था जो अपने शागिर्द को धर्म के नापाक मक़सद से वाकिफ कराता है। बँटवारे के समय भारी कत्लेआम हुआ और यहीं से मौलवी फजल उर्फ इमाम और उनके मोअज्जिन की ज़िन्दगी शुरू होती है। इमाम साहब नमाज़ पढ़ाने के साथ छात्रों को इस्लाम की

तालीम भी देते हैं। कत्लेआम हुआ तो मौलवी साहब के शब्दों में, **हमने भी जहाँ तक हो सका, हिसाब बराबर किया।** आखीर में एक औरत और उसका एक बच्चा **है सामने।** औरत बच्चे को छोड़ कुएँ में छलाँग लगा ली। इमाम साहब ने गाँव छोड़ दिया। बच्चे को साथ ले आये। वह मोअज्जिन बन गया। इस कहानी को सुनने के बाद मोअज़्ज़िन इतना ही कह सका, **इमाम साहब, मैं मोअज़्ज़िन न बनता तो शायद किसी गुरूद्वारे में आज बैठा रहता।** फिर उसने इमाम साहब से कहा, **शायद तकदीर लिखने वालों की यही मर्ज़ी थी कि मैं बिलाल हब्शी के गुलामों में शुमार किया जाऊँ। मैंने आपको माफ़ किया।** मोहसिन अगर कथाकार न होते तो कवि ज़रूर होते। कहानी में शब्द-चित्र इतना ज़िन्दा और बारीक है कि मानो पंजाब के खेत बोल रहे हों। गेहूँ की खुशबू से बोझिल इलाके की मस्ज़िद में उठापटक जारी थी, शीत युद्ध जैसी। मस्ज़िद की मीनारें क्या मौन रहेंगी।

धर्म का सामाजिक प्रभाव हमेशा एक जैसा नहीं होता है। बँटवारे के पहले के धार्मिक लोग अपनी सीमाओं को समझते थे। समाज में उनका असर था। ये वे ही लोग थे जो बँटवारे का विरोध कर रहे थे। तब धर्म व्यक्तिगत था। कुछ सामाजिक रूढ़ियाँ थीं उनकी जो उनके व्यक्तिगत विश्वास को ही अहमियत देती थीं। आज की तारीख में धर्म की वही भूमिका नहीं रह गयी है। धर्म के बहाने खुलकर सम्प्रदायवाद आया है। किसी बड़े हादसे के बाद पैदा हो रही सामाजिक परिस्थितियों पर किसी का नियन्त्रण नहीं रह गया है। तब धर्म हमारी आस्था के रूप में प्रकट नहीं होता बल्कि दूसरे की आस्था को तोड़ने में अपनी भूमिका तय करता है। और तभी हम सम्प्रदायवाद और आतंकवाद का तात्कालिक कारण खोजने लगते हैं। जहाँ लोकतन्त्र की परम्परा पहले से मौजूद रही है, वहाँ फैले सम्प्रदायवाद में सामाजिक भूमिका अधिक कारगार होती है। प्रशासन और सरकार अपनी जगह मुनासिब बताने को हर वक्त तैयार रहती हैं। समाज में फैली भ्रांतियों पर इनका नियन्त्रण नहीं होता है। कारण है कि दंगा रोकने में भले कामयाबी मिल जाये, मन्दिर बनाने के शोर-शराबे पर कोई पाबन्दी नहीं होती है। गर्व से हिन्दुस्तानी कहने का बोध तथाकथित बन कर रह जाता है। सामाजिक विकास महज इससे तय नहीं होता है कि देश का नागरिक कितना स्वतन्त्र है। तय इससे होता है कि वर्षों के संघर्ष के बाद मिली स्वतन्त्रता के सामाजिक उपयोग क्या हैं। इसलिए एक सामाजिक आन्दोलन की ज़रूरत पड़ती है। आज स्थिति यह है कि प्रशासन हो या सरकार, किसी की चिन्ता में धार्मिक आन्दोलन नहीं है। कोई सामाजिक आन्दोलन उनके उपर कोई पाबन्दी या नियन्त्रण भी नहीं लगा पाता है। खुद को धर्मनिरपेक्ष समझने वाले धार्मिक समुदायों के भीतर की तानाशाही को तोड़ नहीं पाते हैं। धर्म जो कहता है, करते जाओ। वहाँ कोई नियन्त्रण नहीं, तब्दीली की कोई मंशा नहीं, क्योंकि मामला धार्मिक है।

समान्तर कहानी के दौर में चरित्र के इर्द-गिर्द का ताना-बाना आकर्षित करता था। नयी कहानी के दौर में अनुभव की बारीकी हमें आकर्षित करती थी। आज की कहानी से दोनों को झटका लगा है। संस्मरण और यात्रा विवरण को कहानी बनाने की कोशिश हो रही है। पहले कहानी की एक प्रवृत्ति प्रमुख होती थी और उसके आगे-पीछे एक समय की पूरी कहानी घूमती थी। नयी कहानी के दौर में भीष्म साहनी और कमलेश्वर को अलग रखा जाये तो कहानी का पूरा दौर अपने निजी अनुभव के वैशिष्ट्य की परिधि में घूमता है। आज वह बात नहीं है। यह घटना ऐसे समय की है जब साम्प्रदायिक आन्दोलन अपनी तेज़ी पर है, सामाजिक आन्दोलन ठण्डा पड़ा हुआ है। बिल्कुल आज के कथाकार अपने सृजन को निजी अनुभव तक केन्द्रित करने के पक्ष में नहीं हैं। वे इस सामाजिक जड़ता को तोड़ना चाहते थे। यह आज की कहानी की एक धारा रही है। सफलता-असफलता स्वयं एक कहानी है। कई बार उनकी यह चाहत मीडिया के प्रकोप से टूटती भी है। तब भी, अगर तलाश जारी है, जड़ता को तोड़ने की मंशा है, चर्चा होनी चाहिए।

साम्प्रदायिकता और आतंकवाद को लेकर उनकी सजगता मायने रखती है। **बादशाह हुसैन रिज्वी** की एक कहानी (दहशतगर्दी) में पुलिस तन्त्र का काम करने का तौर-तरीका बेपर्द हुआ है और **प्रियदर्शन मालवीय** के उपन्यास-अंश (घर का आखिरी कमरा) में समाज में भीतर-ही-भीतर फैल रही बीमारियों पर निशाना है। साम्प्रदायिक आन्दोलन के फलस्वरूप सम्प्रदायवादियों के लिए एक बड़ी उपलब्धि समाज को पीछे ले जाने में मिली है। लोकतन्त्र की जड़ें कमज़ोर हुई हैं। पहले भी कहा है कि पिछले वर्षों में साम्राज्यवाद जीता है। इसकी जड़ें मज़बूत हुई हैं। एक पूरी कौम को समाज से बेदख़ल करने के पीछे केवल समाज के सन्तुलन को बिगाड़ने की नीयत ही नहीं है। सन्तुलन बिगड़ेगा तो समाज टूटेगा और समाज के टूटने से मनमाना पूँजी की बरसात होगी। रिज़्वी की कहानी का नायक रिज़्वान अरीचा लेकर नदी किनारे फेंकने जाता है। पुलिस उसे पकड़ लेती है। अरीचा खुलने पर एक अर्जी मिलती है। बताया जाता है कि यह इमाम मेंहदी की अर्जी है। उनका विश्वास इसे नदी में बहा देने में था। इसलिए इस अर्जी के साथ कुछ अन्य चीज़ें रखकर इसका गोला बना दिया था। अब पुलिस उर्दू ट्रांस्लेटर को बुलाती है। अरबी में इबारत लिखी थी, **आप अल्लाह के प्यारे रसूल के घराने से हैं। आप से गुजारिश है कि आप मेरी माँ को जल्द अच्छा कर दें।** इतनी तहकीकात के बाद पुलिस रिज़्वान को छोड़ देती है। हैरत यह कि इस पूरी तहकीकात के दरम्यान मीडिया कहीं नहीं है, सरकार कहीं नहीं है। रिज़्वान की पिटाई हो तो भी ठीक, न हो तो अल्लाह की मेहरबानी समझिए। रिज़्वी की यह कहानी पाँच साल पहले (2009) **परिकथा** में छपी थी। कहानी अपने प्रारम्भ में ठहरती भी है। इसका कारण कहानी की औपन्यासिकता है। कहानी के भीतर उपन्यास है। इसलिए कहानी में ठहराव है। फिर भी, इसका विवरण परस्पर

विरोधी दृश्यों के कारण असर डालता है। खुफिया एजेंसी की शंका, प्रशासन का हाई एलर्ट, आतिशबाजी और पटाखों के बीच बिस्तर पर पड़ी माँ खाँसी से बुरी तरह टूट रही है। इस कहानी पर नोट लेते समय मेरे मन में यह ख़्याल ज़रूर आया कि ऐसा विवरण तो उपन्यास में खप सकता है। इसे लेकर कहानी कैसे बन गयी? घटना का प्रवाह कहानी को खास ढंग से असरदायक बना देता है।

अब इसके साथ प्रियदर्शन मालवीय के उपन्यास-अंश की चर्चा करने पर **बादशाह हुसैन रिज़्वी** की कहानी की सीमा समझ में आ सकती है। रिज़्वी कहानी में उपन्यास देख रहे हैं। यह मुनासिब कितना है, पाठक ही समझे। एक मूल कथा के समानान्तर दूसरी प्रासंगिक कथा के चलने पर कहानी लम्बी हो सकती है। परन्तु अगर कथाकार 'अन्ना कारेनिना' (लेव तोल्स्तोय) को कहानी समझ किसी पात्र के एक क्षण को विस्तार देने का लोभ करने लगे, ऐसे में लम्बी कहानी ऊब पैदा करने लगती है। **प्रियदर्शन** के इस उपन्यास-अंश में कई चरित्रों का निर्वाह एक साथ मिलता है। हर चरित्र एक खास निशाने पर लक्षित है। अमजद मियाँ फर्स्ट क्लास बी.ए. लेकिन बेरोजगार। इशरत भाई बड़े प्रतिभाशाली, अच्छे डिबेटर। धाराप्रवाह बोलते हैं। घर के लिए पागल हैं। हिन्दू लड़की से इश्क करते हैं। मस्ज़िद के नमाजियों ने लाख समझाया। इशरत भाई माने नहीं। उनकी पिटायी हो गयी। उपन्यासकार के शब्दों में **इशरत भाई अब असफलताओं का मकबरा बने घूमते। कैरियर में विफलता, प्यार में विफलता, नौकरी में विफलता और विवाह में विफलता।** फिर हल्ला हुआ कि इशरत भाई को 'जिन्न' क्या मस्ज़िद के 'खबीश' (शैतान) ने पकड़ लिया है। खबीश है कि उन्हें बहुत मुश्किल से छोड़ेगा। इस तरह था तो मामला सम्पत्ति का लेकिन हुआ ये कि इशरत भाई पागल करार दे दिये गये। उनकी दोस्ती-यारी खबीश से हो गयी थी। अमजद मियाँ खासे सेक्युलर हैं जो उनके हिन्दू दोस्त को गवारा नहीं है। दोस्तों से संवाद करते समय अमजद मियाँ भी कहीं टूटते हैं। उन्हें लगता है कि मुसलमानों में हिन्दी के कई कवि हुए लेकिन हिन्दुओं में इसका अनुपात बिल्कुल नहीं है। उनके हिन्दू दोस्त उन्हें मिडिल ईस्ट में जाकर नौकरी करने की सलाह देते हैं। अमजद मियाँ बहकते हैं, टूटते हैं, इसलिए कि उनके साथ कोई खड़ा नहीं है। अमजद मियाँ को पाकिस्तान जाने की सलाह दी जाती है। तब उनके मन में सवाल उठता है, अपने को कुसूरवार मानने न मानने का। उनका सवाल है, गाँधी को किसने मारा? राजीव गाँधी का कत्ल किसने किया? पूरा उपन्यास बदल रहे समाज का बढ़िया विवरण प्रस्तुत कर सका है। रिज़्वी की कहानी और मालवीय जी के उपन्यास में बदल रहे समाज का चित्र मिलता है। जो पहले कहा है मैंने कि समाज पीछे की ओर भाग रहा है, आज का कथा-लेखन इस बात को रेखांकित करता है।

धर्मों के इतिहास में यह पहला अवसर है कि हम धार्मिक ग्रन्थों को बग़ैर पढ़े दूसरों की टीका-टिप्पणी को सनातन सत्य मान लेते हैं। यह दौर तकनीक का तो

है साथ-साथ ज्ञान-विज्ञान से दूर रहने का भी है। बीसवीं सदी के शुरुआती दौर में बड़े-बड़े समाज सुधारक धार्मिक ग्रन्थों के बड़े ज्ञाता थे, राममोहन राय हों या दयानन्द सरस्वती। ये दूसरे धर्मों के भी ज्ञाता थे। आज की पीढ़ी इससे बावस्ता नहीं है। **हसन जमाल** की कहानी (बेदखल) की नयी पीढ़ी को कोर्स की किताबें बोझ लगती हैं। वह अपने पिता की जमा की किताबों को कबाड़खाने को सुपुर्द कर देती है। कुछ पैसा वहाँ से भी आ जाये। राहुल की नींद खुलती है तब जब टी.वी. वाले उसके पिता जी पर सीरियल बनाने की सिफ़ारिश करते हैं। हसन जमाल की कहानी को यहाँ से शुरू होना चाहिए था। यद्यपि पूरी नयी पीढ़ी को हसन साहब की ही कुंजी से खोलना बड़ा गुनाह होगा तथापि पहले की अपेक्षा वर्तमान कमज़ोर पड़ा है। साम्राज्यवाद की बारीकी को समझने में कहीं धोखा हुआ है। कारण यह कि अभी के दौर में विकसित देशों का सारा ध्यान शहरी मध्य वर्ग पर है। उन्हें इस तबके की सृजन-शक्ति का अहसास है। इसलिए पूँजी के बल पर उनकी सृजन-क्षमता को खरीद रहे हैं। काम के निश्चित घण्टे नहीं। काम में लगने वाले समय को डॉलर ने खरीद लिया है। अब समय चुप रहेगा, डॉलर बोलेगा। ग्रामीण मध्य वर्ग को बेचारा नहीं छोड़ा गया है। गाँव पर इतना दबाव कि वहाँ की नयी पीढ़ी दिल्ली-बम्बई आने लगी है। पहले की तुलना में उनका अनुपात बढ़ा है। जिन मूल्यों को लेकर यह मध्य वर्ग कभी लड़ने का इतिहास रच चुका था, आज वह उनके ही ख़िलाफ़ खड़ा है। कल तक धर्म की सामाजिक भूमिका इससे तय हो रही थी कि साम्राज्यवाद कहाँ कमज़ोर पड़ रहा है। राममोहन राय की **आत्मीय सभा** (1815) या दयानन्द सरस्वती का **आर्य समाज** (1875) हो, ये कुछ सीमाओं के बावजूद स्वदेशी के लिए एकजुट थे। आज धर्म अपनी बुनियादपरस्ती के लिए खड़ा है। उसके लिए लड़ रहा है। धर्म की इस उल्टी भूमिका को समझना होगा। ब्रिटिश जमाने में सती प्रथा का उन्मूलन बंगाल प्रेसिडेंसी भी नहीं चाहती थी। ब्रिटिश राज को छुआछूत पसन्द था। सम्प्रदायवाद और जातिवाद पसन्द था। इससे किसान बँटे हुए थे, मज़दूर कई दरबों में थे। ये ही बीमारी साम्राज्यवाद की मज़बूती में ढाल बने हुए थे। ब्ला.इ. लेनिन (साम्राज्यवाद पूँजीवाद की चरम अवस्था) ने पहले विश्व-युद्ध के बतौर सही लिखा है कि पूँजीवाद मुट्ठीभर देशों से संचालित हो रहा है। उसे धर्म की भी ज़रूरत पड़ती है। इसलिए ब्रिटिश भारत में ईसाई धर्म ब्रिटिश मंशा के ढाल बने हुए थे। याद करें एण्ड्रयूज के राष्ट्रवाद के भाषण को जिसमें वे राष्ट्रवादी नेताओं को ब्रिटिश राजनेताओं से संवाद करने पर जोर देते हैं। महात्मा गाँधी धर्म की सामाजिक भूमिका को नकारते नहीं हैं। उसके सामाजिक महत्त्व को समझते है और ब्रिटिश राज को इसका करारा जवाब देते हैं।

आज पूँजीवाद मध्य वर्ग को स्वतन्त्र व्यापार का सम्बल मानता है। आज वह जिस रूप में फैल रहा है, उसमें निगरानी, नियन्त्रण इत्यादि के तौर-तरीके बदले ही

नहीं, खत्म हो चुके हैं। इसलिए क्षेत्रीय सन्तुलन बिगड़ा है और वही व्यवस्था के लिए जंजाल भी बना हुआ है। क्षेत्रवाद के बढ़ने से वर्तमान व्यवस्था भी परेशान है। कहीं मराठा शक्ति तो कहीं गुजरात गौरव। जिला महोत्सव मनाने का चलन शुरू हुआ है। कुछ दिनों बाद सुनेंगे सन्तरागाछी गौरव। इस जटिल ताम-झाम में विकास को लेकर सोचने की बाध्यता हमें परेशान कर रही है। तुम यही खरीदो और जो खरीद रहे हो, उसी के बारे में सोचो, वह तुम्हारी जीवन-शैली है। बढ़ते-चढ़ते लोकतन्त्र के इस समय में अन्दर-ही-अन्दर एकाधिपत्य का पौधा फल-फूल रहा है। उपयोगिता जिसकी है, उसी को लेकर सोचते रहने का सिलसिला चल पड़ा है। कोई गरीबी में भी उपयोगिता खोज ले और गरीबी भी उसके लिए एक उत्पाद बन जाने को लाचार रहे, इस सोच का संसार पहले कभी नहीं आया था। इस कारण जीवन में आयी पेचीदगियाँ अक्सर हमें यथास्थितिवादी बना देती हैं। चर्चा गरीबी की हो रही है और गरीब मॉल बनता जा रहा है।

कुछ-कुछ ऐसा ही अहसास बाँग्ला के सुपरिचत कथाकार **रामकुमार मुखोपाध्याय** अपनी कहानी (मॉडल/अनु सोमा वंद्योपाध्याय) में देते हैं। योजना आयोग के सदस्यों को पॉवर्टी लाइन से नीचे जा रहे किसी गरीब किसान का मॉडल चाहिए ताकि आयोग उस आधार पर आदर्श गाँव तैयार कर सके। कहानी के पात्र केशू काका द्वारा बनाया गया आदर्श गाँव का मॉडल योजना आयोग को भा जाता है। केशू के नाम से एक प्रोग्राम लाँच करने की योजना बनती है। केशू है कि वह साधारण आदमी ही बना रहना चाहता है, वह गाँव में ही रहना चाहता है। कहानी इस पंक्ति से समाप्त होती है, **मुझे मॉडल न बनाइएगा।** कहानी इशारों-इशारों में बहुत कुछ कह जाती है। योजना आयोग के लिए केशू काका का गरीब होना एक मॉडल है। वह विकास का मॉडल है यानि सारा विकास उसी के नाम पर। और गरीब गरीब ही बना रह जायेगा। जीवन के हर क्षेत्र को मुनाफे में बदल देने की कोशिश राम कुमार जी की इस कहानी का केन्द्रीय बिन्दु है। कहानी कोई हंगामा नहीं खड़ा करती है। बस इतनी-सी बात, मॉडल बनाने वाली, किसी दरीचे से भी नहीं, कह लें कि किसी दीवार में बने किसी छिद्र से बाहर आ गयी हो। रामकुमार जी की इस कहानी में कहने की अदा के भीतर-ही-भीतर एक प्रयोग की भनक है और उसकी खास बात है कि कहानी के रचना-विधान को बिना घसकाए प्रयोग जारी हैं। जैसे, केशू काका को मॉडल बनाने में समाज का कोई हिस्सा खिसकता नहीं है, समाज जैसा है वैसा ही रहेगा। बस, केशू को मॉडल बन जाना है। यह जो अनुभूति है, गरीबी को सजाने वाली अनुभूति, आज की कुछेक कहानियों में इसका विस्तार मिलेगा।

इशारों-इशारों में कुछ कह जाने का यही 'कहन' कहानी को मज़बूती दे जाता है। इशारा नयी तरह से भी हो सकता है और पुराने तरीके से भी। राम कुमार के यहाँ कहानी कहने और उसे लिखने का विधान बिल्कुल चिर-परिचित है, उसकी अपेक्षा

राजू शर्मा की कहानी (आई.टी.ओ. क्रासिंग/तद्भव) में अन्दाज़-ए-बयाँ बिल्कुल नये किस्म का है, इसलिए कहानी में थोड़ा विस्तार है लेकिन उस कहानी में भी गरीबी को मॉडल बनाने वाली बात ही आयी है। इस कारण हमारे जीवन में उलझनें ज़्यादा बढ़ी हैं। विचारों के प्रति हमारी प्रतिबद्धता ढीली पड़ी है। कहानी में दो संसार है। एक संसार आई.टी.ओ. क्रॉसिंग के मोड़ पर किताब बेचने वाले गरीब लोबान का है और दूसरा संसार एक प्रोफेसर के निर्देशन में फुटपाथी बच्चों पर चल रहे अध्ययन का है। दोनों संसार इस कहानी में परस्पर सहभागी बने हुए हैं लेकिन समानान्तर भी हैं। प्रोफेसर को फुटपाथी बच्चे का मॉडल चाहिए और लोबान को 'अपनी' दुकान चाहिए। किराये की दुकान से उसका पेट चलने वाला नहीं है। लोबान भीतर से इतना डरा हुआ है कि प्रोफेसर से मिलते ही मार्मिक तरीके से उबल पड़ता है, **घबराइए मत, मैं सज़ायाफ़्ता नहीं, बस आई.टी.ओ. क्रॉसिंग का नाचीज़ गुनहगार हूँ।** सहमे और डरे हुए लोबान में एक दूसरी दुनिया भी है जिस दुनिया से उसे उपहार में सनातन डरते रहने वाला लोबान मिला है। एक महीना पहले गाँव में उसकी माँ का बलात्कार हुआ। इस पूरी घटना पर गाँव की औरतें चुप रहीं और पंचायत गूँगी बनी रही। एक मात्र चश्मदीद गवाह लोबान, गाँव से भागा। आज वह इस आई.टी.ओ. क्रॉसिंग पर किताब बेच रहा है। बच्चों पर काम कर रहे उस प्रोफेसर को लोबान की पृष्ठभूमि से क्या लेना-देना? उसे तो केवल लोबान मॉडल चाहिए। एक तरह से देखें तो इस लम्बी कहानी में तीन संसार हैं। लोबान के पीछे का संसार सही मानी में तद्भव है, क्योंकि वहीं से एक सहमे और डरे हुए लोबान का जन्म होता है। कहानी प्रोफेसर के इस संवाद से खत्म होती है **एक दिन हो सकता है तू मशहूर हो जाये, कौन जानता है। मेरा प्रोजेक्ट तुझे दुनिया के स्टेज पर प्रस्तुत करेगा, इसमें संशय नहीं।** व्यवस्था लोबान को मॉडल बनायेगी, जैसे योजना आयोग की नज़र केशू काका को मॉडल बनाने पर टिकी हुई है। मॉडल इस व्यवस्था के लिए एक ऐसा गलियारा है जहाँ उसे लाभ मिल सकता है। व्यवस्था के असन्तुष्टों को चुप रहने का। लोग इसी व्यवस्था में गरीबी का इलाज देखेंगे और मानेंगे, दूसरा कोई विकल्प नहीं है इसका।

ग्रामीण केन्द्रित कहानियों का यथार्थ

लाठी लिए चल रहे राष्ट्रपिता महात्मा गाँधी का चित्र बहुत लोकप्रिय हुआ। बहुत कम को मालूम है कि इसके चित्रकार **नन्दलाल बोस** या **बसु** थे। यह उस दौर का चित्र है जब रचना बड़ी होती थी और रचनाकार छोटा होता था। अब हल्लाबोल है, रचनाकार को बड़ा होना है और रचना जलेबी लिए आकार में और दिल से फरेबी ही क्यों न हो? **पहल** के ताज़ा अंक में **राजेन्द्र धोड़पकर** के कई कार्टूनों में एक में महिला पुरुष से कहती है, "मुझे किताबें नहीं, लेखक संग्रह करने का शौक है।" एक दूसरे कार्टून में किसी कवि की चेतावनी है "तूने मेरी कविताएँ नहीं छापी थीं। अब देख कैसे भूत बनकर तंग करता हूँ तुझे।" मुँहबाए और पूँछ वाला भूत उड़ते हुए सम्पादक का पीछा कर रहा है। सम्पादक को समझना होगा कि बड़ा कवि होता है, कविता बड़ी नहीं होती। रचनाओं के विमर्श के इस दौर में रचनाकार की श्रेष्ठता वर्तमान समय के बाज़ार के प्रति उसकी बेहिचक गुलामी को दर्शाता है। एक तरफ वह वैश्वीकरण के ख़िलाफ़ लिखता है, और फिर उसका गुलाम बनकर बड़ी बेशर्मी से अपनी ही रचना की मार्केटिंग भी करता है। ऐसा स्वावलम्बी गाँधी जी के ज़माने में भी शायद ही कोई मिले। इस मानसिकता या वृत्ति को पहचानकर ही किसी ग़ज़लकार को यह ख्याल आया, **या तो मिट जाइए या मिटा दीजिए, कीजिए जब भी सौदा खरा कीजिए**। अभी की पीढ़ी यही सब कुछ नहीं है, भरपूर ऊर्जा भी उसमें है। एक पूरी पीढ़ी के बारे में यही एक राय बना लेना भी उचित नहीं है। परन्तु बीज रूप में कुछ है जिसे राजेन्द्र धोड़पकर का रचनाकार पहले ही देख चुका है। अब सम्पादक हो या पाठक, वह क्या करे, कविता को देखे या कवि की आरती उतारे **सर किस तरफ झुकाऊँ, तुझे देखने के बाद**। बेशक कहानी कहने वाली संवाद-शैली में कविता की रसानुभूति होती है। **केदारनाथ अग्रवाल** की कविता की कमज़ोरी को रामविलास शर्मा (मित्र संवाद) कुछ यों रेखांकित करते हैं, **तुम्हारी कविता में इमेज पर ध्यान ठहरता नहीं, इसलिए कविता सजेस्टिव न होकर अभिधात्मक कथन बन गयी है**। रामविलास जी का यह पत्र दिसम्बर, 1956 का है। इमेज का प्रयोग कहानी में भी होता है और कविता में भी। एक के बिम्ब विधान

से भाव-सम्प्रेषण जुड़ा हुआ है और दूसरे से विचार-सम्प्रेषण। कई सुधी लेखक भाव को ही यथार्थ मानकर कथा के प्रतिमानों की जाँच करने में जुट जाते हैं। अब भला नाई पण्डित बनकर 'पंच पौनिया' का रस्म कैसे निभाये?

नये दौर का रचनाकार अपने समय के इस रोग की पहचान रखता है। इस पर चर्चा करने की ज़रूरत है। खास बात यह है कि इस रोग को आत्मकथात्मकता की दवा लिए कविता कहीं पहचानने में चुक गयी है। दलित लेखक की आत्मकथाओं में भी इसे रेखांकित करने का साहस दिवंगत **तुलसीराम** को छोड़ (मुर्दहिया) शायद किसी ने किया हो। यह अन्तर्विरोध क्यों है, अलग विषय है विचार का। फिलहाल यह कहें कि यथार्थ का यह नया प्रतिमान न कथाकार का भावावेश है और न किसी कहानी के पाठक का रोमानी बाज़ार।

जो पीढ़ी इतने सारे विमर्श कर रही है, दलित विमर्श, स्त्री विमर्श, अस्मिता विमर्श इत्यादि, उसके ज़हन में अपनी बीमारी का खण्डहरनुमा चित्र भी क्यों नहीं आ सका? कविता विचार प्रधान नहीं होती है। कहानी में काव्यात्मकता का पक्ष एकतरफा नहीं है। और न कविता में कथात्मक रस केवल रसानुभूति कराता है। कई बार कहानी में काव्यात्मकता उसके यथार्थ को सतही भी बना जाती है। ठीक ऐसा ही कुछ कविता के साथ भी होता है। कहानी कविता का रस सोख करके भी बड़ी शोख हो जाती है, समझिए, हमसे है हमारा ज़माना। युवा कथाकार **शेखर मलिक** की एक कहानी **ओ मेरी नदी** जिस सघन बिम्ब यात्रा से शुरू होती है, उसे पढ़ते हुए रामचन्द्र शुक्ल याद आ जाते हैं जो कहा करते थे कि बिम्ब के बिना कविता हो ही नहीं सकती। आज़ादी के बाद **केदारनाथ सिंह** पहले कवि और आलोचक हैं, जिन्होंने कविता के बिम्बों पर काम किया और 1958-59 में इसी विषय पर उनकी किताब भी आयी। **ओ मेरी नदी** (वसुधा/भोपाल/2012) कहानी कुछ यों शुरू होती है, **साल के पुराने पेड़ों के लम्बे तनों के आसपास फैली घनी छायाओं के बीच पत्तों से छनकर आती हुई धूप थी और उन्हीं के बीच कहीं झुरमुट में छुपे कोयल की तेज़ कूक।** लम्बे वाक्यों के बीच सघन बिम्ब उभरता है। यह कोई शर्त नहीं है। आशा दीदी के चरित्र के उभार में इस सघन बिम्ब-योजना की बड़ी भूमिका है। एक, इस कारण कि प्रौद्योगिकी की गुलामी से जो विकास का रास्ता खुला है, उसकी एक बानगी है घाटशिला से बहरागोड़ा तक के किनारे बड़ी मिहनत-मशक्कत से स्वर्णरेखा नदी की रेत से सोने के कण चुन रही धीवर की बस्ती की महिलाओं की मिहनत दलाल के हाथों औने-पौने भाव में बिक जाती है। दूसरा कारण है, इस इलाके में स्थित सरकारी उपक्रम यूरेनियम का कारखाना जो देश की सुरक्षा के लिए यूरेनियम से हथियार बनाने में योग देता है लेकिन वही सरकारी उपक्रम अपने देश की मिहनतकश महिलाओं के लिए बेपरवाह है। देश का बहुत बड़ा औद्योगिक घराना लाखों गैलन पानी अपने कारखानों की भट्टियों को ठण्डा करने और बॉयलर के लिए

भाप पैदा करने में खर्च कर देता है जिसे न धीवरों की बस्ती से मतलब है और न स्वर्णरिखा नदी से। 'साल के पुराने पेड़ों के लम्बे तनों' को कथाकार शेखर मलिक निर्विकार भाव से देख रहे हैं। वह तना बाज़ार में बाज़ार के हिसाब से तय होगा। वहाँ सन्धि विच्छेद का विकार भाव है। हम क्यों देखें 'तना' को, साल की छायाओं का आनन्द क्यों लें, न इससे भट्ठी को पानी मिलना है और न बॉयलर को भाप। इस इलाके में आशा दी जागरूकता अभियान में आयीं और उन्हें अपनी स्वर्णरिखा संरक्षण समिति बनाईं। अपनी भाभी से ये शब्द सुनने पड़े, **तुझे इसलिए हम लाये थे राँड़ कि तू एक दिन हमीं लोगों का जीबोन खतरा में डाले हैं? राँड़, अपना घर का सबको खा गयी।** आशा दी घर छोड़कर जमशेदपुर आ जाती हैं। नाट्य संस्था इप्टा का नाटक होता है **ओ मेरी नदी।** इस कहानी का शिल्प आत्मकथात्मक भी हो सकता था बल्कि इसकी ज़्यादा गुंजाइश थी और आजकल के युवा कथाकारों के लिए ऐसा करना आसान भी है। आखिर अपने देखे-सुने अनुभवों पर ही कुछ लिखना है।

युवा पीढ़ी को इस बाज़ार ने गुलाम ज़रूर बनाया है। बाज़ार कबीर के समय भी था। उनके पदों में माली, मालिन (भूली मालनी तो), धागा (सन्तो धागा टूटा गगन बिनसि गया), घड़ा (माली सींचै सौ घड़ा), ये सभी बाज़ार के ही शब्द हैं। बाज़ार में रमकर भी कबीर मालिन को उसके भ्रम का अहसास कराते हैं। इसलिए 'बाज़ार' शब्द से हल्ला बोल करने वाले अपने अनुभवों से लबरेज कथाकार यह भूल जाते हैं कि वाज़िद अली शाह के समय का बाज़ार (शतरंज के खिलाड़ी) भी निरंकुश ही था। इसी बाज़ार ने अस्मिता शब्द की लेन-देन का बैंक खोला। इसी बाज़ार ने अक्षरों के विधायकों को विचार से मुक्त होने का जादू सिखाया। वह रचना श्रेष्ठ है जो इस रहस्य में खुद रहस्यवादी बनने से बच जाती है। बिना नाम लिए कहूँ स्त्री विमर्श हो या दलित विमर्श, इसका एक बड़ा हिस्सा ओबामा साहब की आरती उतारने में लगा रहता है। भले आलोचक **चौथी राम यादव** यह कहें कि मार्क्सवाद का रास्ता आम्बेडकर होकर के जाता है लेकिन व्यवहार में यही दिखता है कि किसान आत्महत्या करते जा रहे हैं, ज़मीन अधिगृहीत होती जा रही है और विमर्शकार विमर्श कर रहे हैं। एक नया यथार्थ जो अब के दौर में आया है, विमर्श करते रहने का। सोमा दिल्ली में पत्रकारिता का कोर्स कर रही है। कहानी का प्रश्न है पति के पास रहकर? **आशा प्रभात** की **ठेंस** कहानी की सोमा पति से अलग होकर एक स्वतन्त्र अस्मिता की राह पर चली है। उसके सामने दूसरा कोई विकल्प नहीं है। सोमा का मानना था कि उसका पति नपुंसक होता तो भी वह जीवन-निर्वाह कर लेती लेकिन मुझे तकलीफ देकर उसे आनन्द आता है। मेरे स्वाभिमान को रौंदने में उसे लुत्फ मिलता है। वह हर वह काम करता है जिससे मुझे दुःख पहुँचे। ध्यान रहे कि सोमा की अस्मिता उसके सहज स्वभाव के कारण आहत नहीं है। एक ऐसी हिंसा वैसी ही व्यवस्था को ज़िन्दा रखने में योग देती है जिसके लिए हिंसा एक

अनिवार्यता है। शेखर मलिक की कहानी की स्त्री हिंसा के ख़िलाफ़ संगठन बनाती है और आशा प्रभात की सोमा उस हिंसा को तलाक देकर अपना रास्ता खुद तलाशने में जुट जाती है। दोनों कहानियाँ अस्मिता की खोज की कहानियाँ नहीं हैं। पाठक कह सकते हैं कि सोमा को भी संगठन बनाना चाहिए था। और आशा प्रभात तो अपने इलाके में शुष्क हो रही नदी को ज़िन्दा करने की लड़ाई लड़ रही हैं। कथाकार की आत्मानुभूति अपनी जगह, सोमा की सीमा अपनी जगह। मुझे विमर्शकारों से ज़्यादा खतरा लगता है लेकिन उनसे उतना नहीं जो खुद अपनी राह बनाने में जुट जाते हैं।

आज की युवा पीढ़ी वह सब देख रही है जिसके लिए 'क्या ज़माना आ गया' उक्ति अक्सर चरितार्थ होती है। परन्तु ज़माने को बदलने में न यह पीढ़ी और न वह पीढ़ी आगे आ रही है। यह एक नया यथार्थ सामने आया है जिससे बाज़ार का विरोध करने वाले रचनाकार बाज़ार का गुलाम बनने का साहस तो रखते हैं लेकिन ज़माने को पलटने का नहीं। ऐसी चालाकी पहले कभी नहीं देखी गयी। इसलिए रचनाओं के चयन में व्यक्तिवाद हावी हो गया है। चर्चा कहानी से करें। कमरे के बन्द दरवाज़ों की दरार से फारूख मास्टर की बेटी की चीख ही बाहर आ रही है। क़ौम के सवाल पर खड़े फारूख मास्टर चुनाव जीत जाते हैं। अव्वल कि मास्टर साहब केवल मास्टरी करने में विश्वास रखते थे लेकिन हाजी साहब का कहना था **अब बात यहाँ केवल तुम्हारी नहीं है पूरी कौम की है। अगर आप राजी नहीं हुए, तो यह ज़ाहिर हो जायेगा कि हमारी कौम आज भी ज़ाहिल ही है।** एक अतीत है मास्टर साहब की बीवी जैकब का अतीत। गरीबी के दिन थे, तब एक बेटी पैदा हुई थी। अब बेटी जवान हो गयी। कौम के निजाम का कहना है कि फारूख मास्टर की बेटी के हाथों चाय भिजवाना एक बड़ी शर्त है चुनाव जीतने की, क्योंकि कौम का सवाल है। बेटी की चीख के पुरस्कार में फारूख मास्टर चुनाव जीत जाते हैं। **एम. हनीफ मदार** की यह कहानी **मास्टर फारूख की मौत** 2008 (वर्तमान साहित्य) की है। कथाकार मदार कहानी कहते समय दूसरी जगह हाथ-पैर नहीं फैलाते हैं। यह इस कहानी की बहुत बड़ी विशेषता है। विवरण भी इतना चोखा है कि कथाकार की आत्मानुभूति पूरी तरह चरित्रों के ताने-बाने में परावर्तित हो चुकी है। हज से लौटे हाजी साहब और कुरान के हाफिज हाजी साहब की ताकत से कौम चल रही है। बस, हाजी साहब को अदद एक लड़की चाहिए, वह भी फारूख मास्टर की। यह कोई नयी बात नहीं है, कोई नया यथार्थ भी नहीं है। पचास साल पहले विष्णु प्रभाकर की कहानी (धरती अब भी घूमती है) में न्यायाधीश के सामने खुद ही कहती है, "मैं पूरी तरह तैयार हूँ।" (आप के लिए), क्योंकि लड़की के पिता को फाँसी लगने वाली है। असल बात है कि क़ौम के लिए कुर्बान होने वाले, पाँचों वक्त नमाज़ पढ़ने वाले और पश्चिम में ही भगवान के दर्शन करने वाले हाजी साहब को फारूख मास्टर की बेटी का इन्तज़ार है। एक तरफ जहाँ कथाकार **शंकर** की कहानी का पुजारी सेठ

के ख़िलाफ़ जेहाद छेड़ देता है, वहीं दूसरी तरफ हाजी साहब कौम पर अपनी इच्छा थोप देते हैं। दरअसल दो हज़ार के बाद की कहानियों में ये दोनों यथार्थ अपने-अपने तरीके से आये हैं। जहाँ पुजारी विद्रोह करता है, वहाँ दलित के कई लेखक सवाल उठायेंगे, मन्दिर का पुजारी, वर्ण व्यवस्था का ब्राह्मण कब से विद्रोही हो गया? दूसरी ओर हाजी साहब कुरान-ए-पाक के पक्के हिमायती कब से बहसी हो गये? कुरान शरीफ के सूरह 2 में एक आयत का अर्थ है जिन लोगों ने कुफ्र (इनकार) किया, तुम उन्हें डराओं या न डराओ, वे मानने वाले नहीं हैं। एक तरफ अल्लाह में असली विश्वास रखने वाले फारूख मास्टर हैं, दूसरी तरफ अल्लाह से बेपरवाह हाजी साहब हैं जो अल्लाह से डरते हैं, क़ौम पर उनका निजाम है। आज की समस्या यह है कि जनता बहुत पीछे छूट गयी है और नेता कह रहे हैं कि वोट देना तुम्हारा जन्मसिद्ध अधिकार है। यह नया यथार्थ कई बार युवा पीढ़ी को भटकाता है। कल्पना नहीं, हकीक़त है जहाँ दो अपराधी खड़े हों, आखिर जनता किसे वोट दे? इतनी कड़वी वास्तविकता पहले कभी नहीं आयी थी। इस वास्तविकता की पीठ पर जिस विद्या का विकास हुआ है, वह है 'मैनेजमेंट' बिजनेस, रूरल, इंडस्ट्रियल मैनेजमेंट। जिसका ज्ञान से मात्र इतने ही भर का वास्ता है कि कम्पनी का प्रोडक्ट कितना आसमान छू गया और उससे ऊपर जाने के लिए क्या करना होगा। नतीजा पी.एम, सी.एम., इसके गुर्गे, सब मैनेजमेंट की मुट्ठी में।

पिता श्यामचरण लम्बी लड़ाई लड़ने के लिए कमर कसे हुए है, क्योंकि मामला डुप्लिकेट माल का है, मामला डुप्लिकेट रशीद का है। दुकानदार ने श्यामाचरण को नकली जूता दिया। श्यामाचरण का पुत्र बड़ी मल्टी नेशनल कम्पनी में है। बेटे का तर्क है कि महज़ साढ़े चार हज़ार रुपये के लिए लड़ाई क्यों? बेटे ने अपने पिता के द्वारा दिया गया पैसा वापस नहीं माँगा। फिर क्या प्राब्लम है? कथाकार **राजेन्द्र दानी** की **लड़ाई** कहानी के श्यामाचरण ने आज़ादी की लड़ाई न भी देखी हो तो कम-से-कम राजेन्द्र प्रसाद जवाहरलाल नेहरू, पटेल, आजाद जैसे नेताओं के काम करने के तौर-तरीके ज़रूर देखे हैं। श्यामाचरण के पुत्र ने असली मैनेजमेंट पढ़ा है जिसकी वीणा कहती है, दुनिया ऐसे ही चलेगी। इसका कोई विकल्प नहीं है। दानी की कहानी बहुत आगे नहीं बढ़ती है। छोटे में कहानी आज की शिक्षा व्यवस्था के उत्पाद की ज़हनियत को सामने रखती है। शिक्षा कारोबार भी है जो कारोबार सरकार चाहती है, उसे ही श्यामाचरण के पुत्र को हासिल करना है। इस लोकतन्त्र में इतनी आज़ादी नहीं है कि कुछ भी पढ़कर कुछ नया हासिल किया जा सके। इसलिए पढ़ना वही है जिसकी व्यवस्था है और कारोबार वही करना है जो व्यवस्था कहती है। ऐसे में साढ़े चार हज़ार रुपये पर ही सोचा जा सकता है। इस पर नहीं कि जूता डुप्लिकेट क्यों है?

2000 के दशक में गद्य की विधाओं पर निजी अनुभव को बयाँ करने का

चलन हावी था। कविता या कहानी कुछ यों शुरू होती थी कि मानो डायरी और उपन्यास के पन्ने लेखकीय अनुभव से चिपक गये हों। उपन्यास का आलम तो यह था जो अब भी है कि लेखक अपने दैनिक जीवन को ही उपन्यास समझ ले। चालीस के दशक में **शिवपूजन सहाय** जी ने **कहानी का प्लाट** क्या लिखा कि नयी कविता वाले भी उनकी नकल करने लगे और फिर नये दशक में दलित लेखन का बाँके यार बन गया। शिवपूजन सहाय जी के दौर में कई ऐसे भाषावैज्ञानिक थे **जॉन बीम्स** आदि जिनके पास सरकारी, ग़ैर-सरकारी और निजी अनुभवों का खजाना था लेकिन वे कथाकार नहीं हुए, क्योंकि खजांची बनने पर भी वे अपनी रचनात्मकता को स्थानीय रंग दे पाने में सक्षम नहीं थे। कविता और कहानी जहाँ एक बिन्दु पर कई बार एकीकृत हो जाते हैं, वह है उसमें आयी स्थानीयता। आश्चर्य लेकिन यह सच है कि नयी सदी में कुछ ही सही लेकिन ऐसी कहानियाँ ज़रूर आयीं जिनमें स्थानीयता का रंग बहुत गहरा रहा है। एक दृष्टि से उन्होंने कहानी लिखने की आत्मकथात्मकता को धक्का दिया है। कथाकार **अभय** की कहानी **सोन चिरइया** नयी सदी की ही कहानी है जिसमें स्थानीयता का रंग आंचलिक और व्यापक दोनों सन्दर्भ लिए आया है। भोजपुरी शब्दावली का रंग बिल्कुल कविता जैसा, **लौटी हूँ खाली हाथ हो बहिनी, काहे को रट लगाये/जान-परान सब चमइन दिन्हा, बाभन हाथ सब पाये।** आप इस कहानी को आंचलिक भी नहीं कह सकते। कहानी का परिदृश्य बिल्कुल लम्बी कविता की तरह है। धीरे-धीरे पट खुलता है पूरी मंच-सज्जा के साथ। कहीं बाज़ार नहीं। कहीं उसकी चर्चा नहीं। फिर भी, कहानी के गर्भ में एक शातिराना बाज़ार है। कहानी का नायक स्वराज कुमार बया के खोते को उस बाज़ार से जोड़ता है जिनकी कल्पना में शहर की खुली छत पर सोने के बारीक तार हैं और बुना घोंसला है जिसमें बया की सात-आठ जोड़ियाँ तैयार हैं, सभी बया तिनके की जगह सोने के सिक्के उठा रही हैं। सोने के घोंसले दुनिया भर में एक अजूबा चीज़...किसने देखे होंगे सोने के तिनकों से बने इतने सुन्दर-सुन्दर घोंसले...? क्या मूल्य देगा इन घोंसलों का दिल्ली का सेठ चाँदी लाल सोनेवाल...। लिखनी चाची के जीवन में कोई नहीं था सिवाए चिड़ियों के। वह चिड़िया अब विश्व-बाज़ार की धरोहर बन गयी। आम तौर पर बया अपना घोंसला गन्ने के खेत के निकट बबूल के पेड़ पर गन्ने के बारीक धागों से बनाते हैं। अब चीनी उद्योग रहे नहीं। गन्ने के खेत नहीं रहे। कहानी में इसकी चर्चा नहीं है लेकिन बया की शिल्पकारी की पृष्ठभूमि को तो जानना ही चाहिए। इस कहानी की खास बात है कि कथाकार की कल्पना और स्थानीय रंग की व्यापकता। कई बार यह मिठास शब्दावली से आती है और कई बार बिम्बों की संरचना से। स्मरण करें **कहीं धूप कहीं छाया का** कहानी शुरू होती है इस पंक्ति से, 'बाबू साहब की बेटी की शादी है', फिर आगे कहानी में शादी की तैयारी का ब्यौरा कुछ ऐसा ही है जैसे निराला की लम्बी कविता **सरोज स्मृति** में। अभय चर्चा

के केन्द्र में रहे लेकिन अपने लेखन में वे निश्चय ही बड़े कथाकार रहे हैं। उन्होंने आज की कहानी को एक बीमारी का अहसास भी कराया है।

क्या संयोग है जिस पक्ष को अभय अपनी कहानी के मंच से सजाते हैं और एक तरह से कहें कि इस बहाने आत्मिक या निजीपन पर हमला करते हैं, उसकी चर्चा 2014 में बिल्कुल ताज़ा समय में पुनः होने लगी है। कवि **विजेन्द्र** की पत्रिका **कृतिओर** (बदायूँ) के सम्पादकीय में यह सवाल उठा है कि कवि कैसे आत्मेतर दुनिया के आत्मपरक बिम्बों से रचना को सजाता है। सम्पादक के शब्द हैं, **अपनी बनक की खूबियाँ घोल देना।** पूरे सम्पादकीय में **बनक** शब्द की बार-बार आवृत्ति थोड़ा परेशान करती है। फिर भी, इस सम्पादकीय में एक चेतावनी भी है कि हमें कुत्सित समाजशास्त्र से सावधान रहना चाहिए। यह बात कहानी पर भी लागू होती है, उपन्यास पर भी। आदिवासी जीवन पर कुछ ऐसे उपन्यास भी आये हैं जिनमें आदिवासी गाँव का ब्यौरा कुछ ऐसा ही है जैसे पुराने समय के अंग्रेज़ कमिश्नर अपने इलाके का मोनोग्राफ तैयार कर प्रेसिडेंसी को दिया करते थे। आगे चलकर इस मोनोग्राफ का बाज़ार-मूल्य मानव विज्ञान के रूप में आया। और अब तो कुछ कथाकार इसी उपक्रम में अपने उपन्यास के जरिए जो ब्यौरा देते हैं, उसमें केवल बाज़ार को अपराधी बताकर खुद मानो देवत्व प्राप्त कर लेते हैं। इसलिए कथाकार को भी इस कुत्सित समाजशास्त्र से बचने की ज़रूरत है और इसके लिए ज़रूरी है अध्ययन की व्यापकता। तभी तो मुक्तिबोध ज्ञान और संवेदना की बात करते हैं।

कुत्सित समाजशास्त्रीय विवरण से कहानी में कल्पना की बारीकी आहत होती है। ब्यौरा ही देना है तो फिर समाजशास्त्र की किताब ही लिख दी जाये। कहानी और उपन्यास क्यों? हिन्दी में कुछ आलोचक ऐसे भी हैं जो साहित्य पढ़ने के पहले या पढ़ने के लिए इतिहास और दर्शन पढ़ने पर जोर देते हैं लेकिन यह नहीं समझा पाते हैं कि आखिर इतिहास का साहित्य में समाहार कैसे होता है? **रामाकान्त श्रीवास्तव** की एक कहानी **बहूमारा थाने के नगाड़े** (कथादेश, 2013) में प्रतीक के बतौर आदमी के चमड़े का लैम्पशेड हिटलर के कैम्प में मौजूद है। बहूमारा थाना में उपहार में मिला नगाड़ा उसी लैम्पशेड की तरह है। अभिप्राय यह कि हिटलर के ज़माने से लेकर आज तक कुछ बदला नहीं है। समाज विज्ञान में यह एक दृष्टि है। कुछ ऐसा मानते हैं कि द्वितीय विश्वयुद्ध के बाद छोटे और बड़े देशों की दूरी बढ़ी है, आर्थिक असमानता बढ़ी है और हथियारों के उत्पादन में वृद्धि हुई है। रामाकान्त की इस कहानी में इसकी चर्चा कहीं नहीं है। खुद वे बहुत अच्छे जानकार हैं इतिहास के और इतिहास दर्ज है आदमी के चमड़े के लैम्पशेड में। थाना में रामखिलावन की जमकर पिटाई हुई। रामखिलावन की महज़ इतनी ग़लती थी कि थानेदार की लड़की उसके बाँसुरी-वादन की आशिक हो चुकी थी। कहानी की कलात्मकता उसके ब्यौरे में है, **छोटा-सा गाँव उसमें बारह तालाब। तालाबों का पानी इतना सफेद कि तलहटी**

के पत्थर भी दिख जायें। दुखद है कि बहूमारा थाने में कोई बिल्डर अभी तक नहीं पहुँचा है वरना तालाब सीमेंट हो जाते।

रामाकान्त की इस कहानी में एक पक्ष यह भी है कि थानेदार ब्राह्मण है और रामखिलावन कुशवाहा है। उसके साथ हुई निर्ममता की प्रतीकात्मक अभिव्यक्ति आदमी के चमड़े से बने नगाड़े के रूप में हुई है। थाना में यह नगाड़ा यों ही नहीं रखा गया है। रामखिलावन जैसे हज़ारों को यह तो पता चले कि बहूमारा के थाने में आदमी के चमड़े का नगाड़ा भी है, तमाम दलित सावधान हो जायें। इतिहास में यह चर्चा है कि हिटलर के कन्सन्ट्रेशन कैम्प में किसी कर्नल की पत्नी ने आदमी के चमड़े का लैम्पशेड बनवाया था। द्वितीय विश्वयुद्ध के बाद क्रूरता में कोई कमी नहीं आयी है। बदलाव हुए हैं समाज में। प्रश्न है बदलाव किस दिशा में? किसके लिए? कौन तबका इससे लाभान्वित हो रहा है? रामाकान्त की यह कहानी इतिहास के बहुत बड़े सच को उजागर करती है। स्मरण हो कि द्वितीय विश्वयुद्ध के बाद नवोदित देशों का सैन्य बजट बढ़ा। भारत इसमें लगभग शामिल नहीं था। पाकिस्तान का पहला सैन्य बजट पूरे सकल उत्पादन की तुलना में जितना बढ़ा, उससे अमेरिका को फायदा हुआ। हथियारों का कारोबार बढ़ा। नाटो (नार्थ अटलांटिक ट्रीटी आर्गनाइजेशन) की गतिविधि बढ़ी। छोटे देशों पर हथियार खरीदने का दबाव बढ़ा। इस कहानी में इतिहास का समाहार जिस तरीके से हुआ है, उसे समझने के लिए द्वितीय विश्वयुद्ध का इतिहास पढ़ना चाहिए। यह साहित्य से इतिहास की यात्रा है, इतिहास से साहित्य की भी। एक बात और, वह यह कि अभय, रामाकान्त जैसे कथाकार सत्तर के दशक से लिख रहे हैं। कुछ साठ के दशक से भी लिख रहे हैं। उनके यहाँ प्रतीकों का प्रयोग बहुत बड़े सच को सामने लाने के लिए हुआ है। नयी पीढ़ी के कथाकारों में इसका चलन कम है। कारण यह कि वे यथातथ्यता में विश्वास करने लगे हैं। और इसका भी कारण है कि नयी पीढ़ी के अधिकांश कथाकारों का अध्ययन पक्ष बहुत कमज़ोर है उन्हें फेसबुक पर खेल करना पसन्द है बशर्ते इतिहास और दर्शन पढ़ने के। समस्त कथाकारों पर यह कड़वापन लागू नहीं होता। कुछ ऐसे भी हैं जो अभय और रामाकान्त जैसे कथाकारों के कथा शिल्प को आगे बढ़ाते हैं।

अरुण कुमार 'असफल' की कहानी **तरबूज का बीज** में यथार्थ के बीच से एक बहुत बड़ा सच सामने आ रहा है, गणेशी के बाउ को अब अक्ल आ गयी कि दिन इतने खराब चल रहे हैं कि अगर वह जीना चाहे तो जीने में मुसीबत और अगर मरने में सुख की आस हो तो इस नेक काम में भी अड़चन। इस कहानी में सरकार कहीं है, सत्ता कहीं है, ब्लॉक का अधिकारी कहीं नहीं है लेकिन समझिए सभी चोरी-छुपे हैं, सुनते हैं कि सरकार ने कीटनाशकों की दुकान पर जासूस बिठा दिये हैं कि अगर मरना है तो किसी और तरकीब से मरो। एक कम्पनी है जो आदमी

के रेशे और तरबूज के रेशे से बीज तैयार करती है। किसान को कम्पनी कर्ज देती है तरबूज की खेती के लिए। फिर कहती है कि तरबूत की कीमत तय करने का अधिकार उसका है। किसान को विश्वास है कि कम्पनी के बीज से तैयार तरबूजों का जूस बहुत गुणकारी है लेकिन किसान की पत्नी के शब्द हैं, **मैं क्या पिशाचिन हूँ जो खून पियूँगी।** कम्पनी के बीज से तैयार तरबूज बेदाना निकला। तरबूज खून की तरह लाल तो था लेकिन बिल्कुल बेस्वाद। लाल-लाल तरबूजों के दाम बढ़ने लगे। कम्पनी ने दाम बढ़ा दिया। अब इस बेदाना तरबूज को खाते ही दस्त होने लगे। तरबूज खाते ही कनपटी के पास सनसनाहट महसूस हुई। यह तरबूज दस्तावर भी था। यह तरबूज के बीज का कमाल था जो आदमी के रेशे से बना था और आदमी को खा जाने वाला तरबूज था। पूरी कहानी में किसान की स्त्री का आक्रोश केवल एक 'पिशाचिन' शब्द से प्रकट हुआ है। मजा देखिए। कम्पनी कर्ज भी देती है और उत्पाद की कीमत भी तय करती है। रामाकान्त के यहाँ आदमी के चमड़े का लैम्पशेड हिटलर के कन्सन्ट्रेशन कैम्प से चला आ रहा है और अरुण कुमार 'असफल' के यहाँ जो तरबूज है, आदमी के खून से तैयार आदमी की हत्या करने वाला तरबूज है। आखिर बदला क्या है? नये कथाकारों में कुछ में ही यह तीव्र बोध है और जिनके पास है, उसकी खास इतिहास-दृष्टि है जो केवल उपचेतन में जमे पूर्वाग्रह और देखे-सुने अनुभव से ही नहीं बनी है।

आलोचक शम्भु गुप्त (युवा कहानी : यथार्थ का दूसरा पक्ष/परिकथा, 2009) के लेख का आशय है कि भूमण्डलीकरण, विचारधारा और संस्कृति की दृष्टि से कहानी और कविता ने इस विषय और इसकी अन्तर्वस्तु को आत्मसात् किया है। अपनी जगह यह बात किसी हद तक दुरुस्त है। फिर आज के दौर में जब रचनाकारों का बड़ा जत्था भूमण्डलीकरण का गुलाम भी बना है, ऐसे में यह उपलब्धि महत्त्वपूर्ण है। बहुत अधिक समय नहीं गुजरा है, नब्बे के दशक में **सारिका** (1990) के मंच से **सुधीश पचौरी** के बहाने कविता के नजरिए से कहानी को देखने का आरोप लगा। फिर यह बात भी सामने आयी कि कहानी को कहानी की दृष्टि से ही पढ़ा जाये, उपन्यास की दृष्टि से नहीं जबकि कई बार उपन्यास को कहानी का विस्तार भी समझा जाता है। मतलब यह कि नब्बे के दशक में कहानी को कविता के अलावा उपन्यास से भी खतरा महसूस होने लगा, ऐसा आलोचक मान रहे थे जो कहानी के लिए आलोचना के नये डिसिप्लीन की तलाश में थे। निःसन्देह थोक भाव में लिखी जा रही कविताओं और कहानियों में सब कुछ ऐसा नहीं है कि परीक्षा के उत्तर की तरह बताया जाये कि इस कहानी में यह प्रवृत्ति है और उस कहानी में वह। हाल तो यह हुआ कि 2000 में **उद्भावना** के कविता विशेषांक में सम्पादक **सत्यपाल सहगल** ने वर्तमान समय को कविता का युग कह दिया। आलोचक लिखने चले थे कहानी का शास्त्र और घोषणा कुछ और हो गयी, चौबे दुबे बनकर घर लौट आये।

इस चर्चा को यहीं इति मानकर यह देखें कि एक ही साज-सज्जा लिए विधाएँ कैसे अलग-अलग हो जाती हैं।

एक पल, एक क्षण जिस कथानकी रूप में कथाकार ढालता है, कोई ज़रूरी नहीं कि वही कहानी की एकमात्र शर्त हो। कहानी का यथार्थ एक विचार, एक दृष्टि है। कई बार तो कथाकार व्यक्तित्व के संजीदा चित्रण में ही कहानी की सिलाई-कढ़ाई कर जाता है। वैसे में डर लगता है कहानी के रेखाचित्र बन जाने का। कहानी की यह फिसलन कथाकार को भटका देती है। आज ऐसे कई कथाकार हैं जो एक इलाके के इतिहास-भूगोल को कहानी समझ लेते हैं। नयी सदी में जो खतरा था और जो खतरा है, उसे इसी सदी के कुछ ईमानदार कथाकारों ने ही पहचाना है। **उर्मिला शिरीष** नब्बे के दशक से लिख रही हैं। उनकी कहानी **बाँधो न नाव इस ठाँव बंधु** नयी सदी की कहानी का एक फ्रेम देती है। एक शब्द-चित्र है कहानी में। छोटे-छोटे वाक्यों में गढ़ा शब्द-चित्र। कहानी अतीत से वर्तमान में आती है। और वर्तमान कितना निष्ठुर हो चला है कि बेटा बाप से एक नये अदब के साथ बात करता है 'अन्यथा क्या करते आप?' सच कहिए तो यही नया अदब इस कहानी का केन्द्रीय बिन्दु है। यह बात अचानक नहीं आयी। पिता रिटायर कर गये। सारी जमा-पूँजी से हाथ धो बैठे। बेटे-पतोह को उनकी कार्य-शैली पसन्द नहीं। कहानी के यहीं समाप्त होने पर **उषा प्रियंवदा** की याद आ जाती। परन्तु समस्या बहुत आगे की है। पिता की पूँजी बटोरकर बेटे को नयी सीख मिली है। बड़ी-बड़ी बहुराष्ट्रीय कम्पनियों के लिए जवानी का महत्त्व होता है। जवानी ढली, नौकरी गयी। घर में पिता जी एक्स्ट्रा थे। दख़ल देते थे। यह एक बात थी। दूसरी बात थी। किसी हद तक माँ ने बेटे के साथ समझौता कर लिया था। माँ पैसों का महत्त्व समझती थी। एक दूसरी कहानी भी चलती है। पिता के बेकारी और नौकरी के दिनों एक महिला उसके घर की देखभाल करती थी। मँझले बेटे और माँ के बीच इसे लेकर कुछ कहा-सुनी भी हुई। पिता के शब्द थे, **उसने दिया था जीवन जीने का साहस। आशा का आलोक। जब मैं नौकरी में यहाँ-वहाँ मारा-फिरता था तब मेरे मकानों की रखवाली किसने की, उसने।** इस कहानी में समानान्तर चरित्रों का विकास बड़े गठे तरीके से हुआ है। पिता के जीवन में पूँजी की गुलामी ज़्यादा अहमियत रखती है। पिता के लिए इसका इतना ही महत्त्व रहा कि उससे उसका घर-बार चल सके। माँ को पूँजी के महत्त्व का पता है। वह समझौता करना जानती है। स्त्री होने के कारण ही सही, पहले भी समझौता करके चली होगी। उर्मिला जी की यह वागर्थ में छपी इस कहानी का महत्त्व बदल रहे जीवन को समझने की दृष्टि से है। इस कहानी में एक किस्म की औपन्यासिकता है। फिर भी, यह कहानी है। कारण इसका कसाव है। इधर-उधर के अनुभवों को झाड़-पोंछ कर कहानी में चरित्रों की सजावट। यह काम कहानी

के एक बार के लिखे जाने से पूरा नहीं होता। कहते हैं कि मोहन राकेश ने **मिस पाल** कहानी को कई बार लिखा था।

समकालीन भारतीय साहित्य (2005) में उड़िया की कवयित्री **ममतामयी चौधरी** की कविता छपी है। **महेन्द्र शर्मा** जी ने इसका बहुत अच्छा अनुवाद किया है। पूरी कविता संकेतों में बात करती है। पूरी कविता चित्रात्मक है। क्या कविता है कि श्रम से जुती लड़की की गन्ध उसके घर पहुँचने के पहले पहुँच जाती है, तब माँ दरवाज़ा खोलती है। लड़की नौकरी करती है। माँ को चिन्ता है उसकी इज्जत-आबरू की। सब कुछ बचाकर घर लौटे। इस कविता में एक शब्द आया है **ऋतुस्राव**। हर मौसम का हिसाब रखने वाली माँ भी अपने समय में **रक्तस्राव** का हिसाब रखती थी। अब उसे अपनी बेटी के हर मौसम का हिसाब रखना होता है, एक-एक पल का हिसाब। लोग समझें, कैसी असुरक्षा है हमारे समाज में।

बढ़ती असुरक्षा को **सुभाषपन्त** की एक कहानी **अन्ना भाई का सलाम** बड़े चित्रात्मक तरीके से प्रस्तुत करती है। 2009 की कहानी है यह, जो **परिकथा** में छपी थी। कह सकते हैं कि एक पल की कहानी है। महानगर की दिनचर्या में केवल कारोबारी नहीं होते। दिखने के लिए लोकतन्त्र होता है। एक हकीक़त यह भी है कि दहशत से भरे महावीर इस बात से परेशान हैं कि किसी अनजान अन्ना भाई ने उनको सलाम क्यों भेजा है। अन्ना भाई महावीर को जानते हैं लेकिन महावीर अन्ना भाई को नहीं जानते। अन्ना भाई महावीर की पूरी कुंडली जानते हैं, **भाई ने कहलाया है, आप जो अपना घर बेच रहे हैं, उन्हें ही बेचें।** महावीर के घर बेचने का कोई इरादा नहीं है लेकिन अन्ना भाई के सलाम का हुकुम है, घर बेचना होगा। इस कहानी की दो अहम बातें हैं। एक कि कहानी एक पल की घटना के प्रभाव को बहुत ब्यौरे में दर्शाती है, यहाँ एक तरह की तात्कालिकता है जो **ममतामयी चौधरी** की कविता में भी है। दूसरी बात तो पहली से ज़्यादा अहम् है, वह है बम्बई की राजनीति। चूँकि अन्ना भाई को अपने सलाम का सही जवाब नहीं मिला, इसलिए दूसरा प्रश्न तुरत उठ खड़ा हुआ कि पैंतीस साल से बम्बई में रह रहे अन्ना भाई न मराठी लिखना जानते हैं और न बोलना। जब मराठी से भी बात न बनी तो अन्ना भाई का एक पैगाम उनकी बेटी के नाम आया। मराठी सीखकर भी अन्ना भाई का अपना बसेरा बसने वाला नहीं है। यह लोकतन्त्र के भीतर चल रही गुण्डागर्दी है। महावीर का पूरा परिवार अन्ना भाई के सलाम को लेकर चिन्तित है। पैंतीस साल से रह रहे हैं बम्बई में, फिर भी, गहरी असुरक्षा है। फिर भी, जीवन में सुकून का एक पल भी नसीब नहीं। एक नया यथार्थ जो सामने आया है, उसका कारण बेहिसाब पूँजी जमा करने की होड़ है। इसमें 'रियल स्टेट' सबसे आगे है। प्रश्न है कि शहर के विस्तार के लिए बिल्डर ज़मीन कहाँ से लेते हैं, किसकी ज़मीन लेते हैं, किसका मकान लेते हैं? जिस समाज में असमानता बढ़ी है, वहाँ पूँजी का संचय

इसी तरह होता है अन्ना भाई का सलाम पहुँचाकर। समानान्तर सरकार चल रही होती है वहाँ। याद करें **दिवाकर बनर्जी** की फिल्म **खोसला का घोंसला** को। खोसला साहब को अपने ही प्लाट पर कब्ज़ा करने के लिए शहर का माफिया बारह लाख का डिमांड करता है। फिर यह भी कहा जाता है कि खोसला साहब तो बहुत सस्ते में निबट गये, मानो जीत गये।

इसी कड़ी में **रूपलाल बेदिया** की कहानी **शहर के दाग का दान** बिल्कुल सघन और आवश्यक ब्यौरे के कारण महत्त्वपूर्ण है। कहानी के विवरण में एक ही केन्द्रीय भाव है ऐसे शहर के ठीक बीचोंबीच, उन ऊँची-ऊँची इमारतों से घिरी ज़मीन का यह टुकड़ा शहर में दाग की तरह था। इस कहानी में कई नये यथार्थ उभरे हैं। एक, यथार्थ आदिवासी समाज के भीतर का अन्तर्विरोध। बड़ी-बड़ी इमारतों के बनने का रहस्य था। एक आदिवासी अपनी ज़मीन बेचने को तैयार नहीं था। किसी तरह तैयार भी हुआ तो शर्त रखी कि ज़मीन आदिवासी के हाथों ही बेची जायेगी। सन्तन भगत नाम के आदिवासी ने ज़मीन खरीदी और उसे किसी गुप्त समझौते के तहत ग़ैर आदिवासी को बेच दिया। कहानी का दूसरा यथार्थ है कथावाचक मंगल हाँसदा के जीवन में आया दूसरा पात्र भाकू पाहन। भाकू पाहन के एजेंट के रूप में आये बजरंगी सिंह ने मंगल हाँसदा की मलेरियाग्रस्त पत्नी के इलाज में रात-दिन एक कर दिया। अब बजरंगी सिंह ने उस ज़मीन पर छोटे-छोटे कमरे बनवा दिये। दुकानें खुलवा दीं। पूँजी बजरंगी सिंह की लगी। दुकानों का किराया मंगल हाँसदा को मिलने लगा। तीसरा यथार्थ है कि मंगल हाँसदा के बेटे खेती करने को तैयार नहीं थे। वे ज़मीन को बेचकर कुछ व्यवसाय करना चाहते थे। बेटों की एक नहीं चली और वे कोलकाता नौकरी करने चले गये।

कहानी कुछ ही साल पहले **लमही** (2010) में छपी थी। कई पर्दों को किनारे करने वाली यह कहानी आदिवासियों की ज़मीन का लेकर ही नहीं, बल्कि किसानों की ज़मीन को लेकर सवाल उठाती है। खेतिहर ज़मीन के लगातार इमारतों और मार्केट कम्प्लेक्स में बदलने का परिणाम घातक ही निकलेगा। ग्रामीण स्तर पर रोजगारों के पैदा न होने का यह परिणाम निकलेगा ही। सुभाष पन्त की कहानी में यथार्थ एक पक्ष है जिसमें जबर्दस्ती है, रंगदारी है। रूपलाल बेदिया की कहानी में चालाकी है, शातिराना अन्दाज़ है ज़मीन हड़पने का। भारत में आये नये पूँजीवाद में श्रम का महत्त्व घटा है और दाएँ-बाएँ, येन-केन किसी तरह पूँजी बटोरने की मनोवृत्ति बढ़ी है। खास बात ये है कि आदिवासी नेता इससे अवगत होने के बावजूद अपने ही लिए पूँजी बटोरने में लगे हैं। वे इस वर्तमान व्यवस्था के अंग बन चुके हैं। ऐसे में मंगल हाँसदा जाये कहाँ? पूँजी की इस होड़ को समझने की ज़रूरत है। और यह समझ केवल दलित और आदिवासी मोर्चा बनाकर पैदा नहीं की जा सकती है। असली दुश्मन को समझना होगा, व्हाइट हाउस की तिजोरी में बन्द है (सत्यनारायण

पटेल/गम्मत)। भारत में ब्रिटिश साम्राज्यवाद के आने का एक कारण मानव विज्ञान जैसे डिसिप्लीन का आना भी था जिसके जरिए देश में ब्रिटिश उत्पादों का बाज़ार बढ़ा। शरतचन्द्र राय बड़े मानव वैज्ञानिक थे लेकिन काम करते थे ब्रिटिश सरकार का ही। यह तो समझना ही होगा कि एक समुदाय के रूप में आदिवासी या दलित या हरिजन के नेता किस राजनीति से प्रेरित हैं। आज ज़मीन अधिग्रहण के सवाल पर क्षेत्रीय पार्टियाँ आन्दोलन नहीं कर रही हैं। बेदिया अपनी कहानी में इस छुपे यथार्थ को संकेतों के रूप में रखते हैं। यह इसकी खूबसूरती है, और बदलाव की इस बरसात में ज़मीन के उस टुकड़े की शक्ल भी बदल-सी गयी। ज़मींदारी प्रथा उन्मूलन के सवाल पर नेहरू आगे बढ़े, राहुल सांकृत्यायन आगे बढ़े। तब के दौर में वर्ण और सम्प्रदाय की दीवार भी खड़ी हुई। वर्ण व्यवस्था के समाज में बन रही नयी वर्ग संरचना को देखते हुए होना चाहिए। वर्ण के ख़िलाफ़ आन्दोलन तभी व्यापक रूप लेगा जब ब्रिटिश राज की मंशा समझी जायेगी अन्यथा **ओम प्रकाश वाल्मीकि** की कहानी मैं **ब्राह्मण नहीं हूँ** की तरह पिछड़ी जाति का अन्तर्विरोध ज़्यादा तीव्र होगा और ऊँची जातियों में सामाजिक कट्टरता (फंडामेंटलिज़्म) अधिक बढ़ेगी। वाल्मीकि की कहानी में नयी पीढ़ी की लड़की अपने पिता से प्रश्न करती है **पापा वे लोग ब्राह्मण नहीं हैं तो क्या आप ब्राह्मण है... बढ़ई तो हो... ब्राह्मणों की दृष्टि में शूद्र।** कहानी नयी सदी (2000 ई.) की है और कथाकार की समझ आज के समय में प्रासंगिक है। आज आदिवासी समाज का अन्तर्विरोध ज़्यादा तीव्र हुआ है। हरिजनों में ज़्यादा खामोशी है, क्योंकि इनके नेता न बिग बाज़ार का विरोध कर रहे हैं और न बड़े-बड़े उन अस्पतालों का जो उन्हीं की ज़मीन पर खड़े हैं। वर्ण व्यवस्था का विरोध गाँधी कर रहे थे लेकिन आधार था स्वदेशी आन्दोलन। **मैथिलीशरण गुप्त** की रचना **भारत भारती** का मूल संदेश था, पहले विदेशी भागो, फिर आगे हमारा समाज तय करेगा अपनी दिशा।

सत्यनारायण पटेल की कहानी (गम्मत) ठीक कहती है कि व्हाइट हाउस को समझे बिना किसी समस्या का कोई हल नहीं है। रीगन के अर्थशास्त्र (रीगैनोमिक्स) को भी दलितों का मोर्चा चाहिए, स्त्रियों का मोर्चा चाहिए, विमर्श करने की खाट चाहिए ताकि पूँजी-निवेश हो सके। हथियार बिक सकें। जॉर्ज बुश गोरे हों या ओबामा अश्वेत हों, कोई किसान का बेटा हो और कोई ठेलेवाले का, सवाल मुद्दों की राजनीति का है। सत्यनारायण पटेल की कहानी 'गम्मत' का एक संवाद है, **बसन्त में बरसात कराकर तुम्हारे हक का अतिक्रमण कोई देवी-देवता नहीं कर रहा है। यह दरअसल ग्लोबल वार्मिंग का असर है।** कहते हैं कि शिकागो शहर में एक सौ चालीस तल्ले का अपार्टमेंट है। इरादा अगर घटाओं से टकराने का ही है तो फिर किसान का बेटा कहलाने पर गर्व क्यों? सत्यनारायण पटेल की कहानी शिल्प और कथ्य दोनों स्तरों पर कई कहानियों से भिन्न है। एक, इस कहानी में बिम्बों

और प्रतीकों की सजावट, **हवा के नाखून उग आये हैं, पसीने की रेलें ढुलक रही हैं,** सन्दर्भ के साथ देखने पर ये बिम्ब हैं, बिना सन्दर्भ के प्रतीक। दूसरा, इस कहानी में यात्रा वृत्तान्त का बिल्कुल ठिकाने का समाहार हुआ है। बेसन भी है, गेहूँ का आटा भी है, सूजी भी है और तैयार हो गयी मिस्सी रोटी। बात इतनी-सी है कि राज्य के मुख्यमन्त्री आदिवासी इलाके की सघन यात्रा पर हैं। इस लम्बी कहानी (परिकथा/2010) में कल्पना का अद्भुत विस्तार है। फैलाव में व्यंग्य भी है बलात्कार ही करना है तो टार्गेट पर ध्यान लगाओ। अर्जुन की तरह मछली की आँख पर निशाना साधो। सी.एम. साहब का जी इतने ही भर का है कि वे नकली चन्द्रशेखर आज़ाद को तो जानते हैं जो उनके चरण-स्पर्श करता है लेकिन असली चन्द्रशेखर आज़ाद को पहचानते तक नहीं हैं। बहुत पहले की बात है कि बिहार के एक मन्त्री प्रेमचन्द के 'प्रिय प्रवास' को जानते थे लेकिन 'गोदान' को नहीं, तब कवि मनोरंजन ने भोजपुरी में एक कविता लिखी थी, "प्रेमचन्द के प्रियप्रवास हम पढ़ले बानी।" इस कहानी में असली चन्द्रशेखर आज़ाद से टकराने की हिम्मत दिखाने का मतलब होता सिनेमा की तरह कोई रॉबिन हुड पैदा कर देना। सिनेमा वाले होते तो मुख्यमन्त्री जी को ही कृष्णावतार घोषित कर देते। इस कहानी में आंचलिकता तात्कालिकता लिए आयी है और फैलाव गहरी दृष्टि से लिए आया है। आंचलिकता के बीच बड़ी ठोस बात आयी है, **फलाने के आने से फलाना पार्टी छोड़ देगा, फलानों की कोई शर्त नहीं सुनी जायेगी**। भारतीय राजनीति में हो यही रहा है। मुलायम को माया से मायावी डर है और माया को मुलायमियत से और दोनों सेक्युलर हैं, समाजवादी हैं।

पटेल की कहानी में फैलाव है यात्रा वृत्तान्त का समाहार करते हुए। सघनता इतनी सधी हुई है कि मुख्यमन्त्री जी की यात्रा कहीं से आये और कहीं जाये, बीच में कोई मिले ना मिले, कहानी सीधे उन्हीं से शुरू होकर उन्हीं पर खत्म होती है। निश्चय ही उन्होंने लम्बी कहानी की एक शर्त तय कर दी है। अगर मान लें कि कहानी में फैलाव भी न हो और सघनता केन्द्रीय बिन्दु के रूप में आ जाये तो क्या कहानी नहीं कहलायेगी? दरअसल कहानी तो वही है। विस्तार से इतनी कंजूसी कि शब्दों का घनेरा बने या न बने लेकिन कासिम भाई को यह तो याद ही रहेगा, **दाढ़ी वाले मुसलमान हों, यानी ऐसे नहीं जो मुसलमान न दिखते हों** (प्रियदर्शन/उठते क्यों नहीं कासिम भाई?)। मामला टेलिविज़न पर एंकरिंग का है। घटना पाकिस्तान में ओसामा के मारे जाने की है, अमेरिकी दख़ल का है। आधी रात को चैनल के मैनेजिंग एडीटर का फोन आया। कासिम भाई सुनो, ओबामा मारा गया। दरअसल ओसामा मारा गया था। 'गेस्ट कार्डिनेशन' का काम करना था। ओसामा के मारे जाने पर कासिम भाई ही बुलाये जायेंगे। पहला सवाल था उनसे, क्या इस्लाम में समन्दर में भी दफनाने का रिवाज है? जवाब तो देना ही था या

कोई रास्ता निकालना था। कासिम भाई को कहीं अमेरिका विरोधी और ओसामा का हमदर्द समझ लिया गया, तब क्या होगा। इस बीच किसी चैनल पर यह खबर भी आयी कि उनके पड़ोस के बटला हाउस में आतंकवादी छुपे थे। उनके पड़ोस का लड़का सैफ कुछ घण्टों के लिए पुलिस की गिरफ़्त में आ गया। अहम बात थी बेखबर और मासूम का पकड़ा जाना। **अनवर सुहैल** की कहानी **दहशतगर्द** यहाँ से शुरू होती है **अरे भइया, गजब हो गया! ईसा मियाँ का बेटा मुसुआ आतंकवादी निकल गया।** और अखबार में छपी इस खबर की प्रतिक्रिया आयी, **इ ससुरे सब्बे आतंकवादी होवत हैं। अन्यथा** (2008) में छपी इस कहानी में मुस्सु अपने लेखक मित्र से कहता है **यार भाई! तेरे साथ ये प्राब्लेम नहीं है कि तुझे खुद को देशभक्त सिद्ध करने को कोई कहता।** कासिम भाई को यह अहसास है कि ताकत की इस दुनिया में खेल ताकत का होगा। अनवर सुहैल का मुस्सु अपने समय की नियति से लाचार है, मजबूर है। यों लाचारगी कासिम भाई में भी है। कासिम भाई की हिम्मत कहीं-कहीं जवाब दे देती है। कासिम भाई गिर पड़े। उनके भीतर की ताकत चुक गयी। सही और ग़लत का चयन करने वाली आँख की रोशनी चली गयी। दोनों कहानियों में सामाजिक घटना के मनोवैज्ञानिक प्रभाव पूरे राष्ट्रीय परिप्रेक्ष्य में एक अहम सवाल से घिरे हैं। निष्पक्षता का दावा करने वालों की नज़र में भी वह कौम बेदाग नहीं है। प्रियदर्शन कंजूस कथाकार हैं। शब्दों को फाइलेरिया नहीं बनने देते हैं। ज़रूरत के हिसाब से खर्च करते हैं। निष्प्रयोजन फैलाव से बचते हैं। संवादों की गश्त में बड़े सवाल छोड़ जाते हैं। अनवर सुहैल में भी वह बीज है। सामाजिक प्रभाव को स्थानीय रंग देकर आयीं कथाकार **सकीना अख़्तर** (पथराई आँखें) की शैली अपने ढंग की है। कहीं दहशतगर्दी का ज़िक्र नहीं। दूर-दूर तक इसकी चर्चा नहीं। स्कूल में पढ़ रहे शब्बीर की एक बात पर ध्यान दें, ...**वह अपने लिए एक ऐसी राह चुन चुका है, जहाँ से वापिस लौट पाना नामुमकिन है।** उसके मुहल्ले से एक लड़का लापता हो गया। बाद में उसकी लाश सन्दिग्ध हालत में मिली। शब्बीर केवल इतना ही कहता है, **आज न जाने कितने माँओं के बेटे इस राह पर चल पड़े हैं। हमें अपने भाइयों की मौत का बदला लेना है।** सकीना कश्मीर की हैं और कहानी कश्मीर के परिवेश से ही निर्मित हुई है। शाम होते खिड़कियों का बन्द हो जाना, दिनभर अफरा-तफरी का माहौल बना रहना और बम-धमाकों से लैस, ये है सकीना की नज़र से कश्मीर का सौन्दर्य।

तीनों कथाकारों यानि प्रियदर्शन, अनवर सुहैल और सकीना अख़्तर (दोआबा/2009) में खास तरह का चरम मिलता है। इनमें दुहराव नहीं है। ट्रीटमेंट भी एक तरह का नहीं है। गति भी एक तरह की नहीं है। प्रियदर्शन में तेजी से हुई घटना का तेज मिलता है। अनवर सुहैल और सकीना में मद्धिम गति की लौ है। धीरे-धीरे नासूर बन रहे समाज को देखने की रौशनी। ये तीनों कहानियाँ नयी सदी

की हैं। नयी सदी का इतिहास जानने के लिए इन तीनों से गुजरना होगा। इनमें तारीखवार इतिहास भले न हो लेकिन बदल रहे इतिहास को पहचानने वाली आँख है जो अपने समय के इतिहास को एक केन्द्रबिन्दु पर रख रही है, दिखने वाले यथार्थ को यथार्थ बताने या मान लेने, जनता को धोखे में रखने का समय और जनता विकलांग। **देवी प्रसाद मिश्र** की कविता (मुसलमान) याद आ गयी, **कहते हैं विपत्ति की तरह आये/कहते हैं प्रदूषण की तरह फैले/वे व्याधि थे/ब्राह्मण कहते थे वे म्लेच्छ थे/वे मुसलमान थे।** एक ओर सूक्ष्म चित्रण और तथाकथित गहरी अनुभूति का दावा करने वाली कहानियाँ हैं जिनमें चीज़ें, घटनाएँ, कार्य और लोग इस तरह पिघल गये हैं कि सब कुछ वातावरण में बदल गया है। समाज और इतिहास में जैसे उनकी भूमिका ही नहीं रह गयी है (नित्यानन्द तिवारी/संजीव के कहानी संग्रह दुनिया की सबसे हसीन औरत/हंस, जनवरी, 1991)।

यह चर्चा इसलिए कि अस्सी के दशक में लम्बी कहानियाँ लिखने का चलन तेज हुआ था। साठ के दशक में लघु उपन्यास (धर्मयुग) का प्रचलन था। 90 के दशक में नित्यानन्द तिवारी जिस ओर संकेत कर रहे हैं, उसका एक आशय कहानी को कहानी रहने देने का है। न वह लघु कथा है और न लघु उपन्यास। नामवर इस यथार्थ को समझते थे। इसलिए भी उन्होंने कहानी को भटकाव से बचाया। नब्बे के बाद सूक्ष्म ब्यौरे की ऐसी परिपाटी चली कि अधिकांश **तोल्स्तोय** के उपन्यास **अन्ना कारेनिना** की नकल में ड्राइंग रूम में विस्तार को ही कहानी समझने लगे। यह भूल गये कि तोल्स्तोय उपन्यास लिख रहे थे न कि कहानी। तब भी लम्बी कहानी लिखी जा रही है। सत्यनारायण पटेल की कहानी में यात्रा शैली का समाहार कुछ इस तरह हुआ है कि कहानी के कद का पता ही नहीं चलता। ठीक इसके विपरीत **संजय खाती** की कहानी **पिंटी का साबुन** (हंस/1990) में विवरण और संक्षेपण की अद्‌भुत मिलावट है। कहानी भी आत्मकथात्मक शैली में है और कई कथाकार क्या सम्पादक (शंकर आदि) कभी-कभार कहते हैं कि आत्मकथात्मक शैली में कहानी प्रायः लिखी नहीं जा सकती है। इस नामुमकिन को खाती कुछ इस तरह प्रस्तुत करते हैं कि मानो दिल्ली में रहते हुए खाती को अपना गाँव याद आ गया हो। इस दृष्टि से सोचने पर संजय खाती की पूरी कहानी संस्मरण या रेखाचित्र है लेकिन दो विधाओं का विलय इतना पक्का है कि कहानी केन्द्र में है बाकी कहानी के आटे में थोड़ी चीनी, थोड़ा नमक, थोड़ा दही सब इकट्ठे मिले हैं। पाठक हिन्दी में पंजाबी भटूरे का स्वाद ले सकता है। कहानी में प्रेम कथा भी है तो इकतरफा, **मैं अक्सर सोचता कि वह कैसी है और कहाँ होगी। मैंने मन में उसका खाका भी खींच लिया था।**

कहानी मात्र इतनी है कि गाँव में पिंटी (डिप्टी साहब की लड़की) आयी। उसके पास साबुन था और कहते हैं कि पिंटी जहाँ खड़ी होती, वहाँ से दो कोस तक फूलों की बास-सी महकती। गाँववालों ने साबुन कभी देखा नहीं था। बात कुछ

चौंकाने वाली है। **कबीर** की उक्ति ही है, **बिन पानी साबुन बिना निर्मल सुहाय।** संजय खाती बताते हैं कि उनके उत्तराखण्ड में कई ऐसे गाँव थे और आज भी कुछ हैं जहाँ साबुन की पहुँच नहीं है और सच में कहानी में स्कूल का किशोर साबुन से नहा-धोकर रास्ते पर निकलता है, रास्तेभर केहुनी उठाकर सूँघता रहा कि कहीं खुशबू उड़ तो नहीं गयी। संजय की इस कहानी को मुकम्मिल प्रेम कथा भी नहीं कहूँगा। पिंटी के प्रति एक आसक्ति है, विस्मय का भाव है। जैसे, फिल्म **मेरा नाम जोकर** में किशोर (राजीव कपूर) अपनी शिक्षिका को कपड़े बदलते देख विस्मय और उत्सुकता में डूब जाता है। वहाँ फिल्म में एक रोमानी यथार्थ है। संजय की खास बात है कि वे इसे रोमानियत का रूप नहीं देते। प्रियदर्शन जहाँ वर्तमान को फटाफट निबटाते हैं, संजय अतीत का किस्सा न बनाकर उसे यथार्थ में बदलते हैं। इस आसक्ति और रोमानी के बीच यह संकेत भी दे देते हैं कि विकास की दर भले बढ़ी हो लेकिन कुछ गाँव ऐसे भी हैं जहाँ साबुन नहीं पहुँचा है। पोलियो का उन्मूलन हुआ है लेकिन कीड़ा कहीं-कहीं मिल ही जाता है।

आत्मकथात्मक शैली की कहानी या उपन्यास की बड़ी सीमा होती है उसका पूर्वाग्रह। लेखक पहले से मन में बिठाए वार किस पर करना है? कहाँ करना है? 'कहाँ' में 'सिस्टम' छुपा होता है, और सिस्टम पर वार करने की उसकी मंशा उसके निजी पूर्वाग्रह के कारण दब जाती है। लम्बी कविता के रचना-कौशल में जो निर्वैयक्तिक होती है, लम्बी कहानी भी उसी की माँग करती है। निश्चय ही **मनोज कुमार पांडेय** की **पानी** कहानी अपने संस्मरण का जिस तरह से समाहार करती है, उससे कहानी में कई संकेत चुपके-चुपके आने लगते हैं। अब के गाँव में पूँजी का एक नया खेल चल रहा है। तालाब पूरे गाँव का। बकुलाही नदी पूरे गाँव की लेकिन मगन ठाकुर का पम्पिंग सेट इसे मानने को तैयार नहीं। जिन खेतों में पानी जाने का रास्ता भी नहीं था, वहाँ भी मगन ठाकुर ने पाइप लगाकर पम्पिंग सेट से पानी दिया, गाँव का भला किया, मगन ने पानी दिया, पैसा लिया। सीधा-सा हिसाब। पूरा गाँव मगन की शरण में आ गया। गाँव का तालाब अब तालाब नहीं रहा। मगन ठाकुर ने बोरिंग किया, कुछ लोगों ने ज़रूर इस बात से डर जताया कि धरती के सीने में इस तरह से छेद करके लोहा डाले रखना सबको एक दिन महँगा पड़ेगा। इससे धरती की छाती फट जायेगी। धरती मैया का कोप पूरे गाँव पर पड़ेगा। तालाब सूख गये। कुएँ सूख गये। कुओं के नीचे से विषैली गैसें निकलने लगीं। जो लोग कुओं को और गहरा करने की सोच रहे थे, वे उसी में समा गये। बाकी कई लोग गाँव छोड़ गये। कहानी के अन्त में आशा का एक पट दिखायी देता है नीले आसमान में कुछ काले बादल तैर रहे थे। ऐसा लगा कि जैसे हम पहली बार यह देख रहे हों। तालाब और कुओं के दोहन के बाद धरती के नीचे बचा ही क्या जो

बादल दिखेंगे आसमान में। फिर भी, कथाकार को उम्मीद है। अन्त ऐसा कि धरती में दरारें पड़ गयीं। इस कहानी में खास तरह का मानव वैज्ञानिक सर्वेक्षण है। एक नज़रिया है। सार्वजनिक पूँजी को जिस तेजी से निजी मिल्कियत में बदला जा रहा है, उसका परिणाम कई रूपों में देखा जा सकता है। असमय बारिश, असमय धूप और भी कई अभिशाप। इस दृष्टि से मनोज की यह कहानी सर्वेक्षण और सूचना देने वाले कला-कौशल को भी धकिया देती है।

प्रियदर्शन कुछ सुना रहे थे और आगे जिस कथाकार की चर्चा होनी है, **वन्दना राग** (सिनेमा के बहाने) की, वे अपनी कहानी में बम्बई के फिल्मी संसार में स्ट्रगल कर रहे दो युवाओं के अनुभव दर्ज कर रही थीं। वन्दना राग की कहानी **वसुधा** के कहानी विशेषांक में छपी है लगभग दस साल पहले। जहाँ तक मुझे स्मरण है कि 2007 में यह विशेषांक आया था। पत्रिका के सम्पादक आलोचक **कमला प्रसाद** का सम्पादकीय वर्तमान कहानी की परम्परा के बिलगाव से ही शुरू होता है। इसकी अन्तर्वस्तु और संरचना दोनों में परम्परा से बिलगाव है। प्रगतिशील लेखक संघ से पहले भी पत्रिका (उत्तरशती आदि) निकलती रही है, लेकिन नये लेखकों के लिए वसुधा अपवाद है। कमला प्रसाद के सम्पादकीय के साथ **राकेश कुमार सिंह** की चेतावनी भी है। हिन्दी कहानी की देशज परम्परा को विकसित करने की जिम्मेवारी उठानी होगी...। वन्दना राग की कहानी पर विचार करने के क्रम में कमला प्राद का सुझाव महत्त्वपूर्ण हो जाता है और दूसरी ओर **सुभाषचन्द्र कुशवाहा** की कहानी (लाल बत्ती और गुलेल) पर विचार करते समय राकेश कुमार सिंह का सुझाव महत्त्वपूर्ण है। कुशवाहा की कहानी **हंस** (2014) में छपी थी। यह पत्रिका भी नये लेखकों का मंच रही है। कहानी महज़ बम्बई के फिल्मी संसार में संघर्ष कर रहे युवाओं पर है। कहानी बिल्कुल फिल्मी स्क्रिप्ट से शुरू होती है। पूना फिल्म संस्थान का हर प्रशिक्षणार्थी खुद को हैसियत वाला समझता है लेकिन फाइनेंसर के सामने उसकी सारी हैसियत जीरो हो जाती है। वन्दना की इस कहानी में बहुत सीमित ब्यौरे में पूना फिल्म इंस्टीट्यूट की शिक्षा और बम्बई के बाज़ार का फासला समझ में आ जाता है, **वहाँ गोदार और फेलिनी का नाम लेने पर लोग अपने जूते की नोक को ताकने लगते थे या फिक्स-सी हँसी हँस देते थे।** बहुत मुश्किल से फिल्म निर्माता के रूप में एक बिल्डर मिला। बिल्डर कहानी लेखक को पन्द्रह दिन बाद का समय देता है। आखिर पन्द्रह दिन उस स्ट्रगलर के कैसे गुजरेंगे? पन्द्रह दिनों बाद कहानी सुनी गयी। बिल्डर की टिप्पणी है मसाला कमती है इसमें। इस कहानी में केवल अनुभव होता अपने या पराये का तो कहानी संकेतों में बात नहीं करती। उस पर तात्कालिकता हावी होती और फिर कथाकार की कलम से ये शब्द नहीं खुलते, **साले, ग़लती उन लोगों की है जो भेड़ों की तरह चले आते हैं। ट्रेन भर-भर के मुम्बई में और अपना गाँव इधर उठा लाते हैं।** सनातन समस्या आ रही है, अहिन्दी भाषी प्रदेश में भी ये चर्चा होती

है। हिन्दी प्रदेशों में बाँग्लाभाषियों को लेकर कोई समस्या नहीं आयी। विभाजन के बाद सबसे अधिक पंजाबी हिन्दीभाषी प्रदेशों में बसे। उनकी बसावट पर कोई विवाद नहीं हुआ। कथाकार अनुभवों के दर्पण से ही सही, एक नया चेहरा दिखाती हैं, संकेत करती हैं। राकेश कुमार सिंह की टिप्पणी अपनी जगह सही है। फिलहाल कमला प्रसाद **वसुधा** के कहानी विशेषांक के सम्पादकीय में जिस एक नयी लीक की ओर संकेत कर रहे हैं जिसकी एक अच्छी मिसाल वन्दना राग की ये कहानी है।

सुभाषचन्द्र कुशवाहा की कहानी (लाल बत्ती और गुलेल) 2014 की है। किस्सा कहने की शैली है। किस्सा वाला दुहरावपन नहीं है। बिल्कुल नया यथार्थ सामने आया है, सत्ता और नौकरशाही के गठजोड़ का यथार्थ। चमन भीतर से कई कारणों से कुण्ठित थे। एक तो प्रोमोटी अफसर थे। दूसरी कुण्ठा थी, दूसरी पत्नी अपर्णा और मन्त्री जी की बढ़ती निकटता और तीसरा सजा के रूप में नया मामला आ गया। सेवानिवृत्त हो चुके चमन लाल पर भ्रष्टाचार के आरोप लगे। कहानी में कॉलोनी का एक एफ.एम. रेडियो की कल्पना एक नया यथार्थ लाती है। रेडियो के अनुसार चमन लाल की दूसरी पत्नी गाँव की ज़मीन अपने नाम से चाहती है। फिर दूसरे रेडियो पर दूसरी सूचना आयी, प्रोमोटी बने अफसर चमन लाल के खाद्यान्न घोटाले का जिन्न एक बार फिर निकला। आखिरी सूचना जनहित याचिका की। कहानी सत्ता और नौकरशाही के गठजोड़ का खुलासा किस्सा की शैली में करती है। बीच में मुहल्ले के एफ.एम. रेडियो की कल्पना एक नये मीडिया का संकेत ज़रूर देती है। मीडिया के सारे औज़ार इस गठजोड़ पर चुप हैं, तभी तो एक नये मीडिया की ज़रूरत आ पड़ी। इसलिए राकेश कुमार सिंह देशज परम्परा की बात करते हैं। नयी शैली और नये यथार्थ में भी देशज की गन्ध है। नये समय में इसे लेकर एक द्वन्द्व ज़रूर चला है। यह द्वन्द्व नयी कहानी आन्दोलन के दौर में भी था। फर्क है कि आज के निरंकुश हो रहे समाज में एक तबका उन कथाकारों का भी है जो इस द्वन्द्व के खलनायक हैं नायक के रूप में। मैं यह नहीं कहता कि वर्तमान में सब कुछ खलनायकत्व है। ऐसा मानना एकतरफा है। विचारणीय है कि जिस इतिहास के दौर से हमारी परम्परा बनी है, आज के समय में या कहें आज की पीढ़ी उसे समाहार करने के बजाय उससे वंचित हो रही है। वह कहानी के दर्शन को केवल 'कहन' और 'अनुभव' में समेट ले रही है। विज्ञान के स्वायत्तीकरण (ऑटोमेशन) के बाद उसने खुद को उसका गुलाम समझ लिया और अपने भीतर की कल्पना-शक्ति को मरने दिया।

अनुक्रमणिका

य

र

❏❏